절망하는 이들을 위한 민주주의

시각장애인을 위한 표지 설명

흰색 바탕에 골판지 질감이 약간 가미된 배경 위에, 두번 접은 뒤 펼쳐놓은 큰 쪽지가 있다. 쪽지 상단에는 이 책의 영문 제목인 *Democrary for the Least*가 작게 쓰여 있다. 그 아래 넓은 공간에는 억압·부패·무능력·두려움·폭력·한계·권력자·역설·기술·정치·공동체·평등·대표·당사자·상상력·공공성·희망 등이 띄어쓰기 없이 나열되어 있다. 이 글자들의 색은 옅은 파란색과 녹색의 그라데이션이다. 글자들 사이에 책의 제목 '절망하는 이들을 위한 민주주의'가 굵은 글씨로 자리 잡고 있어 돋보인다. 쪽지 오른쪽 하단에는 '최태현 지음'이 작게 적혀 있다. 쪽지 바깥 공간 하단에 출판사 창비의 로고가 있다.

Democracy — for — the Least

억압부패무능력

두려움폭력한계

권력자 **절망하는**

역설기술 **이들을**

정치공동체 **위한**

평등대표당사자

상상력 **민주주의**

공공성희망

최태현
지음

창비
Changbi Publishers

아버지께

인사말을 건네며

어디부터 손을 대야 할지 모를, 실타래처럼 얽힌 사고들이 끊임없이 벌어지고, 주변은 깜깜하고 아무 희망도 없는 듯 보이는 오늘, 이 책을 집어들고 막 읽기 시작한 여러분은 누구일지 궁금합니다. 거대한 문제들에 대응할 수 있는 크고 강력하고 효과적인 사회체제와 기술에 대한 욕망으로 가득한 이 세계에서 민주주의를, 그것도 '작은' 민주주의를, 그것도 절망하는 이들의 마음과 민주주의를 이야기하려는 이 책이 왜 여러분의 눈에 들어왔을지 알 수는 없습니다. 하지만 반갑습니다. 여러분은 역설로 가득한 이 세계에서 민주주의에 대해 이야기를 나누는, 책의 모습을 한 카페에 막 들어오셨습니다.

상상해봅니다. 이 책을 집어든 여러분은 어쩌면 절망하고 있을지 모릅니다. 이 책을 한참 집필하던 2022년 여름에는 많은 이들의 삶이 홍수로 떠내려갔습니다. 이 서문을 쓰고 있는 2023년 7월에도 그 일은 반복되었습니다. 여러분들은 오늘날 우리가 직면한 문제들, 특히 공적 공간에서 목소리 하나 내기 어려운 이들이 직면한 문제들이 과연 풀릴지, 특히 그 문제들이 우리의 자유와 권리를 보장하는 민주주의를 통해 풀릴지 확신하지 못하고 있을지 모릅니다. 시민으로서 각자 열심히 살아가지만 돌아보면 역사는 그저 제자리에 있는 것 같은 느낌이 들기도 합니다. '어쨌든 잘되겠지' 하는 마음으로 내일을 맞이하려 하지만, 오늘밤 동료들과 인사하고 집에 돌아와 이런저런 절망스러운 소식들을 홀로 접하며 공허하고 무력한 마음을 부여잡고 있을지 모릅니다. 이 사회의 주류에 자리 잡은 언어는 문제는 극복할 수 있고, 미래는 더 나을 것이며, 우리에게는 더 효율적이고 통제력 있는 체제가 필요하다고 하는데, 과연 이것이 가능한 일인지, 바람직한 방향인지, 모두에게 그러한 세상이 올지 의문이 들지 모릅니다.

또 상상해봅니다. 여러분은 아마 민주주의를 사랑하고 있을지 모릅니다. 아니 최소한 민주주의에 관심이 있고, 그것이 잘 작동했으면 하는 바람을 마음에 품고 있을 것입니다. 긴 역사 속에서 많은 아픔과 눈물을 통해 이루어온 오늘날의 민주주의가 왜 이리 삐거덕거리는 것처럼 보이는지, 과연 미래에는 어떻게 될 것인지 염려되는 이들도 있을 것입니다. 사회는 점점 더 어렵고 복잡한 문제들에 직면하고 있는데 혹시 민주주의가 너무 무력한 체제는 아닌지 의문이 들지도 모릅니다. 현재의 민주주의를 다시 살려내기 위한 돌파구는 또 어디서 찾아야 할지, 어디서부터 손을 대야 할지 고민이 될 수도 있습니다. 과연 이 민주주의를 사랑해야 할지, 이제는 그 사랑을 멈추어야 할지 망설이고 있을지도 모릅니다.

하나 더 상상해봅니다. 여러분들은 우리가 알고 있다고 생각한 세계가 전부가 아닌 것 같다는 감각과 씨름하고 있을지 모릅니다. 산성과 염기성을 구분하는 리트머스 시험지처럼 코로나19는 사람과 직접 대면하지 않고도 일할 수 있는 이들과, 위험을 무릅쓰고 매 순간 사람들과 마주치며 노동해야 하는 이들이 구분된 채 공존하는 사회를 우리에게 보여주었습니다. 2022년의 한국 사회는 길거리에서 거의 보이지 않던 장애인들이 휠체어를 타고 나타나 아침 출근길에 지하철을 타면서 오랫동안 무시된 자신들의 권리를 주장하는 모습을 목격했습니다. 같은 해 여름에는 하늘이 열린 듯 쏟아진 폭우에 반지하 형태의 주택에 살던 이들이 차오르는 물에 목숨을 잃거나 삶의 터전을 상실하는 모습, 그제야 정부가 허둥지둥 대책 마련을 위한 말들을 쏟아내는 모습을 보았습니다. 안전사고가 발생한 사업장의 관리감독 부실이 드러날 경우 책임자를 처벌한다는 중대재해처벌법이 발효되자 그동안 얼마나 많은 사람들, 특히 청년들이 물리적으로, 제도적으로, 문화적으로 보호되지 못한 채 죽어가야 했는지 드러나기 시작했습니다. 시설에서 지내는 '아동'이 만 18세가 되면 그동안 머물렀던 공동체를 무작정 떠나야 한다는 사실도 사람들에게 알려지기 시작했습니다. 분명 예전부터 이 사회에서 함께 살고 있던 이들일 텐데, 우리 사회의 공적 공간에서는 이제야 이들의 삶에 주목하는 이들이 많아지고 있습니다. 비록 늦었지만, 후대에 이 시점을 돌아보면 어떻게 보일지 모르지만, 우리 사회는 '우리'에 대해 새롭게 인식하는 역사의 흐름에 막 들어선 것인지 모릅니다. 여러분들은 아마도 주류를 비집고 나온 이 세계를 이해하고 싶은 이들인지 모릅니다.

제 상상이 맞다면 우리는 이 책을 통해 나눌 이야기가 많습니다. 그 이야기를 절망, 역설, 마음, 작음, 그리고 민주주의라는 키워드를 통해 풀어보고자 합니다. 더 상세한 소개는 제1장에서 드리지만, 이 인사말에서 드리고 싶은 짤막한 말씀이 있습니다. 분명한 것은 절망하는 여러분은 혼자가 아니라는 것입니다. 2021년 여름 저는 우리 사회 다방면에서 인권과 평등, 평화를 위해 땀 흘리고 있는 활동가들과 연구 방법 스터디를 함께 했습니다. 어느 날 저는 물었습니다. 여러분들이 가지고 있는 희망의 근거는 무엇이냐고. 제가 보기에는 가장 희망이 없는 자리에서 가장 희망이 없어 보이는 일을 하고 있는 이들에게서 오히려 더 많은 희망이 보였기 때문입니다. 그때 한 활동가의 대답이 기억납니다. 동료가 있어서 희망을 버리지 않을 수 있다는 것이었습니다. 많은 사람들이 어쨌든 함께 살아가기 위해 무언가를 해나가면서 살고 있습니다. 이미 여러 사람들이 이런 고민에 대해 그 나름의 분석과 제안을 내놓았고, 어떤 이들은 삶으로 살아내고 있습니다. 생각은 저마다 다르지만 지향은 유사한 이들이 있습니다. 이 책은 그들이 세상에 남겨놓은 생각과 삶의 흔적들을 여러분에게 소개하고 저의 생각을 가미하여, 결국 여러분 각자의 생각과 실천으로 나아가는 일을 돕는 것이 목적입니다.

이 책 속의 이야기들 전부가 여러분 모두에게 가닿으리라 기대하지는 않습니다. 하지만 우리가 푸치니의 오페라 〈투란도트〉는 다 못 들어봤어도, 그 안에 들어 있는 보석 같은 노래인 「아무도 잠들지 마라(공주는 잠 못 이루고)」 하나는 좋아하듯이, 이 책 속의 이야기들 가운데 이 노래처럼 여러분에게 가닿는 이야기가 하나라도 있다면 기쁘겠습니다. 그것은 우리 모두가, 특히 어려운 시절을 몸으로 마음으로 살아낸 이들이 함께 쌓아온 이야기이기 때문일 것입니다.

여러분이 서로 다른 목소리들로 북적이는 카페에서 이 모임, 저 모임으로 자유롭게 옮겨다니면서 다양한 이야기를 들어보고 민주주의에 대한 사랑을 키울 수 있다면 그 자체가 민주주의라고 저는 생각합니다. 그런 민주주의는 마치 손오공의 머리에 씌워진 긴고아緊箍兒처럼 한계가 드리워진 제도적 민주주의 이전에 우리 마음에서 시작하는, 우리가 할 수 있는 민주주의라고 생각합니다. 그런 민주주의는 그동안 함께 살아왔지만 마치 없는 존재처럼 취급되었던 '우리'의 이름을 하나하나 불러보며 다시 시작하는 민주주의라고 생각합니다. 그런 민주주의는 우리가 직면하는 모든 절망과 역설 가운데서도 민주주의를 그냥 사랑하기로 결심한 이들이 만들어내는 민주주의라고 생각합니다.

이제 이야기를 시작해봅시다.

2023년 9월
최태현

차례

Democracy

for

the Least

우리가 살아가는 세계

절망과 역설

우리의 차이는 깊숙한 것인지 모른다. 나의 마음을 찢어지게 하는 미국의 어떤 모습에 당신은 노래를 부를 수 있고, 그 반대가 될 수도 있다. 동의하지 않을 권리를 보호하는 것은 민주주의가 주는 선물 가운데 하나다. 그리고 이 불가피한 긴장을 창조적인 에너지로 전환하는 것이 민주주의가 지닌 특출함 가운데 하나다.

— 파커 파머『비통한 자들을 위한 정치학』

즐거워하는 자들과 함께 즐거워하고 우는 자들과 함께 울라.

— 사도 바울이 로마 교회에 보낸 편지

이 시대의 절망

감춰진 세계

한권의 책을 '절망'이라는 말로 시작할 수 있을까요? 아마도 그리하는 것은 여러모로 좋은 느낌을 주지는 않을 것입니다. 절망이라는 말은 진짜 절망스러운 상황에서는 쉽게 쓸 수 없는, 거부감을 주는 말이지요. 절망적인 상황, 절망적인 심리상태를 좋아하는 사람은 별로 없을 것입니다. 절망이란 우리가 회피하고 싶은 그 무엇입니다. 근대인으로서 우리는 보통 희망과 낙관을 말하지 절망은 좀처럼 이야기하지 않습니다.

그럼에도 누군가가 절망의 이유를 말해보라 하면 아마도 난해한 사회문제의 등장, 공공 영역의 축소, 부와 권력의 집중화 경향, 기후변화, 여기에 코로나19라는 전지구적 팬데믹 등을 들 것입니다. 전쟁의 소문도 들려옵니다. 좁게 보면 한국에서는 인구의 급격한 감소, 수도권 집중, 자산 분배 악화, 정치적 리더십의 약화 등을 언급할 것입니다. 우리는 보통 이러한 거시적 시대 진단에 익숙합니다.

그러나 이 시대의 절망은 이러한 거시적 구조만큼이나 잘 보이지 않는 개개인의 삶 가운데에도 있습니다. 끊임없이 노력하는데도 불구하고 삶이 나아지지 않고, 나아질 것이라는 전망도 부족한 세계가 있습니다. 더구나 이 세계는 공적 담론의 장에서 잘 보이지도 않습니다. 극단적으로 말해 우리는 두개의 동떨어진 세계에서 살아갑니다. 하나는 드러난 세계로서, 근대적 과업이 성취되어가는 풍요로운 기술, 협력, 선의, 진보의 세계입니다. 다른 하나는 감춰진 세계로서, 공적 담론의 장에 나타날 때 사람들을 불편하고 당황하게 하는 질병, 억압, 가난, 고통, 폭력의 세계입니다.

기초생활보장제도의 수급 자격 문제를 제기하며 2002년 음독 후 세상을 뜬 최옥란은 당시 김대중 대통령에게 아래와 같은 편지이자 유서를 남겼습니다.[1]

김대중 대통령께

이제 내 나이 35세. 우여곡절이 많은 장애인입니다.

당신도 장애인이면서 현재 시행하고 있는 법이 나의 작은 꿈들을 다 잃게 했습니다.

노동도 할 수 없는 장애인이 그나마 거리에서 장사해서 돈을 벌어서 이 세상에서 제일 사랑하는 나의 아들을 찾으려고, 힘이 들어도 참으며 살아왔습니다. 그러나 거리에서 장사도 못 하게 하니 이제는 더 살 수 없는 심정입니다. 다시는 저와 같은 동료들 상처받지 않고 살았으면 합니다. 이러한 죽음을 선택한 것은 절망, 좌절, 희망이 없어 선택을 하게 되었습니다.

나의 주위 계시는 동료 여러분에게 부탁이 있습니다.

내 이루어지지 않은 것들을 꼭 이어주십시오.

나의 시신은 화장해서 두만강에 뿌려주세요.

○○야 사랑한다 꼭 너하고 살려고 했는데 (…) 네가 보고 싶구나.[2]

이분이 살다 간 세상은 과연 어떤 세상이었을까요? 과연 공법이 물처럼, 정의가 강물처럼 흐르는 세상이었을까요?[3] 시민들이 서로서로 어깨동무하고 더불어 함께 살아가는 공간이었을까요? 자신의 처지를 목청껏 말하고 누군가가 그것을 듣고 끄덕여주는 열려 있는 공간이었을까요? 이분의 삶의 미시적 순간들이야 외롭지 않은 때도 있었겠지만, 이분이 남기고 간 이 유언에 담긴 마음에는 이분이 살아갈 사적 공간도, 이분의 사적 공간을 사람다운 공간으로 만들 수 있는 행동을 할 공적 공간도 거의 없었던 것 같습니다.

서울역 인근 양동 쪽방촌에 사는 분들은 재개발로 인해 그 열악한 삶의 마지막 터전마저 상실할지도 모른다는 근심을 안고 살아갑니다.[4] 많은 노인들이 연락도 닿지 않는데 경제활동을 하는 자녀들이 있다는 이유로 기초생활수급 대상에서 제외되어왔습니다.[5] 장애인들은 자신들의 이동권 보장을 위해 지방자치단체가 교통수단을 확보할 수 있게 국비를 지원하도록 시행령을 개정해 달라며 출근길 지하철 바닥을 기었습니다.[6] 하청업체에서 비정규직 고용 계약을 맺은 이들은 원청이 보낸 노무비의 47~61%만 손에 쥐고 겨우 삶을 버텨내며 살아갑니다.[7] 우리 사회의 비정규직 하청 노동자들이 처한 고용구조에 대해 남보라, 박주희, 전혼잎은 『중간착취의 지옥도』에서 아래와 같이 묘사했습니다.

> 많은 노동자가 노동의 대가를 중간업체에 빼앗기는 현실에 분노했지만 그 분노를 압도하는 게 있었죠. 어차피 현실은 달라지지 않을 거라는 체념, 행여 인터뷰 사실이 밝혀져 이 일자리마저 잃지 않을까 하는 불안, 원청과 용역·파견업체가 서로 책임을 떠넘기며 노동자의 권리를 짓밟는 거대하고 교묘한 착취구조 속에서 무력감을 느끼지 않을 사람은 별로 없을 겁니다.[8]

2022년 8월 24일 수원의 한 장례식장에는 같은 달 21일 사망한 채로 발견된 세 모녀 일가족의 빈소가 영정사진도 없이 위패만 놓인 채 마련되었습니다.[9] 같은 날 광주에서는 가정의 사정으로 보육원에서 자라고 생활하다 스스로 목숨을 끊은 한 대학생의 장례가 치러졌습니다.[10] 그 얼마 전인 8월 8일, 서울에 폭우가 쏟아지던 날 관악구의 빌라 반지하층에 살던 일가족 세명이 집 안에 들이친 물에 잠겨 탈출하지 못하고 사망했습니다.[11] 우리 사회 전체가 고통스러웠던 한달이었습니다. 그리고 우리의 집단적 슬픔이 채 가시기도 전인 2022년 10월 29일 토요일 밤에는 서울 이태원의 한 좁은 골목에서 158명(그리고 그뒤 한명이 더)의 안타까운 생명들이 스러졌습니다.

이 와중에도 보이지 않게 매일 떠나가는 생명들이 있습니다. 고용노동부가 발표한 자료에 따르면 2022년 1월부터 6월까지 대한민국에서 325명이 재해조사대상 사망사고로 인해 목숨을 잃었습니다.[12] 이 가운데 대부분을 차지하는 건설업과 제조업 분야 사업장 중 중대재해처벌법의 적용을 받지 않는 50인 미만, 50억원 미만 사업장에서 발생한 사고가 3분의 2에 달했습니다. 이들 가운데 몇몇은 그 사고의 경위와 삶의 서사가 언론에 보도되어 우리에게 알려졌지만, 대부분은 조용히 이 세상에서 잊혀가고 있습니다.

코로나19가 처음 기승을 부리고 우리가 그 병에 대해 잘 알지 못하던 2020년, 이른바 '언택트'untact라는 개념이 유행했습니다. 이제는 사람들이 직접 대면하는 것이 아니라 비대면으로 업무를 처리하고, 그 방식이 생산성을 더 높이는 시대가 올 거라며 떠들썩했지요. 그러나 진실은 달랐습니다. 마리사 베이커Marissa G. Baker의 연구에 따르면 미국에서 언택트가 가능한 노동자는 전체의 25%에 불과합니다.[13] 나머지는 어쨌든 대면 접촉이 필요합니다. 게다가 우리는 반드시 대면 접촉이 필요한 업무를 수행하는 노동자들이 코로나19를 지나며 대량으로 실직 혹은 이직하면서 사회의 물류가 마비되는 현상을 경험했습니다. 바로 필수노동자essential worker라는 개념이 등장하게 된 계기입니다.[14] 언택트는 누군가의 시대이기는 하겠지만 모두의 시대는 아니었습니다.

바로 이 언택트 담론처럼 이 시대의 '주류적' 담론들은 감춰진 세계를 외면하거나 걸러서 다룹니다. 세상은 진보해간다는 신화가 필요한데, 이 세계의 문제들은 해결하기 어렵거나 굳이 우선순위의 상위에 두고 싶지 않기에 잘 말하지도 않습니다. 드러난 세계를 설명해온 수많은 인문사회학적 개념과 이론들은 이 세계에 적용될 때 마치 안 맞는 옷처럼 어색합니다. 드러난 세계에 과적합overfitting 된 것입니다. 하지만 사실 그 이론들은 드러난 세계도 잘 설명하지 못했습니다. 왜냐하면 고려해야 할 것을 고려하지 않은 이론이기 때문입니다. 드러나지 않은 세계 역시 인간이 살아가는 세계의 일부이며, 분명 모든 이들의 삶에 영향을 미치고 있기 때문입니다. 경기도를 제외하고 서울을 설명할 수 없듯이, 감추어진 세계를 외면한 채 드러난 세계만을 잘 설명할 수는 없습니다. 시민단체 '빈곤사회연대'의 활동가 김윤영의 아래와 같은 고백은 우리가 살고 있는 이 나누어진 세계를 비로소 직면할 때의 마음을 그 어떤 표현보다 잘 나타내고 있습니다.

> 누군가의 삶이 위태로울 때 바로 옆 내 삶은 그토록 평온했다는 것이 두렵다. 타인의 희생 위에 만들어진 평화는 가짜일 텐데, 이 평화를 의심 없이 즐겼던 시간은 진짜로 달콤했기 때문이다.[15]

우리는 이러한 진실을 직시할 것이냐, 외면할 것이냐의 선택에 직면해 있습니다. 외면을 택하면 편합니다. 정권을 한번씩 바꾸고, 정부조직을 좀 개편하고, 전문가들 의견을 들어서 정책 만들고, 잘 안되면 또 개정하고, 무엇보다 기술에 투자하여 스마트한 사회를 만들면 되는 듯이 생각하며 살아갈 수 있습니다. 시간이 걸릴 뿐 언젠가는 다 잘될 겁니다. 우리는 학습하는 존재이니 말입니다. 그러나 언제쯤이면? 누구를 위해서? 누구에 의해서 말입니까? 이와는 반대로 직시를 택한다면, 우리는 지금까지 이 세계를 설명해준 낙관적 신화들로부터 깨어나 지금부터 이야기할 절망과 역설의 세계와 씨름해야 합니다.

본격적인 이야기를 준비하기 위해 아래에서는 앞으로 쓰게 될 두 개념을 먼저 차례로 소개합니다. 하나는 '작은 자'이고, 다른 하나는 철인왕입니다.

작은 자들

우리는 흔히 '사회적 약자'라는 표현을 많이 씁니다. 혹은 '배려 계층'이라고 하기도 합니다. '소외된 사람들' 혹은 '소수자'라고 하기도 합니다. 한 정치인은 선거 구호로 '지워진 사람들'이라는 표현을 쓰기도 했습니다.[16] 조르조 아감벤Giorgio Agamben은 '호모 사케르'Homo sacer라고 불렀습니다.[17] 빅토르 위고Victor Marie Hugo는 자신의 소설에서 이들을 '비참한 사람들'les misérables이라고 이름지었습니다. 그리고 파커 파머Parker J. Palmer는 '비통한 자들'the brokenhearted이라고 불렀습니다.[18] 박신애는 '삶의 폭이 상실된 사람들'이라고 불렀습니다.[19] 가야트리 스피박Gayatri C. Spivak은 '서발턴'subaltern이라고 불렀습니다.[20] 이러한 용어들이 타자에 대한 공감과 연대의 감각을 불러일으킨다는 점에서는 의미가 있습니다. 그런데 이러한 용어들이 사용되는 방식에는 의도치 않게 이들의 삶을 소극적이고 수동적인 것으로 비춰지게 하는 측면이 있습니다. 그리고 은연중 이 용어들이 지칭하는 사람들과 이 용어들을 사용하는 사람들이 동일하지 않다는 것을 함축하기도 합니다. 의도와 관계없이 우리의 언어가 지닌 한계입니다.

이 책에서는 유사하면서도 조금은 긍정적인 이름을 모색해보고자 합니다. 우리 사회에는 부족한 대로 살아가고, 강한 영향력을 발휘하지도 않고, 그저 세상과 사람들과 어울려 지내는 이들이 있습니다. 이들은 삶의 폭이 넓지 않아 나의 삶이 특별히 방해받지 않고, 심지어 존재조차 잘 인식되지 않습니다. 이들은 권력이라는 개념을 중심으로 이해하기에는 어울리지 않습니다. 물론 잘게 썰어들어가면 권력은 누구에게나 한 줌이라도 존재하기 마련입니다. 아무런 관계도, 자원도, 권력도 없는 이는 없습니다. 그러나 그것이 다른 사람의 삶에 부정적 영향을 미칠 만큼 크지 않고, 그것을 추구하지도 않습니다. 이런 이들을 '작은 자들'the least이라 불러봅시다. 이 표현의 어원은 신약성서 마태복음 25장 40절입니다. 예수는 제자들에게 아래와 같이 가르쳤습니다.

내[예수]가 주릴 때에 너희가 먹을 것을 주었고 목마를 때에 마시게 하였고 나그네 되었을 때에 영접하였고 헐벗었을 때에 옷을 입혔고 병들었을 때에 돌

보았고 옥에 갇혔을 때에 와서 보았느니라 (…) 지극히 **작은 자** 하나에게 한 것이 곧 내게 한 것이니라. (강조는 인용자. [ ] 안은 인용자의 보충. 이하 마찬가지)

작은 자들은 사회적 약자와는 다릅니다. 작다는 것은 반드시 권력의 크기를 의미하는 것이 아닙니다. 반드시 약하다는 의미도 아닙니다. 앞의 말씀에 따르면 작은 자란 먹을 것과 입을 것, 머물 곳이 마땅치 않고, 몸이 아프고, 억압받는 이들이니, 작은 자들은 확률적으로 권력이 작거나 소득이 적거나 할 수 있습니다. 그러나 작은 자의 본질은 마치 비가 내리는 날 작은 우산을 들고 사람과 차들을 피해 천천히 길을 걷는 사람처럼 이 세상에서 많은 권력을 추구하지 않고 겸손하게 살아가는 존재, 이 땅의 작은 부분만을 차지하면서 많은 것을 소비하지 않으며 살아가는 존재라고 하겠습니다. 그 대척점에는 더 먹고 싶고, 더 입고 싶고, 더 건강하고 싶고, 더 소유하고 싶은 모든 욕망의 주체들이 있을 것입니다. 기후변화에 대한 한 보고서는 지난 25년간 세계 소득 상위 10% 인구가 전체 온실가스의 절반을 배출했다고 합니다.[21] '많이' 존재한 셈입니다. 사실 누구나 '더'를 향한 욕망은 있습니다. 그래서 작은 자는 특정한 범주의 사람들을 제한적으로 의미한다기보다는 어떤 삶의 모습을 의미하는 것으로 보는 것이 좋겠습니다.

작은 자들에 주목하는 작업은 우리에게 새로운 도전들을 안겨줍니다. 우선 뭉뚱그려진 추상적인 국민 혹은 전체 시민보다, 이 세계에 조금 존재하여 서로의 눈에 잘 띄지 않는 존재로서 동료 시민들의 이름을 서로 구체적으로 불러야 한다는 감각을 불러일으킵니다. 한 사람 한 사람이 눈에 들어올 때, 추상적인 '국민' 대신 진정으로 살아 있는 사람들의 세계, 특히 감춰진 세계가 비로소 드러납니다.

아울러 우리의 삶, 조직, 정부, 그리고 사회를 개선하기 위해 정책을 만들고, 법을 제정·개정하고, 신기술을 적용하는 것과 같은 처방을 둘러싼 논의가 재구성되어야 합니다. 기존의 처방적 논의는 주로 더 크고 강력한 방법들을 선호했습니다. 반면 작은 자들이라는 표현은 우리의 희망의 근거를 거대한 사회 구조나 제도에서 찾기보다 실제 살아 숨쉬는 사람들, 작게 나누어진 삶의 공간에 기반한 권력과 기술 같은 데서도 찾고자 하는 지향을 내포합니다.

현시대의 성취와 문제, 그리고 해법에 대한 이 사회의 주류적 논의에서 멀어져 있던 삶이 직면한 조건, 그로부터 나오는 목소리가 들려져야 할 공적 공간과 민주주의, 그리고 동료 시민을 대하는 우리의 마음을 중심으로 이 시대의 모습을 재구성한다면 과연 어떤 이야기가 가능할까요? 우리가 사회의 진보와 발전을 이야기할 때, 그에 맞는 분석이 되기 위해 사회적으로 덮어두어야 했던 사람들, 존재를 지워야만 이 근대적 성취가 더 성취다워질 것처럼 다루어졌던 삶들로 이 세계에 대한 논의를 확장해본다면, 우리는 부러진 뼈를 다시 맞추듯 지금과는 다른 구조와 제도를 만들어낼 수 있을지도 모릅니다. 아마도 지금보다 좀더 작고, 그러나 좀더 널리 인간을 인간 되게 하는 구조와 제도들을 말입니다.

공적 문제와 철인왕

우리가 직면한 문제는 집합적 문제일 때가 많습니다. 즉 개개인의 문제가 아니라 여러 사람들의 삶과 이해, 신념이 관련되어 있고, 또 함께 풀어야 하는 문제라는 것입니다. 그리고 이럴 때는 보통 누군가가 먼저 나서서 문제를 해결하면 자신의 문제도 자연히 풀리기 때문에 누구도 먼저 나서지 않는 무임승차자의 문제, 그리고 최소 일정한 수의 사람들이 모여야 행동이 가능해지는 "집합행동의 문제"가 발생합니다.[22] 그러니 결국 집합행동의 문제를 해결할 수 있는 지름길은 공적 권위를 독점한 조직화된 국가에 의존하는 것이라는 논리가 가능합니다. 우리는 우리가 직면하는 공적 문제들을 국가 혹은 정부라는 공적인 제도행위자가 해결하기를 기대합니다. 오늘날 민주주의의 전형적 서사, 즉 시민들이 의사를 표출하고, 정치인들이 결단하고, 공무원이 이를 성실히 집행하면 문제가 해결될 것이라는 정치 서사가 작동하기를 기대합니다. 어이없는 참사가 발생하면 이제 정부가 나서서 무엇을 해야 한다는 여론이 형성되고, 정부는 십중팔구 (1) 진상조사, (2) 책임자 엄벌, (3) 근원적 재발 방지 조치의 마련을 말합니다.

그러나 현실은 늘 우리의 기대를 좌절시킵니다. 국가는 우리가 직면한 문제들의 일부는 해결하지만, 일부는 악화시키기도 하고 일부는 방치하기도 합니다. 2022년 8월의 여름 폭우로 인해 반지하층의 집들이 피해를 당하자 정부는 공공임대주택 공급 확대를 통해 이 문제를 풀겠다고 했지만, 막상 2023년도 예산안에는 이러한 정책 의지가 충분히 반영되어 있지 않았습니다.[23] 2022년 12월 인천 미추홀구를 중심으로 전세보증금 미반환 피해자들이 발생하고 일부는 스스로 목숨을 끊는 사건이 일어나는 와중에도 정부는 '선례'의 부담을 말하며 부분적이고 한시적인 특별법을 내놓았습니다. 이런 정도의 대답이라도 하면 그나마 다행입니다. 여론의 주목을 받지 못하는 경우에는 반응조차 하지 않기도 합니다. 비극적인 죽음이 조명되고 나서야 겨우 정책적으로 주목받는 이들이 있는 것입니다.

반대로 이러한 와중에 일부 야심찬 정치인과 낙관적 전문가들은 사회적 절망의 실체와 그 해결의 어려움에도 불구하고 기계적·합리적 패러다임과 실용주의적 사고에서 더 많은 자연적·사회적 에너지의 소비를 요하는 더 정교하고 복잡한 (그래서 사고에 취약한) 시스템을 미래의 비전이자 대안으로 제시합니다. 이 주장들을 보면 당장이라도 장밋빛 미래가 펼쳐질 것 같습니다. 그리고 이들은 이런 시스템을 구현하기 위한 권력을 달라고, 자원을 몰아달라고 우리에게 호소합니다. 시스템이 크고 복잡하고 종합적일수록 더 큰 권력과 더 많은 자원이 필요하기에 이러한 요청이 시민들에 의해 받아들여지면 사회는 자연스레 권력이 집중되는 경향으로 나아가게 됩니다.

'작은 자'와 달리 처방적 지식과 권력을 가지고 자신의 묘책을 이 세계에 구현하고자 하는 강렬한 의지를 지닌 이들을 '처방적 권력자'라고 불러봅시다. 우리에게는 이들을 지칭할 그럴듯한 개념이 하나 있습니다. 철인왕입니다. 철인왕philosopher king은 플라톤

Platon의 저서 『국가』에 나오는 개념입니다.[24] 아테네의 민주주의가 소피스트들의 궤변과 시민들의 탐욕으로 중우정치로 타락해가는 것을 안타까워했던 플라톤(그리고 소크라테스)은 이에 대조되는 이데아적 국가(이상국가) 모델을 그려보았습니다. 이 국가는 인간 영혼의 세가지 상태인 이성, 기개, 욕망에 각각 상응하는 "지혜를 사랑하는 부류" "이기기를 좋아하는 부류" 그리고 "이利를 탐하는 부류"의 세 계급으로 구성됩니다.[25] 그리고 철인왕은 바로 이 국가를 통치하는 정점의 존재입니다. 플라톤에게 철인왕의 본질은 말 그대로 철학자이지만, 유교적 세계관에 익숙한 우리에게는 철인왕이라고 하면 덕성과 지혜를 겸비한 요순堯舜 같은 성군이 떠오릅니다.

철인왕 관념은 근대 이성주의와 결합하면서 단순한 철학자 혹은 지혜로운 경세가經世家 수준을 넘어 이신론deism적 통치자의 이미지를 입었다고 할 수 있습니다. 르네 데카르트René Descartes와 이마누엘 칸트Immanuel Kant, 그리고 오귀스트 콩트Auguste Comte의 실증주의를 지나면서 강화되어온 근대 이성주의의 핵심에는 우리가 지닌 이성의 힘으로 이 세계를 이해하고 통제할 수 있다는 믿음이 있습니다. 그리고 아마도 가장 뛰어난 이성을 지닌 존재는 이 세계를 다스릴 가장 적절한 자격을 보유하고 있는 것이겠지요. 그것이 한 사람(군주)이든 여러 사람(의회)이든 말입니다. 그들은 '문제 해결의 화신'으로서 가치합리성과 도구적 합리성으로 무장하여 이 세계의 진보를 위한 모든 수단을 고안할 수 있는 이들입니다.

이러한 철인왕의 관념은 우리에게 익숙합니다. 우리가 일반적으로 인식하는 국가 혹은 정부가 바로 철인왕의 이미지를 입고 있습니다. 행정국가의 시대인 오늘날에는 행정왕administrative king 혹은 정책왕policy king이라고 해도 좋을 것 같습니다만 철인왕이 가장 소통하기 쉬운 용어이므로 이를 쓰도록 하겠습니다. 칼 포퍼Karl Popper는 철인왕을 『열린사회와 그 적들』에서 아래와 같이 비꼬듯 묘사했습니다. 여기서 포퍼는 철인왕을 칭송하고 있는 것이 아니라 그 권력적 속성을 고발하고 있습니다. 이러한 철인왕은 "열린 사회"의 적이라고 비판하면서 말입니다.

> 플라톤이 의미하는 진리를 사랑하는 자란 이미 겸허한 구도자가 아니라, 거만한 진리의 소유자이다. 그는 훈련된 변증론자로서, 지적 직관 즉 영원한 천국의 '형상'이나 '이데아'를 보고, 그것과 교류할 수 있다. 그는 지혜로나 능력으로나 모든 일반인들보다 위에 군림하는, "신과 같은, 그렇지 않다면 신성한" 존재인 것이다. 플라톤의 이상적 철인은 전지전능한 자에 가깝다. 그는 철인왕이다.[26]

철인왕은 작은 자로서가 아닌 욕망하는 근대인으로서 우리가 원하기에 존재합니다. 처방적 권력자들은 문제를 해결할 수 있다는 연금술적 희망 혹은 욕망을 지속적으로 재생산해왔습니다. 그리고 우리는 그 연금술로 빚어진 포도주를 들이켜며 문제와 절연된 중립적이고 능력있는 철인왕의 신화를 되새깁니다.

민주주의의 역설

우리는 우리네 삶의 문제에서 홀로 이 세상과 마주하지 않습니다. 보통은 소규모의 공동체나 정부를 구성하여 집합적으로 문제를 해결합니다. 그리고 오늘날 그러한 정부의 기본적 구성 원리는 바로 민주주의입니다. 민주주의에서는 국가의 상징적인 최고 권력인 주권이 국민에게 있고, 국민의 의사표현 행위(주로 선거)에 기반하여 정부가 구성되어 통치권을 부여받습니다. 국민은 자신이 누릴 기본권의 목록을 헌법에 기록해놓았으며, 정부 역시 그 헌법에 기록된 대로 형태를 갖추고 헌법에 기록된 만큼의 통치권을 행사합니다. 우리에겐 더이상 "짐이 곧 국가"라고 말하는 절대군주 따위는 없습니다. 독재국가의 리더조차도 자신을 민주적 리더라고 부를 만큼 민주주의는 최소한 규범적으로는 우리 시대의 이상입니다. 한국에서도 1987년 이후 민주주의는 최소한 정권의 평화적 교체라는 차원에서는 안정화되었습니다. 최소한 지금까지는 조금씩 조금씩 객관적 제도와 우리의 마음에서 민주주의가 진전돼왔다고 해도 그리 틀리지 않을 것입니다.

민주주의는 소중합니다. 우리의 자유와 더 많은 사람들의 풍요를 꿈꾸기 위해 과연 더 나은 정치제도가 있을지 의문이 들 정도로 민주주의는 소중합니다. 그러나 동시에 민주주의는 우리로 하여금 철인왕을 기대하게 하는 사회적 문제들을 해결하는 데 사실 그리 효과적이지는 않습니다. 민주주의는 갈등을 긍정하고, 합의를 추구하고, 누구의 목소리 하나 외면하지 않는 것을 이상으로 합니다. 그러니 문제가 시원시원하게 해결될 리 없습니다. 그러다 보니 우리는 이를 해결하겠다고 나서는 독재적 리더들에게 끌리는 마음의 역설에 직면하게 됩니다. 문제를 스스로 해결하기보다는 정부에 맡겨버리고, 공적 영역에서 문제의 본질과 정치적 의미를 이야기하기보다는 기술적 부분만 떼어 전문가의 손에 맡겨버리려는 마음을 품을 때가 있습니다. 그에 부응하여 처방적 권력자들은 더 정교한 정책, 더 진보된 기술, 더 강력한 컨트롤타워 등을 처방으로 제시합니다. 우리의 마음이 이러할 때, 다음 시대의 민주주의는 어떤 모습일까요? 과연 모두의 모든 문제가, 아니 최소한 많은 이들의 대부분의 문제가 풀려서 자유롭고 정의로운 사회가 올까요?

다른 한편으로는 이러한 질문을 던지게 됩니다. 과연 최소한 '많은 이들의 대부분의 문제가 풀린 상태'이면 자유롭고 정의로운 사회일까요? 우리가 알고 있는 문제들만 풀리면 되는 것일까요? 민주주의란 모든 사람들이 주권자라는 의미인데, 혹시 늘 후순위로 밀린 이들이 있지는 않은가요? 아니, 그 존재가 인식조차 되지 않았던 이들이 있지는 않은가요? 정창조 등이 공저한 『유언을 만난 세계』에는 장애인들의 권익 증진을 위해 운동·투쟁·저항하다가 병사·고독사·급사·의문사한 여덟명의 장애인이 등장합니다. 이들은 우리 사회가 한참 선진국으로 나아가던 1990년대부터 존재했지만, '공인된' 세계에는 존재하지 않았던 이들입니다. 모든 이들이 공적 공간에 드러날 때, 우리의 민주주의는 어떤 모습이어야 할까요?

이런 질문들은 지금까지 우리가 작동시켜온 민주주의의 여러 역설들을 드러냅니다. 민주주의 자체에 역설로 인한 한계가 있고, 더 넓게는 우리가 살아가는 이 세계 자체가 역설로 인한 한계를 품고 있습니다. 근대인으로서 우리는 지금까지 인류의 한계를 끊임없이 극복해왔습니다. 그것이 이 시대의 도그마입니다. 그래서 단지 지금 시점에서 지식이나 기술이 부족한 한계를 말하고자 한다면 아마도 절망이라는 표현은 적절하지 않을 것입니다. 그런 한계는 극복할 수 있기 때문입니다. 그런데 이 세계에는 그 이상의 더 근원적인 질서로 역설이 자리 잡고 있습니다.

역설의 본질은 '이 문제를 해결하려 하면 저 문제가 드러나고, 의도와 결과가 일치하지 않아, 어떤 행위에도 근본적 한계를 드리우는 이 세계의 조건'입니다. 손에 잡았다고 생각한 순간 사라져버리는 것들, 좋은 의도로 시작했지만 슬픈 결말로 끝나는 일들, 적이 친구가 되고 친구가 적이 되는 상황들, 갈등이 오히려 극적인 협력을 낳거나 협력이 돌이킬 수 없는 관계의 파멸을 낳는 상황들이 있습니다. 잘될 것 같았던 일들은 우연과 필연의 격랑 속에 우리를 눈물짓게 하고, 기대하지 않았던 평등의 역사는 똑같은 우연과 필연의 격랑 속에 한 걸음씩 내딛는 것으로 보이기도 하다가 한순간 반동의 역사에 직면하기도 합니다. 한편으로는 우리의 자유가 더 확장되기를 기대하면서 다른 한편으로는 문제를 좀 시원시원하게 해결해줄 강력한 리더를 원합니다. 영혼 없는 관료를 비판하지만 이들의 정치적 행동은 금지합니다. 우리는 옆 사람과도 어떤 사안에 대해 합의하지 못하면서, '전체 국민의 뜻'을 말하는 정치인들은 쉽게 받아들입니다. 우리는 우리가 조직에서 자발적으로 저지른 일들에 대해 나는 대리인일 뿐이었다고 자위합니다.

역설이 발생하는 이유 중 하나는 이 세계의 복잡성입니다. 이 세상이 복잡하다는 것은 우리와 우리 주변의 사람들과 사물들이 긴밀하게 연결되어 있음을 의미합니다. 저의 마음은 여러분에게 영향을 미치고, 여러분의 변화는 다시 저에게 영향을 미칩니다. 우리가 예상했던 결과는 이러한 상호 영향과 변화의 끈을 타고 흐르며 예상치 못한 모습으로 우리에게 나타납니다. 그 길을 우리가 다 알지 못합니다. 이 책의 주제인 민주주의의 작동도 마찬가지입니다.

현대 민주주의는 대의민주주의를 기본으로 합니다. 우리는 직접 통치권을 행사하는 것이 아닙니다. 즉 직접적으로 정책의 세부적인 내용을 검토하고 결정하고 집행하는 것이 아니라, 결정권은 선출된 국회의원들의 집합체인 국회에, 집행권은 선발된 공무원들의 집합체인 행정부에 헌법 이념상 '위임'하여 간접적으로 행사합니다. 우리는 대표representation라는 행위를 통해 우리 문제의 해결을 도모하는 대의제라는 제도를 민주주의의 핵심으로 삼고 있습니다.

대표라는 개념은 '나를 대신하는 누구'라는 의미보다는 누군가가 직접 목소리를 내지 않더라도 그의 뜻이 그 의사결정의 자리에 존재하게 한다는 의미입니다.[27] 누군가에 의해서든, 심지어 스스로에 의해서든 자신의 의지와 선호를 나타낸다는 것이지요. 대표라는 행위의 본질을 이렇게 이해하고 나면, 그러한 대표 행위가 잘 이루어지는지가 중요한 것이고, 사실 대표자를 뽑는 방법은 다양할 수 있다는 인식이 열립니다. 그러나 우리는 나를 대신하여 말해줄 그 누군가를 '우리의 손으로' '직접' 선출한다는 신화를 구축하고 살아갑니다. 그런데 이 신화 속에는 여러 역설과 절망이 있습니다. 예를 들어 국민은 무엇입니까? 우리는 세명만 모여도 서로 의견이 다르다는 것을 쉽게 확인할 수 있습니다. 하물며 수천만명의 '국민'이 전적으로 같은 의견을 가질 수는 없습니다. 정치인들은 보통 "국민을 위해 일한다"거나 "국민의 뜻에 따르겠다"고 말합니다. 우리 헌법도 "대한민국의 주권은 국민에게 있다"라고 선언합니다. 다 멋있는 문구들입니다. 진실이 아니라 신화이기 때문입니다. 진실은 그렇게 멋있을 수가 없습니다. 이 책의 제2장에서는 바로 이 대표 개념을 둘러싼 역설들을 대표의 본질, 선거 공약에 대한 책임, 관료의 대표성, 시민참여, 당사자, 대표되지 않는 것 등을 중심으로 살펴봅니다. 이를 통해 우리는 감춰진 세계의 작은 자들이 대표되기 어려운 대의민주주의의 한계와 역설들을 꼼꼼히 따져볼 것입니다.

정부로 눈을 돌려봅시다. 우리는 민주주의 체제에서 문제 해결의 '도구'로 설정된 정부에게서 '철인왕'의 모습을 기대합니다. 하지만 로널드 레이건Ronald W. Reagan 대통령의 유명한 말처럼 정부는 해법이면서 동시에 문제입니다. 정부는 다양한 사회문제들 가운데 풀고 싶은 것을 취사선택합니다. 그리고 그 문제를 풀어야 한다는 명분으로 때로는 이 사회의 약속인 헌법과 법률을 묘하게 우회해도 된다는 예외주의적 행동을 취하기도 합니다. 나아가 사회가 요구하지만 자신들이 그다지 직접 풀고 싶지 않은 문제들은 시장화와 같은 거버넌스를 통해 시민사회에 맡기고 책임을 외면하기도 합니다. 시민사회의 요청에 반응할 때도 정부의 정책결정 과정에서 그 요청들이 정부관료제의 논리에 따라 변형되는 양상도 나타납니다. 철인왕일 것으로 기대되는 정부 자체가 문제의 일부라는 역설이 작동하는 것입니다. 이들을 우리는 제3장에서 하나하나 살펴봅니다.

아울러 우리는 우리 삶의 많은 부분인 조직적 삶에서도 역설에 직면합니다. 특히 민주주의의 관점에서는 정부라는 공적 조직에서 살아가는 공무원의 마음에 특별히 관심을 기울일 가치가 있습니다. 공무원에게는 일반 시민에게 요구되는 것과는 결이 좀 다른 직업윤리가 요구됩니다. 한편으로는 우리가 흔히 "영혼 없는 공무원"이라고 비판하듯이 공무원들이 적극적으로 나서서 문제를 해결하기를 요청하면서 다른 한편으로는 그저 민주적 통제에 순응하여 관료제의 부속품처럼 살아가기를 요청하는 상반된 기대를 품고 있습니다. 이런 가운데 일부 공무원들은 적극행정을 수행하는 반면, 다른 이들은 직업공무원제에 의존하여 무사안일하게 일을 처리합니다. 그런 안일한 태도가 자신의 마음을 부패시키는 것에는 상관없다는 듯이 말입니다. 공무원들이 직면한 이러한 역설적 상황에서 우리의 마음은 어떠해야 할지에 대해 제4장에서 살펴봅니다.

제도와 조직에 역설이 있다면, 그것을 움직이는 사람에게서도 역설을 찾아볼 수 있습니다. 즉 우리는 리더를 바라보며 또다른 민주주의의 역설을 발견하게 됩니다. 민주주의 체제는 국가의 통치권을 여러 조직과 절차로 분산시켜놓음으로써 개개 시민들의 기본권이 국가에 의해 침해되지 않는 장치를 마련해놓았습니다. 민주주의의 곤혹스러운 역설은 역사적으로 볼 때 민주주의는 문제 해결을 위한 제도가 아니라 시민의 자유를 위한 제도로 고안되었는데, 오늘날 국가 역할의 확대로 인해 민주주의 체제에 문제 해결을 기대하게 되었다는 데에 있습니다. 현대 민주주의가 태동하던 18세기 이후 문제의 해결은 정치보다는 생산력의 증대와 시장에 의존하는 것으로 역사가 흘러왔습니다. 그런데 이제는 생산력의 증대와 시장의 작동조차 국가에 의존하는 사회가 되었습니다. 발전국가 혹은 촉매국가와 같은 개념은 이 시대의 국가를 부르는 이름이 되었습니다.[28] 그 국가의 구성 원리인 민주주의라는 제도가 문제를 잘 풀지 못하자 이제 민주주의를 무력화하는 리더를 우리 스스로 갈망하는 역설이 등장합니다. 사실 독재체제든 민주주의 체제든 오늘날의 복잡한 사회문제를 풀기는 쉽지 않음에도 불구하고 우리는 문제가 어려울수록 강력한 리더, 즉 민본적 철인왕과 같은 존재가 나타나 우리가 직면한 문제를 풀어주기를 기대합니다. 그리고 기꺼이 우리의 권리가 제한되는 것을 수용할 마음의 준비까지도 할 때가 있습니다.

문제는 현실의 세계에서 리더가 되고 싶어하는 이들은 흔히 권력 자체를 좇는 특성이 있고, 권력은 그들을 부패시킨다는 사실입니다. 이러한 권력추구자들은 일반적으로 선거에서 우리가 처한 문제를 푸는 데 있어 민주적 정부의 무능력을 조롱하면서 우리의 마음을 얻어 바로 그 정부의 수장으로 선출됩니다. 그리고 그들은 '우리 손으로 직접 뽑은' 리더라는 정치적 역설을 마음껏 활용하여 정당성마저 누립니다. 그러고는 우리의 마음을 산산이 부숴놓고 스스로도 파괴됩니다. 제5장에서는 이런 리더의 역설에 대해 이야기합니다.

작은 민주주의

지금 작동하고 있는 민주주의, 우리도 그 작동에 긍정적으로든 부정적으로든 영향을 미치고 있는 민주주의의 역설과 한계를 직면하는 일에는 "그럼 그다음은?"이라는 질문이 자연스럽게 따라붙습니다. 이러한 민주주의 비판에 반대하든 공감하든 어쨌든 이야기를 이어가고 희망을 품기 위해 대안을 기대할 것입니다. 이 책 역시 공적 담론의 일부라면 응당 처방을 제시하는 것이 맞습니다. 그러나 여기에는 일종의 자기모순이 있습니다. 즉 처방적 권력에 비판적 관점을 취하는 이 책에서 '대안'을 제시하는 것 자체가 역설이라는 점을 지적하지 않을 수 없습니다. 그래서 이 책에서는 거창하게 대안이라는 틀을 사용하고 싶지 않습니다.

그럼에도 불구하고 우리가 최소한 지향이라는 것을 생각한다면, 그 지향은 더 넓은 타자를 인식하고, 그 삶을 폭력적으로 제한

하지 않고, 세계를 좁힘으로써 역설을 무시하거나 은닉하지 않는 것이어야 하겠습니다. 즉 역설을 은닉하기 위해 감추었던 세계를 드러내고, 그 세계의 존재들을 인정하고 서로 이어내는 작업을 해야 합니다. 그러지 않는다면 우리는 우리가 빠져나오려 했던 쳇바퀴 속에 다시 들어가 쳇바퀴만 정교화하는 셈이 될 것입니다.

저는 여기서 두가지 단서를 조심스럽게 제시해보고자 합니다. 하나는 '민주주의의 마음'이고, 다른 하나는 '작은 공共'입니다. 전자는 민주주의의 출발점을 우리의 마음에서 다시 찾아보자는 것이고, 후자는 우리의 사회적·정치적 존재의 단위를 이상적인 개인이나 문제 해결자로서 국가가 아닌 삶의 기본 단위로서 작은 공으로 재구성해보자는 것입니다. 그리고 이 둘을 관통하는 하나의 아이디어는 '작음'입니다. 거대한 권력과 거대한 기술이 더 강력한 역설을 야기하고 더 큰 실패를 예정하고 있다면,[29] 우리는 이 역사적 경로 위에서 우리 문명을 정교화하는 데에 집착하기보다는 우리의 한계를 인정하고 그 한계를 품어 안는 다른 경로를 탐색해볼 가치가 있습니다.

민주주의의 재구성이 반드시 마음과 작음을 중심으로 이루어져야 할 필연성은 당연히 없습니다. 민주주의를 재구성하는 길은 시민의 수만큼 있을 수 있습니다. 여러분에게도 여러분만의 단서가 있겠지요. 그렇기에 여기서 굳이 이 둘이 최선이라는 논리체계를 제시하거나, 이를 정당화하는 작업은 하지 않겠습니다. 다 설득되지도 않을뿐더러 설득하겠다는 마음 자체가 앞서 비판한 철인왕의 모습과 닮아 있을 테니까요. 대신 제가 기대하는 것은 설득이 아니라 공감입니다. 여러분만의 단서와 제가 여기서 제시하는 단서 간에 약간의 화음이 만들어진다면 그것으로 충분하겠습니다.

그럼 이제 이 책에서 제시할 두 단서에 대해 잠시 짧게 이야기를 나누어봅시다.

민주주의의 마음

우리가 아는 민주주의는 제도로 존재합니다. 그리고 민주주의 원리에 따라 구성된 정부 역시 제도입니다. 정부는 헌법과 법률에 의해 구성되는데, 이 헌법과 법률은 마치 컴퓨터 프로그램과 같은 일련의 문장들로 이루어져 있습니다. 이러한 제도는 이 사회의 작동에 어느 정도의 안정성을 부여합니다. 그러나 민주주의는 제도만으로는 돌아가지 않습니다.

민주주의의 본질은 무엇입니까. 국가의 통치권을 잘게 쪼개어 견제와 균형을 구현하는 것인가요? 국민들에게 동일한 가치의 투표권을 주고 대표자들을 선출하는 선거인가요? 51%의 표를 얻어 선거에서 승리한 자들이 국정을 좌우하는 다수결인가요? 이것들만은 아닐 것입니다. 이것이 우리가 사랑하는 민주주의의 전부는 아닙니다.

민주주의 교육가 파커 파머는 민주주의의 기초로 우리의 마음, 즉 서로 많이 다른 동료 시민을 신뢰하고 그들이 미울지라도 그들을 인정하고 이해하는 우리의 마음을 강조했습니다.[30] 뒤에서 다시 소개하겠지만, 파머는 자신의 책 앞장에 테리 템페스트 윌리엄스Terry Tempest Williams의 다음과 같은 말을 인용했습니다.

> 인간의 마음은 민주주의의 첫번째 집이다. 거기에서 우리는 묻는다. 우리는 공정할 수 있는가? 우리는 너그러울 수 있는가? 우리는 단지 생각만이 아니라 전全 존재로 경청할 수 있는가? 그리고 의견보다는 관심을 줄 수 있는가? 살아 있는 민주주의를 추구하기 위해 용기있게, 끊임없이, 절대로 포기하지 않고, 동료 시민을 신뢰하겠다고 결심할 수 있는가?[31]

좀더 구체적으로 정치학자 스티븐 레비츠키Steven Levitsky와 대니얼 지블랫Daniel Ziblatt은 『어떻게 민주주의는 무너지는가』에서 제도를 넘어 민주주의의 관례를 중시하는 마음이 민주주의 유지에 핵심이라고 주장했습니다.

> 두가지 기본적인 규범이 오늘날 우리가 당연시 여기는 미국 사회의 견제와 균형을 유지해왔다. 그 두가지 규범이란 정당이 상대 정당을 정당한 경쟁자로 인정하는 상호 관용mutual toleration과 이해understanding, 그리고 제도적 권리를 행사할 때 신중함을 잃지 않는 자제forbearance를 말한다.[32]

이 책에서 주목하는 것은 우리의 마음입니다. 우리는 일상에서 마음이라는 표현을 많이 사용하지만, 마음은 그동안 사회과학에서는 외면받아온 개념입니다. 다만 심리학과 뇌과학이 발전하면서 인간은 단순히 이성적 존재가 아니라 상당히 복잡한 정신적 메커니즘에 따라 느끼고, 판단하고, 결정하고, 행동하는 복합적 존재임을 가정하는 것이 당연한 시대가 되었습니다.[33] 관련 분야에서는 의사결정에 있어서 감정의 절대적인 역할을 발견해가고 있습니다.[34] 동양에서도 인간의 마음에 대해서는 이미 정신, 영, 혼, 그리고 백魄, 넋 등의 다양한 개념에서 보듯이 관심이 많았습니다. 특히 유교는 충忠과 서恕, 그리고 인심人心·도심道心과 같이 마음에 대한 윤리적 이해를 제공해왔습니다.

여기서 마음으로 지칭하고자 하는 것은 눈에 보이는 육체만이 아닌, 사람을 한명의 사람으로 구성하는 비가시적 총체입니다. 최근의 뇌과학적 흐름은 마음과 육체를 나누는 데카르트적 접근을 비판하고 이 마음이라는 비가시적 총체가 육체에 얽혀서 발현되는 것으로 보기에 육체를 배제하는 의미는 아닙니다.[35] 중요한 것은 마음의 총체성입니다. 이성은 분명 마음의 일부일 뿐입니다. 외부의 자극에 육체의 반응으로 일어나는 감정도 마찬가지입니다. 마음에서 반복적으로 나타나는 정서나 태도 역시 그렇습니다. 저는 이 비가시적 총체를 정신이라 해도 무방하다고 생각합니다. 다만, 말하고자 하는 바를 정확히 가리키는 것만이 개념의 의의는 아닙니다. 어떤 개념은 자주 쓰이는 언어적 용례 내에서 사용됩니다. 그리고 우리는 그 용례에서 나오는 뉘앙스를 즐깁니다. 그렇다면 마음은 어떻게 쓰이고 있습니까?

마음은 때로 주어로 쓰입니다. '마음이 아프다' 같은 표현입니다. 이는 보어와 짝지어졌으므로 마음은 어떤 상태에 놓일 수 있다는 의미입니다. 한편 우리는 마음에 어떤 행동력을 부여하기도 합니다. '마음이 가는 대로' 같은 표현입니다. 또한 마음은 객체이기도 합니다. '마음을 다잡다' '마음을 빼앗다' 같은 표현에서 마음은 어떤 동작의 대상이 됩니다. 그리고 마음은 깨지기도 하고 상처받기도 하는 등 어떤 행동이 작용하여 일으키는 결과가 머무는 대상이기도 합니다. 그 와중에 우리는 남의 마음을 '만지기'도 합니다. 또한 마음은 어떤 그릇이나 장소처럼 취급되기도 합니다. '마음에 두다' 같은 표현입니다. 특히 우리는 '마음 한구석' '마음에 들다' '마음이 가득 차다' 등의 표현을 통해 마음을 어떤 공간처럼 다룹니다. 마지막으로 우리는 마음을 우리의 전인격적 노력으로 사용하기도 합니다. '마음껏' '온 마음 다해' 등의 표현은 어떤 행동이나 대상에 대한 우리 마음의 전적인 기울임을 의미할 때 쓰는 말입니다.

그럼 이런 표현들을 통해 우리는 마음이 무엇이라고 말할 수 있을까요? 첫째, 마음은 우리 안의 우리라고 할 수 있습니다. 물론 우리의 육체도 우리를 구성하고, 이 땅에서 육체라는 물질적 부분 없이 우리는 존재할 수 없지만, 우리의 마음 역시 우리를 타인과 구별되게 만듭니다. 마음은 우리의 모든 타고난 정신적 특성, 기억, 길러진 성격들의 총체로서 우리 자체입니다. 그래서 우리는 우리가 하는 작용을 마음이 하는 것처럼 표현합니다. 우리의 마음이 가는 곳이면 우리가 가는 곳입니다. 우리의 마음을 상처입혔다면 우리를 상처입힌 것입니다. 마음은 우리입니다.

둘째, 마음은 마치 빈 그릇처럼 무언가가 채워지는 공간입니다. 이는 매우 유용한 비유입니다. 이 책에서 우리는 민주주의의 마음을 이야기합니다. 민주주의의 마음이라는 표현은 민주주의가 사람처럼 무슨 마음이 있다는 의미는 아닙니다. 우리 시민 한 사람 한 사람의 마음이 민주주의를 향하고, 민주적 가치를 담는 것을 의미합니다. 이렇게 마음에 민주적 가치를 담으면 우리는 시민市民이 되고, 독재적 가치를 담으면 신민臣民이 됩니다. 자본주의적 가치를 담으면 우리는 기업가가 되고, 공동체적 가치를 담으면 동료가 됩니다. 마음은 우리이기 때문입니다.

셋째, 마음은 흐르는 물이나 바람과도 같습니다. '열길 물속은 알아도 한길 사람 속은 모른다'는 속담이 있습니다. 자연과학은 확실성을 추구하여 상당한 성과를 이룩했지만, 사회과학은 확실성을 추구했음에도 불구하고 여전히 모호한 지식, '통계적 법칙' 수준의 어림짐작을 하고 있을 따름입니다. 연구 대상이 인간이기 때문입니다. 인간을 오로지 이성적 존재로 가정하지 않고 인간에게 조금이라도 마음으로 다가가면 비일관성과 다양성, 예측불가능성에 직면해야 합니다. 물과 바람처럼 자유롭고 변화하는 마음은 우리 인간성의 기초입니다. 우리는 예측을 거부하고, 역설 앞에서 예상치 못한 선택을 하며, 결정론의 벽 앞에서도 빈틈을 찾아냅니다.

넷째, 마음은 지향입니다. 무언가로 채워진 마음, 혹은 무언가를 갈망하지만 채워지지 않은 마음은 어딘가로 향하게 마련입니다. 우리는 우리의 마음을 빼앗긴 채, 마음 가는 대로, 마음껏 그곳을 향해 나아갑니다. 마음이 움직일 때 그 에너지는 대단합니다. 육체는 좁은 감옥에 갇혀 있을지라도, 마음은 독립된 국가를,

아파르트헤이트가 사라진 국가를, 이 세상 너머의 세계를 꿈꾸는 것이 인간입니다. 우리의 마음이 가는 곳이 우리가 가는 곳입니다. 이 마음의 지향점이 곧 우리의 희망입니다.

우리의 여러 마음 가운데 민주주의의 기초로서 제6장에서 특히 주목하고자 하는 바는 우선 타자를 대하는 공정과 너그러움 혹은 충忠과 서恕라는 마음의 자세, 그 반대편에 있는 마음의 부패, 그리고 두려움·혐오 및 사랑·슬픔이라는 공적 감정입니다. 이 모든 주제는 한결같이 타자를 향하는 우리의 '작은' 마음에 대한 것입니다. 특히 우리는 감정의 공적 역할에 점점 더 많은 관심을 기울이고 있습니다. 사회과학에서는 이성과 감정의 관계에 대해 직접적으로 다루는 저작들이 늘어나고 있습니다.[36] 특히 감정은 공적 담론장에서 참여자들의 태도로서 주목받고 있습니다.[37] 마사 누스바움Martha C. Nussbaum은 개인주의적 자유주의 사회에 연대감을 더함으로써 자유주의의 기획을 완성할 수 있는 요소로서 감정의 역할에 주목하도록 하는 강력한 논증을 제시한 바 있습니다.[38] 이런 맥락에서 우리는 타인과 자신을 분리하는 근대적 감정으로서 두려움과 혐오, 이에 대조되어 서로를 이어주는 서恕와 사랑, 그리고 슬픔과 위로에 대해 이야기하고자 합니다.

작은 공共

타자를 지향하는 마음은 현실에서 어떤 관계의 모습으로 나타날까요? 제7장에서는 그 핵심은 바로 공공성 혹은 공적 영역의 창출이라고 말하고자 합니다. 특히 국가라는 영역 중심이 아닌, 작은 자들의 다양한 결사체들이 서로 이어지면서 만들어내는 가치로서의 공공성에 주목합니다. 이를 위해 삶의 단위이자 정치적 삶의 출발점으로서 서로 과도하게 같아지지 않으면서 권력적 억압을 배제한 공동체로서 작은 공共이라는 개념을 제시합니다. 이를 통해 함께 살아가는 공적 공간의 재구성을 시도해봅니다. 특히 이는 오늘날 우리를 지배하는 정치 이념인 자유주의와 우리의 삶을 실제로 구성하는 공동체성 간의 오래된 이념적·경험적 갈등을 어떻게 풀어나갈 수 있을 것인지에 대한 고민이 담긴 시도입니다. 간단히 말해, 작은 자들로서 우리는 개인으로만이 아니라 작은 공 안에서 그것을 만들어감으로써 더욱 자유로울 수 있을 것입니다.

특히 작은 공의 실천적 차원에서 깊이 살펴보고 싶은 것은 바로 공적 영역에서 이루어지는 대화입니다. 우리는 공적 토론의 장에서 누군가를, 무언가를 대표할 때 좀더 이성적이고 품위있는 존재인 것처럼 말해야 한다는, 발언에는 어떤 자격이 있다는, 우리의 삶과는 다른 어떤 적절한 문법이 있다는 생각을 무의식적으로 하며 살아갑니다. 이러면 마치 민주주의의 장에 참여하는 데 어떤 자격증이 있어야 하는 것처럼 생각하게 됩니다. 그리고 그런 문법을 익히지 못한 이들은 차별받거나 배제됩니다. 마치 우리가 온통 이성으로 무장한 철인이기라도 한 듯이 공적인 공간에서 감정은 미숙함과 전근대성을 나타내는 징표처럼 취급되곤 합니다. 근대 자유주의가 가정하는 이성적 교양인의 문법은 광범위한 시민들의 역사적·경험적·감정적 문법과 다릅니다. 이에 언어의 차이가 말하지 못하는 이들을 만들어내고 권력의 차이를 가져오는 지점들을 살펴보아야 합니다. 그리고 이를 극복하고 공적 공간의 대화를 이어갈 수 있는 우리의 마음에 대해 찬찬히 돌아볼 필요가 있습니다. 이 역시 제7장에서 논의합니다.

역설과 선택

역설, 민주주의, 마음, 그리고 작음은 절망으로 시작하는 이 책에 담긴 이야기들의 기본 축입니다. 역설을 통해 저는 우리가 이 세상을 마음먹은 대로 통제할 수 있다는 신화가 우리에게 주는 절망에 대해 이야기할 것입니다. 민주주의를 통해 저는 우리의 정치적 해법으로서 민주주의의 약속과 한계에 대해 이야기할 것입니다. 마음을 통해 저는 이 세상과 민주주의를 바라보는 제도 중심의 관점을 넘어서는 논의들을 이야기할 것입니다. 작음을 통해 저는 절망을 안고 가는 삶의 길에 대해 이야기할 것입니다. 이를 통해 저는 무엇이 잘 작동할 것이냐 하는 처방적 관점을 넘어 우리 존재와 삶에 대해 직접 질문을 던지고 생각해볼 것입니다. 중요한 것은 잘사는 것만이 아니라 더불어, 이해하며, 올바르게 사는 것입니다. 그리고 우리가 할 수 없는 것들을 인정하고, 우리가 할 수 있는 것을 겸손하게 행하는 것입니다.

이 세계의 역설을 생각하다보면, 혹시 여러분이 이 책에서 바라본 이 세계와 민주주의의 역설을 납득하게 된다면, 여러분은 무력감에 빠지게 될지도 모릅니다. 역설이라는 개념 자체가 우리가 빠져나갈 수 없는 이 세계의 조건을 가리킨다면 과연 우리의 행동이 무슨 의미가 있는지를 묻게 되는 것입니다. 이 책의 마지막 장인 제8장에서는 그래서 역설을 마주하는 존재로서 살아가기 위해 내가 나다울 수 있는 마음의 결단에 대해 자세히 논의합니다. 특히 프리드리히 헤겔G. W. Friedrich Hegel의 운명 개념과 쇠렌 키르케고르Søren A. Kierkegaard의 단독자 개념을 중심으로 생각해봅니다.

이 세계에서 살아가는 우리에게 가장 도전적인 일은 바로 '나 자신 되기'입니다. 키르케고르는 인간의 근원적인 절망이 내가 나 자신이 되지 못함에 있다고 진단했고, '단독자'라는 개념을 통해 이를 극복할 방향을 제시했습니다. 우리가 조직의 부속품, 나아가 정치적 신민이 아니라 민주주의의 자유로운 시민이라면 우리는 우리 자신이 될 수 있는 길을 모색해야 합니다. 그것이 '민民'이 '주主'라는 민주주의, 제도적 민주주의가 아니라 우리 삶의 양식으로서 우리가 사랑하는 민주주의의 이념에 부합합니다.

다만 우리 자신이 될 수 있는 길은 겸손으로 포장되어 있어야 할 것입니다. 세상은 복잡합니다. 문제도 복잡하고, 해법을 모색하는 과정도 복잡합니다. 제도도 복잡한데 사람의 마음은 더 복잡합니다. 이 세상이 복잡하고 역설적이라는 것은 우리가 함부로 이 세상을 바꾸려 할 수 없다는 것을 의미합니다. 우리가 세상을 다 알지도 못하고, 모든 것이 서로 연결되어 있는데, 마치 확신있는 암 전문의처럼 이 사회를 마취시키고 정책이라는 수술을 함부로 집도할 수는 없는 것입니다.

안희제가 "망설임"이라고 표현한 것처럼[39] 우리 삶의 역설을 민감하게 인지할 수 있는 사람이라면 겸손해질 수밖에 없을 것입니다. 나의 한 걸음이 나의 문제를 해결할 수는 있을지언정 누군가의 문제를 악화시킬 수 있다는 점을 알기 때문입니다. 오늘은 문제를 해결할 수 있을지언정 내일은 다른 문제를 야기할 수 있음을 알기 때문입니다. 내가 문제를 해결했다고 느끼는 것은 내가 어떤 사람들을 진정한 동료 인간으로 인식하고 있지 않기 때문이라는 점을 성찰할 수 있기 때문입니다.

결국 이 책은 다양한 형태의 역설에 대한 논의를 통해 우리 삶의 복잡함을 드러내는 것, 세계를 단순화하는 행동의 위험성을 이야기하고 감추어진 세계에 주목하는 것, 우리에게 세계의 모든 문제를 풀 능력이 부재하다는 점을 살펴보는 것, 그러는 가운데 찾을 수 있는 겸손한 희망에 대해 이야기하려는 것입니다. 멋진 대안을 제시하려는 것이 아니라 성찰을 도모하려는 것입니다. 독재적 철인왕처럼 나의 아이디어가 문제를 풀 수 있다고 함부로 말하는 것이 아니라 도대체 이 역설로 가득한 세상에서 우리는 과연 어떻게 공존해야 하는가를 우리의 마음과 작음에 초점을 두고 모색해보고자 하는 것입니다. 이러한 이야기들을 통해 우리는 모든 것이 결정되었다거나 소용없는 듯 보일 때도 우리의 일을 해나가는 것, 그때에 우리 내면에도 역설과 악이 존재한다는 것, 그래서 절망과 희망은 사실 함께 있다는 것을 말하고자 합니다.

마지막으로 이 책에서 제가 시도한 이런 방식의 글쓰기에서 다소 낯선 것들을 몇가지 언급해두면 읽는 분들에게 도움이 될 것 같습니다. 우선 중간중간 영화의 장면이나 등장인물, 대사를 언급했습니다. 논쟁의 여지가 많은 현실의 사례에 비해 영화의 서사는 정형화되고 고양된 현실로서 우리에게 삶의 본질을 드러냄으로써 유용한 논의의 실마리가 되어줍니다.[40] 그뿐만 아니라 이러한 시도에는 학문적 의미도 있습니다. 바로 우리가 동료 시민으로서 민주적 대화를 나눌 때 정연한 논리만이 아니라 이야기story 혹은 서사narrative의 중요성을 인식할 필요가 있기 때문입니다. 서사 안에는 논리뿐 아니라 감정과 도덕관념, 전형적 인간들, 그리고 인과응보 등 우리가 자연스럽게 소화하게 되는 많은 정보들이 담겨 있습니다.

또한 저는 일부 주제를 다룰 때 글쓰기에 감정을 굳이 배제하지 않는 시도를 해보았습니다. 저는 연구자로서 감정을 배제한 글쓰기에 익숙합니다. 그것은 제가 속한 공동체의 규범입니다. 그리고 여러분도 이 책에서 기대하는 태도일지 모릅니다. 그러나 우리, 특히 작은 자로서 우리가 일상에서 나누는 대화에서 감정은 본질적 부분입니다. 감정을 부정하는 것은 우리의 대화에 담긴 정보의 절반만을 습득하고, 우리 마음의 절반만을 마주하는 셈이라 생각합니다. 이 책을 읽다가 어떤 부분에서 감정이 느껴진다면 그저 자연스럽게 배어들어간 감정으로 이해해주시면 좋겠습니다. 어쩌면 이 부분은 공적 담론의 장에서 여러분과 제가 함께 해보는 실험이라고도 할 수 있겠습니다.

이 책은 일필휘지하기보다는 소제목을 활용해 본문을 다소 잘게 나누었습니다. 각 소제목 아래의 본문만 읽어도 이해할 수 있도록 구성해보았습니다. 그리고 본문의 논의가 기존의 제 논문에서 뻗어나온 경우 해당 논문 정보를 후주에 담아두었으니 (딱딱한 글이긴 하지만) 추가로 읽어보시기 바랍니다. 아울러 여러분은 본문을 처음부터 읽어도 되고, 소제목을 먼저 탐색하여 이슈 중심으로 읽어도 좋을 것입니다. 많은 분량의 이야기에서 우리의 생각이 모두 같을 수는 없을 테니, 그 가운데 마음이 맞는 부분이 몇군데는 있기를 바랍니다.

민주주의의 마음과 작음을 이야기하는 것이 진실되기 위해서는 이 책의 스타일도 그러해야 할 것입니다. 그래서 이 책의 의도, 주제, 내용 그리고 문체 등은 엄밀한 논증을 추구하기보다 (누가 되었든) 이 세계의 절망과 희망에 관심 있는 이들이 하버마스식의 '카페'에 앉아 분위기가 무르익은 후 드디어 내뱉기 시작하는 속 깊은 이야기 같은 일종의 대화를 지향했다고 이해해주시면 좋겠습니다.

Democracy

for

the Least

제2장

들리지 않는 목소리

민주주의는 우리가 가지고 있는 무엇이 아니라, 우리가 하고 있는 무엇이다.

— 파커 파머 『비통한 자들을 위한 정치학』

민주주의 체제에서 시민은 어떻게 주인이 됩니까? 경험적으로는 바로 대표제도를 중심으로 현실화됩니다. 시민 모두가 정치에 참여하는 민주주의에 대해서는 민주주의자들 사이에도 호불호가 있습니다. 단적으로 말해 주권자 모두가 의사결정에 관여한다는 의미의 직접민주주의는 못 하는 것이 아니라 안 하는 측면도 있습니다. 2016~2017년 한국 사회의 상징이 된 '촛불민주주의'는 2017년 3월 헌법재판소의 대통령 탄핵 결정 이후 대의민주주의자들과 참여민주주의자들 간의 논쟁을 야기한 바 있습니다. 한쪽에서는 정당과 국회를 통한 대의민주주의의 회복을 주장했고, 다른 한쪽에서는 촛불은 끝나지 않았다, 즉 참여민주주의의 강화가 필요하다고 주장했습니다. 양쪽 다 민주주의를 아낍니다. 다만 서로 다른 모습의 민주주의를 아낄 따름입니다. 그래서 누가 누구를 어떻게 대표하는 민주주의를 작동시킬 것인가의 문제는 더욱 간단하지 않습니다.

우리 헌법의 원리인 대의민주주의는 주권자인 국민이 선거로 선출한 대표자들의 집단을 통해 국가의 작동에 필요한 통치권을 국민의 이름으로 행사하는 제도입니다. 그러나 우리가 국민의 대표자들이 모였다는 국회를 생각해보면 마음이 답답해지는 것이 현실입니다. 이 대의제도에는 수많은 역설들이 얽혀 있습니다. 따라서 우리는 우선 대의민주주의에서 대표에 관해 자세히 살펴볼 필요가 있습니다.

반대로 일부는 참여민주주의를 주창합니다. 참여민주주의는 직접민주주의와 유사하기는 하지만, 관념적 논쟁을 떠나 오늘날의 현실에서 그 본질은 공적 의사결정 과정에 다양한 속성과 다양한 규모의 시민단(보통 'mini-public'이라고 하는)이 관여하는 것입니다. 참여민주주의자들은 참여민주주의가 더 많은 민주주의라고 생각합니다. 시민들이 직접 국정에 참여, 즉 의사결정과 집행에 참여하는 것이 바람직하다고 보는 것입니다. 결국 스스로를 대표하는 것입니다. 그러나 참여민주주의의 이상에도 불구하고 현실에서 시민들이 직접 국정에 참여하는 데는 많은 어려움이 있습니다. 그리고 시민이 스스로를 대표한다는 관념에는 대의민주주의의 대표 관념과 상충하는 부분들이 있습니다. 따라서 우리는 이 점에 대해서도 면밀히 검토할 필요가 있습니다.

이에 더해서 대표의 원리는 반드시 국회 혹은 시민뿐 아니라 정부관료제에도 적용되고 있습니다. 특정한 지역, 인종, 성별, 직능영역 출신의 사람이 관료제 내 직위에 임명되어 자신의 출신 집단의 입장을 대표하는 것, 그것이 어디까지 가능한지 등이 대표관료제라는 개념을 중심으로 논의되고 있습니다. 용어는 그럴듯하지만 '관료'와 '대표'가 아주 잘 연결되는 것은 아닙니다. 아울러 우리가 언론에서 접하는 수많은 정부위원회들의 구성에도 대표의 문제가 있습니다. 정부관료제의 대표 문제는 많은 사람들에게 익숙한 것은 아니지만, 잘 드러나지 않기에 더 살펴보아야 합니다.

마지막으로 대표를 둘러싼 제도적 이슈와 그것을 바라보는 우리의 마음에 대해 검토함으로써 좀더 실천적인 논의로 이 장을 마무리하고자 합니다. 우리는 우리 자신과 민주주의를 위해 과연 무엇이 어떻게 대표되게 할 것인지, 대표를 중심으로 하는 민주주의가 작동하기 위한 마음은 어떤 것인지에 대해서 이야기해봅니다.

정치적 대표

대의민주주의는 현시대 우리 헌법의 원리입니다. 오늘날의 국가와 지방정부는 모든 시민들이 한자리에 모여 공적 의사결정을 하기에는 규모가 너무 큽니다. 이런 상황에서 참여민주주의를 구현하려 해도 그 현실태는 입법의 영역보다는 행정의 영역에서 다소 일관성 없이 나타납니다. 대의민주주의가 헌법적 근간이기 때문에 전면적인 참여제도를 도입할 수도 없습니다. 그런데 여기서 관점을 달리하여 생각해보면, 결국 오늘날 민주주의에서 공적 의사결정은 우리의 손으로 직접 이루어지는 경우가 거의 없다는 점이 드러납니다. 대신 우리의 의견을 반영할 것으로 기대되는 누군가가, 혹은 우리의 의견을 반영하겠다고 주장하는 누군가가, 혹은 우리 중 좀더 적극적인 누군가가 의사결정 과정에 참여합니다. 대의민주주의에서 그들은 중앙과 지방의 선출직들이며, 참여민주주의에서 그들은 주로 시민단체나 일부 자발적인 시민들입니다. 이렇게 우리의 의사가 공적 의사결정의 장에서 다른 누군가에 의해 표출되는 것, 여기에 '대표'의 문제가 있습니다.[1]

대표한다는 것

해나 피트킨Hanna F. Pitkin은 대표한다는 것, 혹은 대표representation를 "말 그대로 혹은 사실상 그 자리에 있지 않은 무언가를 어떤 의미에서 있게 하는 것"(the making present in some sense of something which is nevertheless not present literally or in fact)이라고 멋지게 정의했습니다.[2] 국어사전에는 "개인이나 단체를 대신하여 그의 의사나 성질을 외부에 나타냄"을 의미한다고 나와 있습니다. 즉 대표의 본질은 '누가 누구를 대신'하는 데 있는 것이 아니라 '어떤 존재를 공적 공간에 나타내는 행위'에 있는 것입니다. 우리가 말하는 대표란 선거를 통해 당선된 의원의 지위 자체나, 그것으로 자기가 하고 싶은 일을 하는 자를 뜻하는 것이 아니라, 공적 의사결정 과정에 직접 참여하고 있지 않은 이들이 마치 그 자리에 있는 것처럼 만드는 행동을 의미합니다. 그리고 이런 행위를 하는 사람을 대표자라고 부르는 것입니다.

대표의 의미를 이렇게 이해할 때 현재 작동하고 있는 민주주의에는 몇가지 난해한 논리적 이슈들이 있습니다. 물론 그 틈을 파고드는 경험적 절망들도 있습니다.

정치적 대표의 한계

우리는 누군가가 우리를 대표한다고 하면 우리가 투표를 통해 그 사람을 선출했다는 생각을 먼저 떠올립니다. 즉 우리에게 가장 익숙한 대표성 관념은 '선출적elective 대표성'입니다. 그러나 누군가를 대표한다는 것은 그 대표자가 그 누군가와 유사하다는 의미의 '묘사적descriptive 대표성'[3]도 있습니다.[4] 우리가 여론조사를 할 때, 응답자들의 '대표성'을 문제삼는 경우가 있습니다. 어떤 여론조사 결과를 두고, 보수 정당의 후보에게 유리한 결과를 얻기 위해 보수적 지지층이 지나치게 대표되는 샘플에 기반한 조사라고 비판할 때, 우리는 해당 샘플(응답자들)이 전체 국민을 제대로 '대표'하지 않는다는 말을 하고 있는 셈입니다. 이는 묘사적 대표성을 통계적 관점에서 본 '통계적 대표성'의 문제입니다. 이와 비슷한 논리로, 만일 정치인들이 우리를 제대로 대표한다고 할 수 있으려면 마치 전체 국민 중 무작위 추출을 한 것처럼 이들의 평균적인 인구통계학적 속성이 전체 국민들의 평균적인 속성과 유사해야 할 것입니다. 전체 국민의 성비는 5 대 5인데 남성 국회의원과 여성 국회의원의 성비가 8 대 2라면[5] 대표성 확보에 도움이 된다고 말하기는 어려울 것입니다. 실제로 제19대 국회를 대상으로 삼은 한 연구에서 국회의원들은 남성, 고학력, 50대, 고소득, 전문직 등에 편향된 것을 발견했습니다.[6] 이렇게 되면 이 정치인들은 '우리와 닮았기' 때문에 우리를 대표한다고 말하기는 어려워집니다.

그렇다고 대의민주주의의 정당성이 무너지지는 않습니다. 오히려 좀더 전통적인 견해는 이러한 대표자의 인구 특성을 반길지도 모릅니다. 왜냐하면 대의민주주의의 이념은 정치적 교양이나 전문성이 부족한 (그렇게 전제되는) 대중이 아니라 그것들을 갖추고 있는 엘리트들에 의해 통치되는 국가를 좀더 낫다고 보기 때문입니다. 아울러 더 많은 민주주의를 요구하는 이 시대에도 대중 및 대중민주주의에 대한 때로는 은밀하고 때로는 공공연한 우려나 적대감은 엘리트들 사이에서도, 심지어 대중들 사이에서도 편만해 있습니다. 마치 고대 로마가 배경인 영화 「글래디에이터」의 한 장면에서 다소 공포감을 조성하는 열광적인 대중들을 굽어보는 이지적이고 선견적인 원로원 의원들처럼 말입니다. 대의민주주의자들이 민주주의를 사랑하지 않는 것은 아닙니다. 단지 좀 능력주의자들일 수는 있습니다. 이들에게는 국회가 그 평균적인 속성에서 전체 국민 평균과 다르다면 이는 의도한 것은 아니더라도 오히려 바람직하거나 특별히 문제삼을 일이 없는 현상으로 이해될 수 있습니다.

다음으로 대의민주주의의 논리는 한 걸음 더 나아갑니다. 즉 이러한 대표자들은 시민 개개인의 파편화된 이익이 아니라 국가 전체의 이익의 관점에서 의사결정을 할 것이라는 전제가 있는 것입니다. 이러한 전제가 대의민주주의의 전제로 받아들여지는 데는 지난한 시간을 지나와야 했지만, 어쨌든 지혜로운 자들이 모여 시끄러운 정쟁을 뒤로하고 진지한 숙의를 통해 국익에 가장 도움이 되는 대안을 모색하여 결정함으로써 대중들을 대표하는 것, 즉 그들이 위임한 요구사항에 정치적으로 반응하는 것(반응적responsive 대표성)이 근대 대의민주주의의 최종적인 이상입니다. 많은 민주주의 국가들의 의사당이 마치 신전과 같은 디자인을 채택한 것은 전혀 놀라운 일이 아닙니다. 전체 국민을 '대표'하는 과정은 뭔가 종교적인 제의가 치러지는 과정과 유사한 것입니다. 전체 국민의 의사가 한데 모이는 장소라는 개념은 참 신화적입니다.

묘사적 대표성과 통계적 대표성의 측면에서 한계가 있는 정치인들이 정당성을 보유하는 근거인 '선출적 대표성'을 생각해봅시다. 대의민주주의에서 선출된 정치인의 정당성은 '내 손으로 뽑은 대표자'라는 이념에 있습니다. 혹은 정치인의 관점에서는 '유권자들이 뽑아준 대표자'라는 이념에 있습니다. 그런데 이 '내 손으로 뽑았다'는 관념이 문제를 복잡하게 만듭니다. 내 손으로 뽑았으니 그 대표는 내 이익을 대표해야 하는 걸까요? 아니면 내 손으로 뽑긴 했지만 그 대표는 국가 전체의 이익을 대표해야 하는 걸까요? 만일 여러분의 지역구 의원이 지역구의 발전을 위해서는 아무것도 하지 않으면서 국가 전체의 발전만 주야장천 강조한다면 여러분은 그 의원에게 다시 표를 던질 자신이 있습니까? 거꾸로, 그 의원이 중앙정치에서는 거의 역할을 하지 않지만 어떻게 해서든 여러분의 지역에 새로운 사업을 유치한다면 여러분은 그 의원에게 다시 표를 던지겠습니까? 여러분이 던진 표는 '나의 이익을 대변하는 대표자delegate가 되어달라'는 의사표시인지, '우리 정치공동체 모두의 이익을 대변하는 대표자trustee가 되어달라'는 의사표시인지가 늘 명확하지는 않습니다. 물론 대의민주주의의 이상은 후자이지만, 현실에서는 여의도에 가서 국가적 사안에만 계속 관심을 두는 국회의원이 반드시 최선이라고 하기도 어렵습니다. 왜냐하면 투표를 통한 대표자라는 관념에서는 어느 정도 기속적羈屬的 의무를 완전히 부정하기는 어렵기 때문입니다. 더욱이 국민 모두를 대표한다는 관념도 정체가 불분명하다는 문제가 있습니다. 우리가 하나의 인격으로서 '국민'을 말할 수 없다면 추상적인 국민 모두를 대표한다는 관념은 있을 수 없는 관념이 됩니다. 결국은 어떤 특정 집단, 즉 기껏해야 공리주의적으로 정당화되거나 형평성 기준에 따라 정당화될 수 있는 특정 집단들을 위한 대표가 가능할 따름입니다.

이 문제는 정당이라는 중간결집체에 의해 이루어지는 정당정치로 인해 악화되는 부분도 있습니다. 정당이 강령을 내세우고, 풀뿌리 조직의 활동을 통해 유권자들의 선호를 결집한 후, 이를 모아 중앙정치에서 권력을 장악하여 합리적인 정책 숙의 과정을 통해 정책을 추진하는 것이 정당정치의 이상적 형태입니다. 이렇게만 작동한다면 대의민주주의 역시 상당히 이상적인 제도입니다. 문제는 현실입니다. 선거에서 승리하여 권력을 장악하기 위해 정당들은 점점 포괄정당의 성격을 띠어왔습니다. 정당의 지지층이 다양해지면 대표의 한계 문제가 고스란히 정당에도 나타나게 됩니다. 이에 더하여 정당 역시 하나의 조직인 이상, 위계성과 통일성을 확보하려는 본능이 작용하면서 오히려 대표의 과정을 왜곡하는 현상들이 나타납니다.

이 모든 것을 종합해보면, 우리의 처지가 정치에 의해 잘 대표되고 있지 않은 것 같다고 느끼는 데는 근거가 있습니다. 대표는 정치인들의 이기심에 의해 좌절되기도 하지만, 민주주의의 제도 내에 그 좌절의 조건들이 들어 있기도 합니다.

책임을 묻는 문제

대표의 한계로 인해 함께 발달한 개념은 바로 책임성accountability입니다. 대표자들의 대표 행위에 문제가 있다면 선거나 소환을 통해 책임을 물으면 되는 것이지요. 그렇다면 대의민주주의의 기본 원리인 대표성을 띠는 정치인들에게 우리는 어떤 책임을 물을 수 있을까요? 제인 맨스브리지Jane Mansbridge는 정치인의 책임을 확보하는 방식을 기준으로 우리가 말하는 대표성의 의미를 네가지로 구분했습니다.[7]

첫째로 정치인이 공약을 하고 임기를 소화하면, 유권자들이 해당 정치인이 임기 동안 공약을 이행했는지를 평가하여 투표하는 것입니다. 우리에게 익숙한 것이지요. 이러한 공약적promissory 대표성은 주인-대리인 이론에 기초한 가장 전통적인 책임 확보 방식입니다. 공적인 약속을 지키지 않은 대리인에게 주인이 투표로 책임을 묻는 것은 자연스러운 일입니다.

그런데 공약적 대표성은 오늘날 유일한 책임 확보 방식도 아니고, 가장 중요한 것도 아닙니다. 공약적 대표성의 문제 중 하나는 사회와 그 문제가 매우 빠르게 변화한다는 데 있습니다. 예를 들어 문재인 정부 초기에는 탈원전정책을 강하게 추진했지만, 에너지공급 및 가격 문제, 국내 원전사업과 기술의 쇠퇴 우려, 신재생에너지의 기술적·정치적 한계, 유럽 국가들의 탈원전정책 재고 등 여러 이슈가 불과 4년 만에 제기되면서 말기에 이르러서는 야당은 물론이고 여당의 대선 후보조차 국가의 몇십년 대계라 할 탈원전정책의 재고를 언급하는 상황에 이르렀습니다. 이렇듯 정책 환경이 빠르게 변화하는 상황에서 공약이란 '과거에 했던 약속'에 불과하게 됩니다. 중요한 것은 현재의 문제를 푸는 것이지, 과거에 문제시되었던 것을 푸는 것이 아니라는 것입니다.

공약적 대표성의 다른 문제는 이것이 대의민주주의의 이상인 일반이익을 대표하는 것이 아니라 지역구를 대표하는 쪽으로의 편향을 강화할 수 있다는 점입니다. 대통령의 경우는 지역구라는 개념이 적용되지 않지만 여전히 지지기반·정당이라는 개념은 적용됩니다. 공약적 대표의 주인은 누구입니까? 이념적으로야 일반국민이지만 현실에서는 공약이 지향하는 존재, 즉 지지자입니다. 그리고 투표를 통해 그 대표자의 책임을 묻는 이들 역시 바로 (지역구) 유권자입니다. 이런 상황에서 공약적 대표성만을 강조할 경우 우리는 대의민주주의의 절묘한 균형을 좁은 이익의 보장에 치우쳐 깨뜨리게 될 것입니다.

지역구라고 해도 유권자들은 동일한 사람들이 아니라는 점도 문제입니다. 인천을 보면 경인공업지대 및 전통적인 주거지를 형성한 구도심과, 인천국제공항 및 송도 등을 포함하여 간척사업을 통해 새로 조성된 신도시의 성격이 다릅니다. 이때 인천시장이 지역구민을 대표한다는 것은 과연 무슨 의미일까요? 양 지역의 공통된 공익을 찾아낸다는 의미일까요? 한번에 한쪽씩 이익을 번갈아 구현하겠다는 의미일까요? 아니면 자신의 텃밭에 거주하는 이들의 친구가 되겠다는 것일까요? 대표자의 선의를 인정한다 해도 유권자들의 다양성은 책임 확보에 있어서 수많은 역설을 만들어냅니다.

공약적 대표성은 만일 해당 정치인이 출마를 포기한다거나, 지역구를 변경한다거나, 은퇴를 하는 등 선거라는 심판을 받지 않는 경우 어찌할 수 없다는 점에서도 한계가 있습니다. 어떤 정치인이 투표를 통한 평가를 받지 않는 상황에서 4년간 권력을 행사하는 것은 민주적 통제의 관점에서 그다지 이상적인 상황은 아닙니다.

둘째로 정치인들이 과거에 내건 공약이 아니라 다음 선거에서 유권자들에게 선택받기 위해 현재 어떤 것들을 해야 하는가에 초점을 두는, 즉 미래의 유권자의 선택에 책임을 지는 대표성도 있습니다. 맨스브리지는 이를 전향적anticipatory 대표성이라 불렀습니다. 이는 현재의 문제를 정의하고 그것을 풀어나가는 데에 노력을 집중함으로써 과거의 약속에 구속되는 공약적 대표성의 한계를 극복할 수 있다는 장점이 있습니다.

다만 전향적 대표성은 형식논리로 보자면 유권자들이 해당 문제를 그렇게 풀도록 사전에 위임 혹은 상호 약속한 적이 없다는 점, 전향적 책임 확보를 위해 노력한다면서 공약적 책임을 경시할 수 있다는 점, 미래의 유권자의 선호는 단지 추정될 뿐이며 대표자의 자의가 작용하는 점 등의 한계가 있습니다. 즉 전향적 대표성에서 주인-대리인 관계의 엄밀성은 약화됩니다. 주인은 대리인에 대한 통제력을 일정 부분 상실하고, 대리인의 선의에 좀더 의존하게 됩니다. 물론 대리인에게도 불확실성이 큽니다. 자신이 약속한 것을 지켰는지는 증거를 통해 다툴 수 있지만, 자신이 무슨 문제를 풀었어야 하는지에는 정답이 있을 수 없기 때문입니다.

셋째로 특정 지역구 혹은 유권자 집단을 넘어 외집단의 입장이나 선호까지 대표하는 대리적surrogate 대표성이 있습니다. 이는 앞서 전체 국민을 대변하는 대표자trustee의 관념과 유사하면서, 대표되는 사람과 선호의 범위에 차이가 있습니다. 대리적 대표성은 오늘날 우리가 직면하는 사회문제들이 광역적 성격을 띤다는 점을 고려하면 매력적입니다. 문제와 해법의 경계를 일치시킬 수 있는 관념적 기반이 되는 것입니다. 그런데 이렇게 되면 단지 '지역구'의 이해만을 반영하는 정치는 극복할 수 있지만 주인-대리인 관계의 명확성이 침해된다는 점에서 전향적 대표성과 유사한 한계를 가집니다. 또한 과연 어떤 범위의 유권자를 대변하는 것인지의 문제도 있습니다. 다만 이러한 비판은 대표성을 좁게 이해할 때나 성립하는 것이지요. 오늘날의 광역적 사회문제를 고려하면 새로운 개념에 주목할 필요성이 더 크다고 할 수 있습니다. 하지만 여전히 현실적으로 대표성을 좁게 정의하여 노골적으로 특정 지역구의 공약적 대표성을 호소하는 다른 경쟁 후보에게는 정략적으로 비판받기 쉽습니다.

마지막으로 정치인이 스스로의 양심을 책임의 근거로 하는 평형적gyroscopic 대표성이 있습니다. 논란에 휘말린 어떤 정치인이 "나는 떳떳하다. 국민의 심판을 받겠다"라고 주장하는 경우, 만일 그 말이 진심이라면 이는 평형적 대표성을 주장하는 셈입니다. 앞서 대의민주주의에서 delegate(나의 이익을 대변하는 대표자)와 trustee(우리 정치공동체 모두의 이익을 대변하는 대표자) 간의 균형잡힌 역할에 대해 이야기했는데, 논리적으로는 거의 불가능한 이런 작업을 가능하게 하는 것은 바로 정치인 자신의 양심일 것입니다. 겉으로 보기에 어떻든, 그리고 정적과 언론이 뭐라 하든, 스스로의 양심에서 '이것이 내 유권자(국민이든 지역구민이든 다른 어떤 집단이든)의 뜻이다'라고 확신하고 그에 따라 행동하는 것은 받아들일 만한 책임의 유형이라 하겠습니다.

다만 우리가 정치라는 무대에서 인간의 양심에 전적으로 의지해도 되는지, 자신의 양심을 주장하는 정치인에게 어느 정도까지 관대해도 되는지, 그런 정치인이 과연 실제로 얼마나 있는지, 현실정치라는 공간에 평형적 대표의 자리가 있는지 등의 문제는 남아 있습니다. 이러한 평형적 대표성이 작동하려면 수많은 긍정적인 사례들이 있어야 하고, 그로부터 국민과 정치인 사이에 공적 신뢰가 있어야 할 것입니다. 그러지 않고서야 정치인 개인의 양심과 부패한 아집을 구분할 길이 없습니다.

지금까지 네가지로 나누어 살펴본 대표성의 개념은 현실에서는 서로 겹쳐서 나타난다는 점을 눈치챌 수 있을 것입니다. 이들은 개념적으로 구분될 뿐, 현실에서 우리는 이 네가지를 모두 묻고 있습니다. 그렇다고 해서 우리가 우리의 대표에게 책임을 촘촘히 물을 수 있느냐 하면 그렇지도 않습니다. 제도는 아무리 정교하게 설계해도 인간의 욕망을 다 제어할 수는 없습니다. 책임에 얽매이지 않고 권력을 행사하고자 하는 욕망은 불어난 물처럼 반드시 흘러갈 곳을 찾게 마련인 것 같습니다.

그런 점에서 평형적 대표의 개념은 흥미롭습니다. 물론 여러가지 제도적 장치를 마련해두는 것은 중요하지만, 결국 민주주의를 지지해주는 가장 강력한 원천은 사람의 마음입니다. 우리가 공약적 책임을 묻고자 하든 전향적 책임을 묻고자 하든, 결국 중요한 것은 그 대표자가 어떤 마음으로 행했는지일 것입니다. 우리는 어떤 정치인들이 얼마나 쉽게 거짓말을 하는지를 알고 있기 때문에 정치인의 양심을 강조하는 입장에는 회의감이 들 수 있습니다. 그러나 우리가 양심에만 의존할 수 없듯이, 제도에만 의존할 수도 없습니다. 정말로 평형적 대표성을 인정할 만한 사람이 있다면, 우리의 마음 역시 그에 반응하게 될 것입니다.

관료제와 대표

정치적 대표에 대한 좌절은 우리 사회만 겪은 것이 아닙니다. 미국 사회도 1960년대 베트남전쟁, 인종차별, 빈부격차 심화, 히피문화의 부상 등 격동의 시대를 지나면서 정치의 무력과 무책임함에 대한 비판이 일었습니다. 이때 일부 행정학자들은 정치의 절망을 관료제에 대한 기대로 전환시켰습니다. 바로 신행정학new public administration이라고 불리게 된 사조입니다. 간략히 말하자면, 공직윤리와 재량권으로 무장한 공직자가 자신들이 보유한 전문성을 발휘하여 적극적으로 공익을 탐색하고 정의하고 이를 실현해야 한다는 입장입니다.[8] 지리멸렬한 정치 대신 마치 일종의 '소수정예'와도 같은 관료집단이 사회적 역할을 감당해야 한다는 것이었습니다.

물론 과연 관료집단에게 이런 기대를 걸 수 있는지는 당연히 정치적 논란의 대상이 되겠지요. 민주주의에서 관료집단의 의미는 그리 간단하지 않습니다. 관료집단은 단순히 정책집행의 도구가 아닙니다. 관료제 안에는 정치가 있고, 따라서 관료제 역시 민주주의와 직결되어 있습니다. 관료제가 민주주의의 영역 바깥에 존재하는 순수한 기술자들의 집단인 것처럼 관료제의 자율성과 권위를 옹호하는 전문가주의적 이원론은 위험하기도 하거니와 경험적 사실과도 맞지 않습니다. 신자유주의적 개혁에 따라 관료제에 시장의 아이디어가 흘러들어와 제도화되어 있듯이, 민주주의의 아이디어들도 이미 관료제에 흘러들어와 제도화되어 있습니다.

대표적인 예가 엽관제spoils system적 인사행정입니다. 말 그대로 관직이 선거 승리의 전리품처럼 다루어지는 제도입니다. 선거에 승리한 자가 자신을 도운 사람들에게 관직을 나누어주던 19세기 미국의 정치가 그 기원이며, 오늘날에는 관료제에 대한 민주적 통제를 위해 활용되기도 합니다.

관료제의 민주적 통제에 대해 좀더 살펴봅시다. 중앙정부 부처들에서 차관급까지는 거의 대부분 실적제에 따라 임용된 경력직 공무원들로 채워지는 반면, 장관급에는 다양한 배경을 가진 이들이 대통령에 의해 임명됩니다. 이는 중앙정부 부처라는 전형적인 관료제의 작동을 민주적으로 통제하기 위한 장치입니다. 실무자급에 정치적 배경을 가진 인물을 임명하면 실적제merit system의 원리에 반할 수 있지만, 장관급에 정치적 배경을 가진 인물을 임명하면 이를 통해 관료제 전체에 민주적 통제를 가할 수 있다는 것입니다. 물론 여기서 민주적 통제란 선거에 의해 집권한 세력이 제시한 공약이 구체적으로 수행되도록 관료제를 움직이는 것을 의미하겠습니다. 즉 관료제가 자신의 이익과 관성에 따라 움직이는 것이 아니라 민주적 정당성을 획득한 집권세력에 의해 움직이도록 하는 것입니다. 직업공무원제 원칙에 따라 정치적 중립성과 강력한 신분보장으로 무장한 관료제는 민주적 통제에서 벗어나기 쉽다는 점에서 이러한 엽관제적 요소는 매우 중요합니다. 다만 제도가 아니라 실제로 그 제도로 관직을 얻는 이들의 능력과 윤리가 문제이지요. 단지 충성심과 정치적 공헌만으로 기회를 얻는 이른바 '낙하산'들이 많을 때 엽관제의 의의는 희석됩니다. 엽관제도 참으로 역설로 직조된 제도입니다.

다음으로 대표관료제representative bureaucracy 역시 관료제의 민주적 통제를 위한 하나의 장치입니다. 관료 자체는 앞서 말한 대표성이 없습니다. 이들은 임용시험을 거쳐 선발된 자들로, 우리가 선출한 것도 아니고, 우리와 그다지 닮아 있지도 않습니다. 대표관료제는 기본적으로 관료제의 인적 구성 시 사회의 인구통계학적 분포를 반영하여 정치적으로 의미있는 사회집단 출신이 관료제 내에 일정 비율을 점하도록 보장하는 제도입니다. 마치 국회의원 선출에서 지역구 외에 비례대표제가 적용되듯이, 우리 사회의 구조를 반영하는 관료제를 지향하는 것입니다. 미국에서는 인종 간 차이가 지속적으로 사회적 이슈로 남아 있다보니 대표관료제는 주로 공무원집단의 인종적 구성에 초점을 맞추어왔습니다만, 우리나라에서는 여성할당제, 지역할당제, 고위공무원 임명시 비공식적 지역 안배 등에서 대표관료제의 제도적 흔적들을 발견할 수 있습니다.

이러한 대표관료제에는 소극적 및 적극적 모형으로 구분되는 두가지 접근이 있습니다.[9] 소극적 접근의 이념은 관료제의 인적 구성이 정치적으로 중요한 사회집단의 비율을 반영하는 것입니다. 이는 본질적으로 인사의 문제로 대표관료제를 한정하는 것입니다. 반면 적극적 접근의 이념은 해당 관료가 그 출신 집단의 이익이 정책에 반영되도록 적극적으로 옹호하는 것입니다. 여기서 대표관료제는 단순한 인사제도가 아니라 정치제도의 일종이 됩니다.

정치적 대표성과 마찬가지로 대표관료제에서도 소극적 접근은 '관료가 나와 유사하다'는 묘사적 대표성을, 적극적 접근은 '관료가 우리 집단의 이익을 실현할 것이 기대된다'는 반응적 대표성을 반영한다고 할 수 있습니다. 얼른 생각하면 후자의 적극적 접근이야말로 대표관료제의 이념을 제대로 반영하는 모형이라고 할 수도 있습니다. 단지 인구 구성만 반영한다고 해서 해당 소수 집단의 이익이 실제로 구현될 것이라는 보장은 없기 때문입니다. 그러나 이 경우 우리는 정치인이 아니라 관료에 대해 이야기하고 있다는 점을 기억해야 합니다. 우리나라에서 공무원들은 정치적 중립의 의무가 있습니다.[10] 따라서 특정 관료가 자신의 출신 집단을 관료제 내에서 적극적으로 옹호하는 것은 이 정치적 중립 의무의 위반 논란을 야기할 수 있습니다. 나아가 서로 다른 집단 출신의 관료들이 저마다 자신의 출신 집단의 이익을 적극적으로 옹호한다면 관료제는 더이상 효율적 기계가 아니라 공식적인 정치적 공간이 되어버릴 것입니다. 여기는 사회적 소수의 권익 보호라는 숭고한 가치와 민주주의의 원리라는 또다른 숭고한 가치 사이에 묘한 마찰이 일어나는 지점입니다.

예를 들어 사회에서 여성운동을 전개하다가 개방형 임용 절차를 통해 관료가 되어 관료제 내에서 활동하는 사람들을 '페모크라트'femocrat라고 부릅니다. 페미니즘feminism, feminist과 관료bureaucrat가 합성된 말입니다. 이러한 페모크라트가 등장하면 시민 입장에서는 여성의 편에 서서 여성의 권익을 증진하도록 노력하기를 기대하게 됩니다. 정책 과정의 핵심에 자신들의 동료가 들어가니 당연히 가질 수 있는 기대입니다. 그러다보니 페모크라트가 과연 여성의 권익을 증진하는 데에 도움이 되었는지에 대해 논란이 있습니다. 관료제 내에 들어감으로써 정책설계 단계에서부터 여성의 관점을 반영할 수 있는 기회가 생긴 것이라는 긍정적 관점부터, 결국 관료제에서는 개인의 입장보다는 관료로서의 입장을 더 요구받는 압력에 굴복할 뿐이라는 부정적 관점까지 다양합니다. 게다가 현실에서는 기존 경력직 관료집단으로부터 고립될 가능성이 높습니다.

더욱이 민주주의의 이념을 고려하면 몇몇 정책주창자policy advocate가 대표관료가 되었다고 해서 정책의 물길이 바뀔 정도의 변화가 발생하는 것이 바람직한지는 조금 신중하게 생각해볼 일입니다. 기본적으로 이 사회가 지향할 가치를 결정하는 행위는 관료제의 영역보다 정치의 영역에 속한 행위이기 때문입니다. 덜 대표되었던 이들의 처지를 실제로 개선할 수 있는 가능성을 확보하는 것은 바람직하다 해도, 그 제도를 통해 만일 그 자리를 서로 다른 이념에 봉사하는 서로 다른 사람들이 번갈아 채워 기존의 정책을 무력화한다면 제도의 의미는 왜곡되고 정책의 안정성은 위협받는 역설에 직면할 수 있습니다.

사실 이 지점에서 지금까지 관료제는 이미 작은 자들을 과소대표해왔기 때문에 페모크라트와 같은 대표 관료들에게 힘을 싣는 것은 나쁜 일이 아니라는 반론이 제기될 수 있습니다. 견제와 균형 역시 민주주의의 원리이기 때문에 충분히 성립 가능한 논리입니다. 다만 한 걸음 떨어져서 보면 이 문제는 우리가 관료제를 얼마나 정치화할 것이냐 하는 좀더 근본적인 질문으로 이어집니다. 물론 관료제는 언제나 정치적 공간이었습니다. 다만 그것을 공식화하지는 않을 따름입니다. 그것을 공식화한다는 것은 민주주의의 심대한 변화를 의미합니다.

이런 난점들의 한계에 부딪혀서인지 대표관료제에 대한 최근 연구는 반드시 정책 옹호의 수준이 아니라 일선 관료 수준에서 민원인을 상대하는 문제로 관심을 전환했습니다. 예를 들어 셀레스트 왓킨스헤이스Celeste Watkins-Hayes는 일련의 연구에서 미국에서 사회복지서비스의 수혜를 받기 위해 흑인이나 라틴 계열 시민이 자신들과 인종적으로 동일한 일선 관료에게 심사를 받을 때 어떤 일이 벌어지는지에 대해 연구했습니다.[11] 연구 결과 이 심사 담당 공무원들은 때로는 집단적 동질성에 기반하여 좀더 친절하게 일을 수행하기도 하지만, 많은 경우 결국은 관료로서의 정체성에 방점을 두고 업무를 처리한다는 것이 발견되었습니다.[12] 일선 관료(고위 관료도 마찬가지겠지요)는 결코 독자적으로 일하는 사람이 아니라 조직 내에서 조직이 부여한 권한에 따라 일하는 사람입니다. 집단적 동질성에 기반하여 민원인의 필요를 무리하게 채워주기에는 제도적으로나 심리적으로나 한계가 크다는 의미입니다. 때로는 그러한 민원인이나 일반 시민의 기대가 관료 당사자에게 윤리적 차원에서 모욕적일 수도 있습니다. 그리고 왓킨스헤이스의 사회복지서비스 연구에서 민원인들 역시 자신과 집단적 동질성이 있는 관료라고 해서 자기들에게 더 잘해준 것은 아니고, 스스로도 더 많은 것을 기대하지도 않았다고 했습니다. 중요한 것은 전문가답게 법에 따라 정확하고 빠르게 일을 처리해주는 것이지, 창구 건너편에 누가 있는지는 중요하지 않다는 것입니다. 아울러 흑인 경찰관들이 흑인들에게 더 엄격하게 공권력을 적용하는 사례에서처럼[13] 때로는 집단적 동질성이 상황을 더 어렵게 만들기도 합니다. 대표의 원리에 따라 임용된 공직자는 아니더라도 어쨌든 인종적 동일성을 지닌 공직자가 직면하는 현실에 대해 이얼 프레스Eyal Press는 다음과 같이 적고 있습니다.

> 흑인 교도관들에게는 추가적인 도덕적 긴장감이 있었다. 자신이 속한 공동체[흑인 사회]에 불균형적으로 큰 피해를 입히는 시스템에서 일하는 불편함이 있었다. 흑인 재소자들도 이 사실을 잘 알기에, 흑인 교도관에게 형제를 배반한다고, 또는 백인을 위해 일한다고 야유하기도 했다. (…) 그러한 모욕이 더욱 쓰라렸을 것이다.[14]

마지막으로 대표관료제 외에도 관료제와 민주적 대표성의 문제가 맞닿는 지점은 정부가 활용하는 다양한 위원회의 인적 구성입니다. 정부는 여러 자문위원회와 심의위원회를 운영하고, 여기에 민간위원을 배정하고 있습니다. 나머지는 관련 부처의 당연직 및 임명직 공무원들로 채워집니다. 한가지 예로 관료들이 법령의 한계 내에서 민원인들의 이익을 최대한 실현하기 위해 적극행정을 수행했는지 여부를 판단하는 각 부처의 적극행정위원회는 위원 절반을 민간인으로 구성하도록 규정하고 있습니다. 이러한 위원회의 민간위원 구성은 과연 어떤 원리에 따라야 할까요? 여기서도 대표성의 문제가 있는 것입니다. 민간위원들은 선거에 의해서 선출되는 것이 아닙니다. 때로는 자원하는 경우도 있지만 대다수의 경우는 위원회를 담당하는 공무원들의 선택에 의해 위촉됩니다. 따라서 대표성이라는 관점에서 문제가 제기됩니다. 그러나 이에 대한 논의는 별로 없는 실정입니다. 김예찬은 지방자치단체에 설치된 수많은 위원회들이 적절한 위원을 확보하지 못해서 동일한 인사가 전문성의 수준에 차이가 있는 여러 분야의 위원회에 참여하거나, 심지어 해당 지역의 인사가 아닌 사람들이 지역 이슈를 다루는 위원회를 채우는 경우들을 보고했습니다.[15] 지방자치의 관점에서든, 민주주의의 관점에서든, 대표성의 관점에서든 씁쓸한 현실입니다.

스스로를 대표함: 시민참여

이제 시민이 스스로를 대표하는 제도적 형태로서 시민참여에 대해 이야기해봅시다. 시민참여를 말하는 것은 다소 슬픈 일입니다. 우선 시민은 근대 민주주의에서 초라한 주권자입니다. 그것이 역사적으로 민주주의와 함께 발전한 자본주의의 속성 때문인지, 대의민주주의의 자체적인 속성 때문인지, 양자간 상호작용 때문인지를 구분해 말하기는 쉽지 않습니다. 아울러 시민참여가 주권자인 시민이 직접 정책결정에 참여한다는 관념임에도 불구하고는 대표성 시비에 시달린다는 사실은 다소 당혹스럽습니다. 그리고 그 시비의 배경에 민주주의의 한 뿌리인 대의민주주의가 있다는 사실은 그 당혹감을 배가합니다. 아울러 이상과 달리 관료제나 시장과 마찬가지로 시민참여 역시 실패한다는 현실은 가슴 아프지만 살펴보아야 할 현실입니다.

시민의 대표성

시민참여, 그것을 중심으로 하는 참여민주주의에서 참여자들의 대표성 문제는 항상 제기됩니다. 단적으로 말해 참여민주주의의 대표들은 선출된 것이 아니라 자발적인, 그러니 아마 모종의 이해관계가 있을 것으로 짐작되는, 그러니 공적이 아닌 사적인 행위자들일 것이라는 데에 비판의 핵심이 있습니다. 혹은 아예 이해당사자도 아닌 이념집단들(속된 표현으로 '시위꾼들')이 '여기저기 낀다'고 표현하며 비판하기도 합니다. 마지막으로 능력주의적 정치문화에서 이들은 '자격'이 부족한 자들로 인식됩니다. 대표성의 부족은 이러한 인식들을 정당화하기 위한 하나의 논리일 따름입니다.

시민단체들에는 자조집단 형태의 단체들과 정책주창자 형태의 단체들이 있는데, 이러한 비판을 받는 시민단체들은 주로 정책주창자들입니다. 수많은 시민단체들이 자발적 후원이나 정부의 지원에 기반하여 특정 영역에서 시민들의 삶을 개선하기 위해 여러모로 땀을 흘리고 있지만, 이 과정에서 정책적 개선을 주창하는 단체들은 본질상 정치적으로 활동하다보니 갈등의 한복판에 뛰어들게 되면서 비판을 받는 것입니다.

여기서 대표성의 문제는 시민단체의 약점으로 작용합니다. 시민단체들은 자신들이 대표한다고 여기는 사람들, 말하자면 사회에서 소외되고 억압받고 주변화되고 정치적 자원이 부족하여 '스스로 말할 수 없는 이들'의 권익을 대변한다고 자부합니다. 그러나 시민단체의 비판자들은 그 말할 수 없는 자들이 언제 어떻게 그 단체들에 정치적 위임을 했느냐고 비아냥거립니다. 그나마 당사자성이 강한 단체라면 어떻게 대답할 말이 있지만('당사자성'에 대해서는 뒤에서 다룹니다), 이때도 대개는 늘 '너희와 다른 말을 하는 사람들이 있다'고 반박할 수 있을 만큼 다양한 목소리들이 있습니다.

이러한 비판에는 한번 꼼꼼히 따져볼 부분들이 있습니다. 우선 시민들의 다양한 목소리를 시민사회의 분열로 틀짓기하는 것은 시민사회의 현실을 부정하는 잘못된 출발선에 서 있는 입장입니다. 여성운동의 예만 보아도 상당히 다양한 여성운동 단체들이 저마다의 하위집단들을 대표하고 있습니다. 여성운동의 이슈에는 직장에서 보수나 승진에 불이익을 받는 여성이나, 일상생활에서 안전 문제에 불안감을 느끼는 여성만이 아니라, 홀로 아이를 키워가는 한부모, 국제결혼으로 이주해온 여성, 장애를 지닌 여성 등 여성이라는 범주 안에서도 더더욱 작은 여성들의 처지가 있습니다.[16] 또 누가 있습니까? 또 누가 있는지를 찾아서 그들의 목소리를 들리게 하는 것이 바로 대표한다는 것의 본질입니다. 목소리가 다양하다는 것은 이기적인 사람들이 많이 있다는 뜻이 아니라 우리가 민주주의를 하고 있다는 뜻입니다.

아울러 시민단체의 약한 대표성에 대한 비판은 대표성을 전통적인 주인-대리인 관계에 입각한 대표성, 특히 선출적 대표성으로 좁게 이해한 결과입니다. 특정 시민단체가 이러한 '명시적 위임'에 기반한 대표성이 부족한 것은 사실입니다. 그러나 대표의 핵심은 의사결정의 현장에 들려지지 않는 목소리가 들리게 하고, 보이지 않는 이들의 모습이 보이게 하는 행위입니다. 그 목소리의 전달자, 그 모습의 대리자가 어떤 자격과 절차로 그 목소리와 모습을 대표하는가는 어쩌면 부차적인 문제입니다. 이렇게 대표성에 대한 비판을 받는 시민단체 활동가들은 자신들이 대표하는 이들과 일상적 삶을 공유하면서 살아가는 경우가 많습니다. 대표되는 이들과 삶을 공유했다는 사실만으로는 대표로서 자격이 부족한 것인지 한번쯤 생각해보아야 합니다. 심지어 정책결정 단계도 아니고 의견표출 단계의 참여에서 말이지요. 중요한 것은 현실에 존재하는 사람들의 삶이 대표되고 있는가, 왜곡되지는 않았는가, 빠진 이들은 없는가일 것입니다. 이를 외면하고 선출적 대표성만 강조하는 것은 우리 사회의 작은 자들을 위한 대표의 중요한 통로를 외면하는 일이 되어버립니다.

더욱이 앞서 논의한 선출된 정치인들의 위임의 모호성, 그들의 인구통계적 특성상 낮은 묘사적 대표성과 아울러 대안적 대표성 개념들(묘사적 대표성, 평형적 대표성, 당사자성 등)을 함께 고려하면 선거로 당선된 이들의 대표성만을 인정하는 것은 민주주의를 편협한 공간에 몰아넣는 일이라는 것을 알 수 있습니다. 흥미로운 점은 막상 선출된 정치인들은 득표를 해야 하기 때문에 이러한 다양한 목소리들을 듣지 않을 수 없는 입장에 있다는 사실입니다. 다양성은 대의민주주의에서만 긍정적인 가치는 아닙니다.

시민참여에서의 대표성 비판은 그 이면에 다른 동기나 이유가 있는지 모릅니다. 어쩌면 그것은 강력한 리더에 대한 갈망과 동료 시민에 대한 불신이 결합된 현상인지 모릅니다. 그리고 이는 시민의 실패에 대한 논의로 우리를 이끕니다.

시민의 실패

시민도 실패합니다. 자주 회자되는 것 하나는 바로 시민적 책무의 회피입니다. 에리히 프롬Erich Fromm은 『자유에서의 도피』에서 자유에 수반되는 책임을 회피하려는 인간의 심리를 잘 지적했습니다.[17] 좀더 좁게 보면 어려운 공적 의사결정과 그에 수반된 책임을 회피하려는 우리네 사람들의 심리가 시민의 실패를 가져옵니다. 동네 수준의 참여민주주의의 예로 주민참여예산제도가 있습니다. 주민참여예산제도는 지방자치단체의 예산 편성 과정에서 일부 예산에 대해서는 지방의회라는 대의제에 전적으로 의존하는 것이 아니라 주민들이 직접 용처를 결정하도록 함으로써 참여민주주의를 강화하고자 야심차게 도입한 제도입니다. 그런데 현실에서는 주민들의 무관심과 지방정부의 형식적 성과 위주의 운영 행태 등이 결합하여 언론에서 조롱의 대상이 되거나 아예 관심을 받지 못하는 실정입니다. 참여민주주의 제도에 참여가 부족하여 주로 정부에 의해 동원되는 현실은 말 그대로 현실입니다.

사실 참여민주주의를 현실에서 작동시키는 데에는 상당한 장벽이 존재합니다. 무엇보다 참여제도의 주체라 할 일반 시민들이 시간을 내어 실제 공적 의사결정에 참여하는 것이 쉬운 일은 아닙니다. 우리나라의 긴 노동시간은 사실 개개인의 탈진이나 소득의 문제에 더하여 참여민주주의의 걸림돌이 된다는 중대한 함의가 있습니다. 직장에서의 삶에 치여 참여하기 어렵다보니 참여민주주의에서도 대표자 역할을 자발적으로 수행하는 이들이 등장합니다. 동네 수준에서는 과거부터 정부와 가까이 활동하는 통반장, 지역의 관변단체 자원봉사자 등이 있었습니다. 최근에는 풀뿌리민주주의적인 협동조합, 마을만들기 등 사회운동적 성격의 참여가 일부 지역에서 시도되고 있습니다. 다른 한편으로 중앙정치 수준에서는 민주화 이후 노동, 환경, 여성, 교육 등 다양한 정책 분야의 시민단체들이 주된 행위자가 되어 참여민주주의 제도의 작동에 단체로도 활동하고 각급 위원회 위원으로도 활동하고 있습니다. 사정이 이러하다보니 가까운 지역사회 수준에서는 관주도적인 동원적 참여민주주의가, 중앙정치 수준에서는 시민단체 참여민주주의가 성행하고 있다는 비판이 제기됩니다.

시민의 실패에 대한 증거로 또 자주 회자되는 것이 바로 님비NIMBY 현상입니다. 비선호시설 입지 선정에서 정부가 시설 입지 후보지로 특정 지역을 발표하면 그 지역 주민들이 반발하는 현상을 일컫습니다. 사실 이는 자연스러운 반응인데도 불구하고 님비라는 이름을 붙여서 비판하는 것이 흥미롭습니다. 좀더 넓게 보면 시민들의 이기심을 점잖게 비판하는 엘리트들이 눈에 들어옵니다. 그러나 시민들의 이기심이 비판받을 일인지는 의문입니다. 도덕을 강조하는 성리학도 근대에 들어서는 '사私'를 완전히 부정하기보다는 개별자의 욕심으로부터 상대적으로 중립적이고 자연스러운 개인의 보편적 욕구를 구분하기 시작했습니다.[18] 사私가 합하여 공公을 이룬다는, 상당히 공리주의적으로 들리는, 고염무顧炎武나 성호 이익李瀷의 천하공天下公 등의 개념은 백성의 현실적 욕망과 이익추구를 공公과 배치되는 것으로 보지 않는 철학을 시도한 것이라 이해되기도 합니다.[19] 시민들의 자연스러운 이기심보다 그것을 철인왕적 관점에서 피상적으로 비판하는 것이 민주주의에 더 위험합니다. 시민의 이기심을 비판하는 이들이 자신들의 기득권은 자동적으로 재생산되어 굳이 자신들의 이기심을 드러낼 필요가 없는 지위를 점하고 있을 경우는 더욱 그러합니다.

논의를 확장해보면, 시민의 실패에 대해서는 참 많은 엘리트주의적 비판들이 존재합니다. 마치 자신은 그 '시민'의 일부가 아닌 것처럼 철인왕의 입장이 되어서 시민들의 교양 부족, 참여 부족, 님비 현상, 비합리적 선호 등을 비판합니다. 특히 미국에서는 도널드 트럼프Donald Trump 대통령 당선 이후 많은 학자들이 미국의 신흥 엘리트들이 일반 시민들에 대해 가지는 경멸적 시선과 말들이 트럼프 현상을 낳았다고 진단했습니다.[20] 왜 아니겠습니까. 시민들의 애국심을 보수주의에 의해 세뇌된 국수주의로 경멸하고, 공동체적 의식을 위험한 집단주의로 매도하고, 복지정책을 펴는 진보정당보다 개인의 책임을 강조하는 보수정당을 지지하는 계급 배반적 투표가 이해되지 않는다고 조롱하고, 기후변화를 고발하기 위해 멋진 리조트가 있는 지역으로 유람선이나 전용기를 타고 가면서 화석연료를 태워버리는 미국적 신흥엘리트의 태도에 대한 반감은 오래도록 쌓여왔던 것입니다.

시민의 실패에 대한 엘리트론적 비판은 차치하더라도, 이 시대를 살아가는 우리 스스로 슬퍼할 만한 결과가 있습니다. 그것은 바로 우리의 삶이 좀더 나아질 수 있는 기회를 우리가 잡지 못하고 있는지도 모른다는 것입니다. 우리가 적절한 에너지정책, 그리고 그에 연결된 외교정책에 대해 좀더 목소리를 낼 수 있다면 우리는 일년 중 더 많은 맑은 날들을 누리며 살아갈 수 있을지 모릅니다. 우리가 좀더 목소리를 낼 수 있다면 가족을 위해 열심히 일하다가 기계에 끼어 사망하는 아버지, 아들, 딸들이 줄어들 수 있을지 모릅니다. 우리가 스스로 무언가를 시작한다면 정부가 파악한 동네와는 다른 동네의 좁은 방에 살다가 비극적으로 생을 마감하는 이들이 줄어들지도 모릅니다. 그러나 우리는 충분히 그러지 못합니다. 우리의 목소리는 너무 작고, 목소리를 낼 겨를조차 없기 때문입니다. 때로는 힘을 내어 이런 목소리를 내는 이들을 외면하기도 합니다. 결국 이런 결과를 살아내는 것은 우리들 자신입니다. 시민참여를 비판하는 학자나 관료들은 시민참여를 통해 목소리를 낸 이들의 책임을 물을 방법이 없다고 말하지만, 시민들은 자신들의 삶으로 이미 책임을 감당하고 있습니다.

시민으로서 우리가 공적 의사결정에 영향을 미치고자 하는 행위를 우리는 참여라 부릅니다. 참여의 형태에는 선거일에 투표하는 것부터 청원, 정보공개 청구, 위원회 혹은 미니퍼블릭 참여, 시위 참여, 그리고 저항권의 행사까지 그 유형과 강도가 서로 다른 많은 형태가 있습니다. 어떤 형태를 띠든 참여는 민주주의 사회에서 우리가 우리로서 존재하게 하는 행위입니다. 사실 앞에서 열거한 형태들만이 참여가 아닙니다. 우리가 매일 언론기사를 접하면서 혼자 공적인 문제들을 생각하고, 옆 사람들과 가십 수준이든 토론 수준이든 이야기를 나누고, 때로는 온라인 커뮤니티에 글을 쓰는 등의 일상의 행위들도 모두 참여입니다. 이렇게 보면 우리는 참여를 하지 않은 적이 없습니다.

참여에 대해서는 여러 비판들이 존재합니다. 적지 않은 '오피니언 리더'들이 참여를 비판합니다. 공식적 의사결정권을 부여받은 사람이 아닌 한 이들 역시 '참여'를 통해 목소리를 내고 영향력을 행사하면서도 다른 이들의 참여를 비판할 때면 좀 어리둥절해집니다. 공적인 담론의 장에서 수행되는 발언들은 본질적으로 참여입니다. 시민들이 전문성이 없다는 비판도 있습니다. 그래서 현실의 제도에서는 관료나 전문가들이 함께 참여합니다. 주로 관과 관련된 사람들이 동원된다는 비판도 있습니다. 그것이 참여제도의 문제인지 편의에 따라 참여제도를 그렇게 운영하는 관료의 잘못인지, 근본적으로 시민으로서의 삶을 살 수 없게 만드는 고되고 긴 노동시간을 요구하는 우리 경제시스템의 문제인지는 돌아볼 일입니다. 참여를 통한 의사결정은 시간이 많이 걸린다는 비판도 있습니다. 권위주의적으로 빨리빨리 결정해서 일을 그르치고 사고를 키운 역사가 비일비재합니다. 참여가 갈등해결에 기여하지 못한다는 비판도 있습니다. 비선호시설 입지같이 관료제와 시장이 해결하지 못한 골치 아픈 문제를 주로 막판에 참여기제에 맡기다보니 나타나는 편향된 인식입니다. 실제로는 남은 문제들, 관료제나 시장도 풀지 못한 가장 고약한 문제들이 종종 "그럼 네가 해볼래?"라고 떠넘기듯이 마지막으로 참여제도를 통해 그 해법이 모색되기도 합니다. 어려운 공적 문제는 어떤 기제를 활용해도 어렵습니다.

흥미롭게도 오히려 관료제냐 시장이냐 참여냐 하는 문제에 대해서는 상대적으로 열린 토론이 전개됩니다. 어찌 보면 이는 수단의 문제로 틀짓기되기 때문일 수 있습니다. 그러나 대의제냐 시민참여냐 하는 문제에서는 사람들이 상당히 민감해집니다. 이해가 갑니다. 이는 수단이 아니라 권력과 사회구조의 문제, 궁극적으로 주권의 문제이기 때문입니다. 대의민주주의를 주창하는 이들이 대중정치를 두고 걱정하는 바도 이해가 갑니다. 그리고 그 걱정은 민주주의를 위한 진심이라고 믿습니다. 그런데 솔직히 현재로서는 대의제가 더 걱정입니다. 공적 신뢰 조사에서 10년 넘게 독보적으로 최하위를 수성하고 있는 국회보다 더 걱정인 공적 제도가 무엇이겠습니까? 이조차도 일반인들을 대상으로 한 여론조사는 감정에 휩쓸려 믿을 게 못된다고 말하고, 대의제는 근대 정치제도의 근간인 만큼 '잘만 작동하면' 그것이 최선이라 말하고, 지금의 현실은 극복해야 하는 안타까운 것일 뿐이라고 말하는 것은 전형적인 확증편향일 수도 있습니다.

대의민주주의가 우리 헌법의 기본원리라는 것은 모두 압니다. 참여민주주의자들이 이를 부정한다고 말할 수는 없습니다. 그런데 누구나 전방위적 혁신을 말하는 시대에 정치적 숙고와 의사결정 방식의 혁신 방안으로서 참여는 유독 비판을 많이 받습니다. 관료제와 시장에 초점을 둔 탐색적 혁신들이 그 경계를 넘어 참여민주주의의 확대로 이어지는 것에 거부감을 느끼는 분위기에는 참여제도에 대한 피상적 비판을 넘어서는, 민주주의 원리에 대한 인식의 차이가 놓여 있습니다.

지금의 공식적 참여제도는 볼품없는 것이 맞습니다. 그러나 우리는 기억해야 합니다. 관료제는 군주의 필요에 봉사하기 위해 제도화되어온 사회적 기계라는 점을. 시장은 삶의 의미가 아니라 필요에 봉사하는 제도라는 점을. 대의제는 무너져버린 계몽주의의 이성과, 그러한 이성을 독점했다고 자신한 백인 중년 남성 재산가들에 의해 고안되었던 제도라는 점을. 관료제가 민주주의에 봉사하게 된 것은 관료제의 내적 속성 때문이 아니라는 점을. 시장에서의 자유가 정치적 자유를 의미하지 않는다는 것을. 국민의 대표자들이 국민을 반드시 대표하지 않았다는 것을. 이 제도들 중 무엇도 그 본질로 저항을 내재하고 있지 않다는 것을. 그리고 우리는 결코 이상에 접근할 수 없다는 것을.

하나의 균형 잡힌 입장은 대의제를 근간으로 하고, 시민참여가 잘 작동할 수 있는 장에서는 시민참여제도를 주된 제도로 활용하고, 효과성은 떨어지지만 정치적으로 의미가 있는 영역에서는 시민참여를 보완적으로 활용하는 입장일 것입니다. 이것은 실용주의와 이상주의의 결합입니다. 협력적 거버넌스 연구자인 주디스 이네스Judith E. Innes와 데이비드 부허David E. Booher가 잘 묘사했듯이 비용, 시간, 그리고 선호를 고려할 때 순수한 참여적 의사결정은 '최후의 수단'last resort의 성격이 있습니다.[21] 중요한 것은 매일매일의 민주주의 실천에서 우리의 목소리가 울려퍼지고 필요한 정보가 소통되는 것입니다.

실험이 어느 정도 끝나면 사람들이 지금만큼 참여를 이야기하지 않을 수도 있고, 지금은 유보적인 사람들이 더 참여를 지지하게 될 수도 있습니다. 그날이 오면 우리는 아마도 더 풍성한 민주주의를 해보았음을 알게 되겠지요.

대표성 확보의 실천적 이슈들

이제 이 절에서는 대표성을 확보하기 위한 노력을 둘러싼 여러 이슈들을 검토해봅니다. 대표성을 증진하기 위한 여러 제도적 아이디어들이 제시되고 있고 어떤 것들에서는 우리가 기대감을 가져볼 수도 있지만, 우리는 먼저 이 모든 것들 안에 있는 한계와 역설을 이해해야만 성급하고 섣부른 처방이 아니라 신중한 접근을 할 수 있습니다.

대표성과 반응성

정부 활동이 추구해야 할 중요한 가치 중 하나는 반응성responsiveness입니다. 반응성이란 정부가 시민들의 필요에 적절한 때에 정확하게 반응하여 그 필요를 충족시키는 정도를 의미합니다. 반응성은 정부가 존재하는 이유 자체입니다. 시민들의 필요에 적시에 정확히 반응하지 못한다면 정부를 운영할 이유가 없지요. 문제는 대표성과 반응성 간에 역설적 상호작용이 존재하여 양자를 동시에 확보하기 어렵다는 점입니다.

일반적으로 생각해보면, 대표자란 다른 대표자들과 대화와 협상을 해야 하는 책무를 지닙니다. 그리고 협상이 성공한다는 것은, 상대방을 권력으로 굴복시키는 것이 아닌 한, 기존의 이익을 어느 정도 수정, 즉 일정 부분을 양보하고 다른 이익을 얻는 등 이익을 재구성한다는 것을 의미합니다. 만일 모든 대표자들이 자신들이 대표하는 이익만을 관철하려 한다면 그 기구는 아무 의사결정도 하지 못하는 상황에 처할 것입니다. 그렇기 때문에 이 대표자들은 자신들이 대표하는 이익에만 전적으로 봉사할 수 없습니다. 다른 대표자들과의 상호작용 가운데 숙의 혹은 협상을 통해 서로 수용 가능한 방안을 도출하고 합의해야 하는 것입니다.[22] 그리고 이러한 합의에 도달하지 못하고 협력이 결렬되면 결국 자신들이 대표하는 이익에도 봉사할 수 없게 됩니다. 부분적이나마 이익을 구현할 길이 막혔기 때문입니다.

이때 각 대표들은 이중적인 책임의 문제에 직면합니다. 한편으로는 대표자들은 자신들이 대표하는 집단의 의사를 주장할 책임이 있습니다. 다른 한편으로는 자신들이 대표하는 집단의 의사를 관철시키지 못하는 상황이 되더라도 대표자들의 집단이 약속한 절차를 지킬 책임이 있습니다. 후자의 책임을 완수하지 못하면 전자의 책임도 완수할 수 없지만, 후자의 책임을 완수한다 해서 전자의 책임을 완수할 수 있는 것은 아닌 상황에 봉착합니다. 결국 한정된 자원과 가치가 불균등하게—시간적으로든 공간적으로든—배분되는 것을 때로는 어느 정도 수용해야만 하는 것입니다. 그리고 그 결과를 각 대표자들이 관련된 모든 집단 구성원들에게 설명해야 하는 것입니다.

이것은 말처럼 쉬운 일이 아니라는 것을 우리의 정치인들이 보여준 적이 있습니다. 지난 2021년에 당시 여당의 수장과 야당의 수장이 만나 서로 덕담을 나누면서 전국민 재난지원금 지급 등 몇가지 정치적 쟁점들에 대해 합의문을 도출했습니다. 여기까지는 그럴듯한데, 이 이야기는 해피엔딩이 아니었습니다. 각 당의 정치인들이 자당의 수장에게 "제왕이 되려느냐"며 비판의 목소리를 높인 것입니다. 결국 합의문은 온데간데 없어져버렸습니다.[23] 과연 대표자들 간 협상의 성공이 대표성과 반응성에 주는 함의는 무엇일까요? 여러분이 대표자라면 무엇을 선택하시겠습니까? 여러분은 어떤 대표자를 원하십니까? 만일 양보를 통한 호혜적 협상이 위임의 범위를 벗어나는 부당한 타협이라고 생각한다면 우리의 정치 현실에서 협상이란 불가능하고 오로지 힘과 힘의 대결을 통한 승자독식만 있을 것입니다. 반대로 만일 이러한 협상을 대표자의 권한으로 인정한다면 어쩌면 대표자들은, 우리가 역사 속 외교정책의 세계에서 보듯이, 그 협상권에 근거하여 자신들만의 세계를 구축할지도 모릅니다.

당사자성

우리 자신의 자기-대표와 관련하여 중요한 이슈로 당사자성의 문제가 있습니다. 이는 주로 납세자들, 흑인인권운동, 그리고 장애인운동의 맥락에서 중요한 개념이었지만, 모든 정책 사안에 당사자성의 문제가 내포되어 있습니다. 당사자성은 기본적으로 어떤 사고나 행동에 있어서 그것의 객체가 동시에 그것의 주체 됨을 의미한다고 하겠습니다. 민주적 의사결정의 차원에서 보자면 당사자성의 제도적 본질은 '자기결정권의 실현'입니다.[24] 그러나 좀더 폭넓은 삶의 관점에서 당사자성은 훨씬 풍부한 의미를 지니고 있습니다. 존 돈반John Donvan과 캐런 저커Caren Zucker는 『자폐의 거의 모든 역사』의 제44장 제목을 「당사자의 목소리」Finding a Voice라고 짓고 아스퍼거 증후군 진단을 받은 알렉스라는 유명인사에 대해 다음과 같이 적고 있습니다.

> 동영상들은 조회수가 엄청났다. 대부분 목표로 했던 시청자[자폐진단을 받은 사람들]가 클릭했을 것이다. 그들의 삶을 말하고 있었으니 말이다. 더욱이

이야기를 들려주는 사람은 **그들 중 하나**였다. "스펙트럼 장애를 겪는" 사람들이 자신에 대해, 그것도 무시할 수 없는 방식으로 말하기 시작한 것이다.[25]

공적 공간에서 당사자라는 정당성과 상징성은 강력합니다. 홀로코스트에 대해 말할 때, 강제수용소에서 살아돌아온 사람만큼 강력한 발언자는 없을 것입니다. 일제강점기 위안부 할머니들의 경우도 마찬가지입니다. 중소기업 지원정책을 논할 때, 공무원보다는 당연히 중소기업 사장의 발언에 더 귀를 기울이게 됩니다. 앞의 인용에서도 보듯이 자폐가 있는 당사자가 자폐에 대해 말하는 것, 가습기 살균제 피해 가족들이 자신들의 상황과 고통에 대해 말하는 것,[26] 탈시설 장애인들이 탈시설 이전과 이후의 자신의 삶에 대해 스스로 말하는 것[27]은 사회적 차원에서는 주목할 수밖에 없는 것입니다. 장애인복지법 제4조 제3항은 "장애인은 장애인 관련 정책결정 과정에 우선적으로 참여할 권리가 있다"라고 규정함으로써 이러한 당사자성을 법률적으로 인정하고 있습니다.

당사자성은 우리가 어떻게 하면 이 세계를 더 잘 이해하고 문제를 해결할지 고민할 때, 대체 불가능한 정보와 정치적 정당성을 대표의 과정에 제공합니다. 사실 모든 사람은 자신의 삶에 있어서 전문가입니다. 그들은 중앙의 전문가들이 가지지 못한 국지적 지식local knowledge을 가지고 있습니다. 이것이 대체 불가능한 정보입니다. 아울러 우리는 경험이 다르고, 경험에서 나오는 세계에 대한 이해와 해석이 다르고, 경험과 관련된 이해관계가 다르고, 그렇기에 정책적 지향도 다를 수밖에 없습니다. 당사자성을 강조하는 것은 우리가 서로 다르다는 점을 일깨우고 인정하도록 조장한다는 점에서 바람직합니다. 그리고 이러한 다름을 정치적으로 수용할 공간과 제도가 있기만 하다면 우리는 시민적 주체성을 발휘할 기회를 당사자성 개념을 중심으로 확장할 수 있습니다.

그런데 당사자성과 섞어 쓰이지만 뉘앙스가 다른 개념이 있습니다. 당사자주의입니다. 당사자주의란 자신의 권익에 영향을 미치는 공적 의사결정에 당사자가 반드시 직접 참여하고 의사결정의 주도권을 행사해야 한다는 사고입니다.[28] 핵심은 결정의 정당성입니다. 장애인운동의 역사에서는 오로지 장애인 당사자만이 장애인의 처지, 권익, 정책을 주장할 정당성을 가지고 있다는 입장에 선 단체들이 있었습니다.[29]

당사자주의는 다소 어려운 역설을 발생시킵니다. 장애인운동의 역사에서 당사자주의는 비장애인 운동가들을 배제하는 경향을 낳기도 했습니다. 비장애인들 역시 당사자성에 주목할 경우 선뜻 장애운동에 동참하기 어려울 수 있습니다. 누구라도 "나에게 이 문제를 다룸에 있어 충분한 당사자성이 있는가?"라는 질문 앞에 마음은 산란해질 수 있습니다. 오래전 유사한 고민을 했던 로버트 드레이크Robert F. Drake는 자신의 논문 제목을 「나는 여기서 무얼 하고 있는 걸까? '비장애인'과 장애인운동」What Am I Doing Here? 'Non-disabled' people and the Disability Movement이라고 지었습니다.[30] 아울러 당사자주의(당사자성도 어느 정도)는 의도치 않게 정치적 지지가 필요한 당사자들을 앤 슈나이더Anne Schneider와 헬렌 잉그럼Helen Ingram이 말한 부정적 이미지의 "권리주장자들"contenders로 인식되

게 만들기도 합니다.[31]

당사자들이 자신들의 필요를 자신들의 언어로 표현하는 것이 민주적 의사결정에서 중요한 첫걸음임에도 불구하고 우리의 정치문화에는 당사자들이 자신들의 필요를 주장하는 것을 사사로움으로 곡해하는 부분이 있습니다. 더욱이 현실에서 주도권 투쟁의 형태로 나타나면 작은 자들로서의 모습은 희석되고 정치적으로 부정적인 사회적 구성에 직면할 수밖에 없는 상황이 전개됩니다. 행동경제학자인 유리 그니지Uri Gneezy와 존 리스트John A. List는 우리의 심리를 참으로 인상적으로 표현했습니다.

> 차별 대상이 해당 문제에 선택권을 행사한다고 믿을 때 사람들의 반감은 추악한 머리를 든다.[32]

어떤 정책들은 단일한 범주의 당사자만을 정의할 수 없는 경우도 있습니다. 다문화가정에 대한 정책에서 당사자는 누구입니까? 탄소 배출과 관련된 정책에서 당사자는 누구입니까? 지역의 환경오염 혹은 비선호시설의 입지를 둘러싼 갈등에서 당사자는 누구입니까? 어려운 질문입니다. 장애인운동에서의 당사자성 논의를 부모, 가족, 스펙트럼상의 다양한 자폐, 가능성으로서 장애, 시설 종사자 등으로 확장하면 상당히 복잡한 윤리적 차원들이 시야에 들어옵니다. 우리의 삶에 영향을 미치는 많은 정책들에서 우리는 대부분 정당성의 우열을 논하기 힘든 서로 다른 당사자 집단들을 마주치게 됩니다.

당사자성의 문제는 복잡한 질문들을 제기합니다. 우리가 시민으로서 어떤 사회운동을 전개할 때 주체는 누가 되어야 하는가부터, 어디까지 연대가 가능한가의 문제를 지나, 오로지 당사자만이 정당한 주체인가, 그렇다면 정책을 통해 당사자들의 처지에 개입하려는 국가는 애초에 어떤 정당성을 지닌 존재인가 하는 질문까지 이어질 수 있습니다. 다만 그렇다고 해서 당사자성의 의미를 반감시키는 것은 아닙니다. 시민단체 '홈리스행동'의 경우 비당사자인 활동가들은 계기를 제공할 뿐 대부분의 활동은 홈리스들이 주도하는 운동을 표방합니다. 이 사례처럼 정치적 운동과 그 결과에서는 그 영역의 당사자의 정당성과 주도성을 인정하고, 그 영역의 상대적 비당사자는 기꺼이 당사자가 아님을 인정하면서도 당사자와 함께 할 수 있는 일을 찾는 마음이 민주주의의 마음일 것입니다. 궁극적으로 우리의 정치공동체를 압도하는 거대한 문제들 앞에서는 사실 우리는 모두 당사자입니다.

대표되지 않는 것

대표에 대한 논의에서 우리가 돌아보아야 할 중요한 문제가 남아 있습니다. 그것은 바로 무엇이 대표되지 않는가의 문제입니다. 기존의 대표성 논의는 주로 유권자와의 약속, 좀더 광범위한 공익, 그리고 대표자 자신의 양심 등에 초점을 두었습니다. 그러나 유권자 집단은 균질하지 않고, 공익도 상당히 다양하며 합의하기가 어렵습니다. 여기서 분명 무언가는 대표되지만 동시에 무언가나 누군가는 대표되지 않는 현상이 나타납니다. 우리는 결핍된, 복잡한 세계에 살고 있고, 의도했든 아니든 어떤 맹점이 발생합니다. 그리고 작은 자들의 삶은 의도했든 아니든 대표되지 않을 가능성이 높다는 것이 역사의 교훈입니다. 그럼에도 불구하고 우리는 대표되는 사안과 그 절차에 초점을 둘 뿐, 감춰진 세계에 속한 대표되지 않는 것들에 대해서는 별로 논의하지 않습니다.

민주주의의 원리 중 하나인 일인 일표의 원리는 그 한표 한표에 모든 구성원들의 존재와 선호가 평등하게 담겨 사회의 보편적 의지를 발견해낸다는 하나의 신화입니다. 비록 그것이 표를 세는 행위에 의해 그 최종적 가치가 결정되지만, 선거인명부라는 신성한 두루마리에 등록된 이들이 누구나 한표를 던짐으로써 자신의 존재를 새겨넣을 수 있다는 정치적 상징은 상당한 의미가 있습니다. 우리가 그토록 선출적 대표의 관념에 집착하는 것도 이해가 되는 것입니다.

그런데 이 일인 일표의 원리에서 작은 자들의 목소리 역시 모이면 큰 힘이 될 수 있다는 것을 권력자들은 잘 알고 있습니다. 투표권의 역사를 살펴보면 일인 일표의 원리라는 신화가 사실은 지독한 권력투쟁의 맨얼굴임을 알 수 있습니다. 스티븐 레비츠키Steven Levitsky와 대니얼 지블랫Daniel Ziblatt은 『어떻게 민주주의는 무너지는가』에서 미국 역사에서 특정한 유권자 집단을 향한 투표권 제한의 전략들을 잘 요약하고 있습니다. 특히 이들은 2008년 미국 대선에서 드러난 소수민족의 민주당 선호가 투표 결과에 영향을 미치지 못하도록 많은 주에서 유권자 신분확인법Voter ID Law을 도입했다고 보았습니다.

> 예를 들어 유권자가 투표장에서 운전면허증이나 정부가 발행한 신분증을 제시하도록 의무화했다. (…) 조지아주의 경우 약 30만명에 달하는 유권자들이 신분확인법에서 요구하는 증명서를 갖고 있지 않으며, 그중 흑인의 비중은 백인보다 다섯배 더 높았다.[33]

이렇게 목소리를 낼 수 있는 기회를 체계적으로 봉쇄하려는 시도는 비단 선거에서만이 아닙니다. 2022년은 장애인들의 지하철 탑승 시위가 사회적 이슈가 되었던 해입니다. 장애인들은 2001년 오이도역 휠체어 리프트 추락으로 인한 사망사고 이후 장애인들의 이동권을 확보해달라는 요청을 21년 동안 이어왔으나 구두 약속만이 있었을 뿐 획기적인 개선이 없었다는 점을 계속 강조했습니다. 정부 측 입장은 서울지하철 역사에 엘리베이터가 90% 이상 설치되었고, 정책 추진을 위해서는 예산을 포함한 전반적인 우선순위를 검토하여 진행해야 하니 기다려달라는 것이었습니다. 서로 엇나간 이런 대화는 정치에서 흔하게 발생하는데, 여기서 일종의 정치적 착시현상을 보여줍니다. 대표되지 못했던 이들의 목소리가 들려지는 것 같지만 결국 반영되지 않은 것입니다. 정치과정의 현실은 이들의 의제가 포함되긴 하지만 지속적으로 후순위로 밀리면서 결국 결정이 일어나지 않거나, 그들의 의제가 지나치게 느린 속도로 집행되는 것을 포함합니다. 그래도 작은 진전small wins이 있는 것 같고, 기다려달라고 나라님들이 약속을 하니

기다리게 됩니다. 기다리는 동안 국가는 늘 새로 등장하는 더 중요한 의제들로 바빠지고, 기다리던 이들은 한명씩 눈을 감습니다.

대표성에 대한 논의에서 우리는 대표자의 선출방법에 초점을 두기보다는 무엇이, 누가, 누구에 의해 대표되는가, 그래서 무엇이, 누가, 누구에 의해 대표되지 않는가의 문제를 전체적으로 살펴보아야 합니다. 초점이 무엇이든, 누구든, 문제는 포괄성inclusiveness의 차원에서 이해할 수 있습니다. 즉 우리가 대표성이 확보되었는지 점검할 때 필요한 것은 교양있는 사람들이 대표자로 뽑혔는지가 아니라, 대표되어야 할 의사가 모두 대표되고 있는지입니다. 여기서 '대표되어야' 한다는 표현은 새로 무언가를 찾아내는 의무를 의미하는 것이 아닙니다. 이미 존재하고 있는 의견들을 인지하는 것을 의미합니다. 물론 어떤 사회집단의 의사는 다양한 방식으로 사회적으로 구성될 수 있습니다. 그렇기 때문에 대표되기 위해서는 대표되어야 할, 대표될 수 있는 의사가 누락되지 않았는지 다방면으로 점검하는 활동을 어찌 보면 과도할 정도로 수행해야 하는 것입니다.

여기서 대표되어야 할 이들의 누락을 방지하기 위한 실천적 방안은 두가지입니다. 하나는 일단 대표하는 이들의 집단을 가능한 한 다양한 이들로 구성하는 것입니다. 선출된 대표자들의 기구인 국회는 이런 점에서 인적 구성이 사회의 상류층에 치우치는 약점이 있습니다. 다음으로 이 다양한 이들이, 마치 관광버스에서 승객들이 서로 돌아보며 '안 탄 사람 있나'를 확인하듯이, 서로 돌아보며 머릿속에 떠오르는 집단이나 의사를 확인하는 것입니다.

대표되어야 하는 존재들은 어느 한 리더나 담당자의 머릿속에서 구성되어서는 안됩니다. 불완전한 개인이나 동질적인 리더들은 특정 집단을 배제하는 체계적 오차를 낳을 뿐입니다. 다양성이 확보된 집단이 이중 점검을 할 때, 의도하지 않게 누군가가 빠지는 무작위적 오차는 남아 있을지언정 특정 집단이 대표되지 못하는 체계적 오차는 줄일 수 있을 것입니다.

바로 이 지점에서 두번째 흥미로운 아이디어가 역사 속에 묻혀 있었습니다. 고대 그리스 민주주의가 고안하여 활용했던 '추첨제 민주주의'sortition democracy입니다. 브라이언 클라스Brian Klaas는 『권력의 심리학』에서 자기선택적 리더의 문제를 완화하기 위한 방안으로 추첨을 제안하면서 다음과 같이 말합니다.

> 수천년 전, 고대 아테나에서는 무작위 숫자에 부패하지 않는 힘이 있다고 믿었다. 그리하여 이들은 거대한 석판에 섬세하게 구멍을 낸 클레로테리온kleroterion이라는 이름의 민주주의적 반부패 기구를 고안했다. (…) 대기업은 제비뽑기를 이용해 조직 내 평사원들로 구성된 그림자 이사회를 만들 수 있다. 주요 결정을 내려야 할 때마다 그림자 이사회가 나름의 의견을 내놓는다. (…) 무작위 선택은 경쟁(이를테면 선거)에서 승리하는 방식과 달리 사람을 겸허하게 만든다. (…) 권력을 원하지 않는 사람이야말로 가장 올바르게 권력을 행사할 사람일지도 모른다.[34]

이러한 추첨제 민주주의의 아이디어는 오늘날 참여와 숙의 제도의 설계에도 반영되고 있습니다. 오늘날 우리 사법체계에 적용되는 국민참여재판제 역시 이러한 추첨에 의해 배심원단을 구성합니다. 일반적인 참여 제도는 반드시 선출된 대표자를 요청하지 않기 때문에 선출적 대표성에는 약점이 있지만 추첨제의 아이디어를 통한 대표자의 다양성을 확보함으로써 그 약점을 보완할 수 있습니다. 즉 대표에 있어 무작위적 빈틈(이 빈틈은 어느 제도에나 있습니다)이 생길 수는 있으나 선출적 대표성이 지니는 체계적 오차는 상당히 치유할 수 있습니다. 예를 들어 시민의회라는 아이디어는 선출직 의원들로 구성된 의회와 별개로, 설문조사 참여자를 무작위로 표본추출 하듯이 각 지역구별로 무작위로 시민의 대표자들을 '추출'하여 또다른 의회를 구성하는 것입니다. 선출직 의원이 아니기 때문에 오늘날 대의민주주의 체제에서 궁극적 권위를 가질 수는 없는 기구이지만, 의회와 동일하게 안건과 정보를 받아보고, 숙의하고, 다수결에 따라 정책제안을 합니다. 그리고 그 제안은 하나의 권고 형태로 의회가 받아 자신들의 결정에 고려합니다.[35] 이러한 추첨제 민주주의는 오늘날 헌법체제에서 대의제 기구들을 완전히 대체할 수도 없고, 그럴 필요도 없습니다. 그저 좀더 다양한 시민들의 숙의의 결과가 무엇인지 실험해볼 수 있다는 점, 그리고 선출적 대표성을 띠는 기구와 묘사적 대표성을 띠는 기구를 동시에 가동함으로써 공적 의사결정에서 대표성을 극대화할 수 있다는 점 등에서 흥미로운 탐색이 될 수 있습니다.[36] 우리가 아직 해본 적도 없고 비용이 든다는 점도 지적될 것이며, 무엇보다 장삼이사들이 모여서 무엇을 한다는 말이냐 하는 엘리트주의적 혹은 전문가주의적 반감이 분명 있을 것입니다. 그러나 현재 대의제의 한계를 고려할 때 하나의 정치적 탐색으로 충분히 시도해볼 만한 실험이라고 할 수 있습니다.

대표의 투명성

마지막으로 우리는 대표의 투명성 문제를 짚어보아야 합니다. 대표자들의 모임에서 우리가 대표되고 있는지를 우리 스스로 확인할 수 있어야만 그 모임이 민주적이라고 할 수 있습니다. 대표자들이 모여서 무엇을 하는지 우리가 알 수 없을 때, 대표자들은 대표자라는 지위만 누리면서 반응성을 망각하게 되는 모습을 우리는 역사 속에서 많이 보아왔습니다.

오늘날 작은 자들의 삶에 심대한 영향을 미치는 '기준 중위소득'이라는 하나의 지표가 있습니다. 우리나라 국민들의 가구소득 자료를 토대로 정책적 고려를 가미하여 결정되는, 사회보장 등의 자격요건 판단이나 지원 규모 산정에 기준이 될, '딱 중간에 있는 시민'의 소득을 의미합니다. 그리고 이를 매년 결정하여 발표하는 중앙생활보장위원회가 있습니다. 여러분이 중앙생활보장위원회 위원이라면 과연 회의에서 어떤 발언을 하시겠습니까? 여러분은 여러분의 발언이 기록되는 데에 동의하시겠습니까? 기록될 때와 그렇지 않을 때 여러분의 발언은 달라지겠습니까? 참고로 중앙생활보장위원회는 2022년 기준으로 회의록을 공개하지 않습니다. 마음이 좀 놓이시나요, 아니면 민주주의가 염려되시나요? 혹시 중앙생활보장위원회의 위원들은 어떤 대표성을 지니는지 궁금하지 않으신가요? 동네의 지역 예산 몇푼 지출하는 권한을 가지고 있는 주민참여예산위원회의 대표성은 언론에서 이따금 다루는데, 수많은 시민들의 삶에 영향을 미치는 이런 위원회 위원들의 대표성은 거의 여론화되지 않는 것도 흥미로운 현상입니다.

중앙생활보장위원회처럼 부분적으로 관료제가 아닌 숙의민주주의적 원리를 구현하고자 하는 제도는 모든 숙의 과정에 제공된 정보와 동일한 수준의 정보가 일반 시민들에게도 제공되어 위원들이 수행한 정치적 사유를 시민 각자가 짚어볼 수 있도록 보장할 때 이상적입니다. 이를 위해서는 정보가 공개되어야 합니다. 정보공개는 정치적 의사결정에 동원된 자료와 정보의 공개, 그리고 정치적 의사결정 과정의 공적 보도를 포함합니다. 이때 정보공개는 단순히 헌책방에 중고 서적 쌓아두고 보석은 알아서 발견하라는 듯 정보를 인터넷에 널어두는 것이 아니라, 대표자로서 그 의사결정의 자리에 있지 아니하는 시민들이 언제든 원할 경우 그 의사결정의 자리에 있는 것과 동일한 수준으로, 그 숙의의 과정을 동일하게 밟아보는 것이 가능한 수준으로 최대한, 그리고 조직적으로 공개하는 것을 의미합니다. 우리가 우리를 대표하는 이들의 마음의 여정을 뚝뚝 끊어서만 들여다볼 수 있거나, 도저히 들여다볼 수 없는 부분이 많다면, 그들이 우리를 대표한다고 확신하기는 어려울 것입니다.

정보는 권력입니다. 비록 정보공개청구제도가 활성화되었다고 하지만, 권력기관일수록 정보공개를 거부하거나, 처음부터 회의 내용을 기록조차 하지 않는 등의 행동을 보이는 것은, 정보가 권력이라는 점을 고려하면 놀랍지 않습니다. 정권이 교체될 때마다 대통령 기록물을 둘러싼 잡음들로 혼란에 빠지는 우리의 민주주의를 생각하면, 우리는 분명 자신의 결정과 행동을 투명하게 설명하는 데서 희열을 느끼는 철인왕이 다스리는 세상에 살고 있지는 않은 것 같습니다.

대표와 마음

지금까지 대표성 확보를 위한 논의들은 대부분 제도 설계에 초점을 둔 것이었습니다. 이제 마음에 대해 이야기를 나누어봅시다. 우리가 논리적으로 아무리 그럴듯한 제도를 설계하여 관념적인 차원의 대표성을 극대화하고자 한들, 실제로 대표자가 된 이들을 받아들이는 것, 그들을 평가하고 지지하고 비판하는 것, 그리고 우리의 대표됨을 누리고 요구하고 기뻐하는 것은 모두 마음의 작용입니다. 우리 마음이 하는 일입니다.

대표한다는 것은 우리 마음의 작용이라는 점을 학자들은 넌지시 언급했습니다. 제인 맨스브리지는 "누군가가 우리를 통해 타인들의 선호와 속성을 이해할 때 우리는 의도적이든 비의도적이든 그들을 대표하고 있다"고 주장했습니다.[37] 존 드라이젝John Dryzek도 숙의민주주의의 실천 방안으로서 사회적 숙의 대신 우리 각자가 타인—아마도 작은 자들이라고 해도 좋을—을 생각함

으로써 그들이 우리의 마음에서 대표되는 것을 강조했습니다.[38]

우리는 우리의 대표자라는 이들이 우리의 의사를 제대로 대표하지 못한다고 비판하고 불신하지만, 사실은 그들에게 우리 문제의 해결을 의존하고 있습니다. 좋은 정책을 설계하는 것도, 다른 사람들과 갈등하고 협력하고 협상하는 것도, 결정된 정책을 집행하는 것도 다 번거롭고 어려운 일입니다. 그래서 우리는 대표자들에게 의존하고, 그들이 관료제와 같은 전문가집단을 움직이게 합니다. 우리의 대표자들은 우리 대신 권력을 행사하지만, 그만큼 우리가 감당하고 싶지 않은 어려운 결정들을 내릴 책임 또한 지고 있습니다.

그래서 어쩌면 우리는 우리의 대표자들이 철인왕이기를 기대하고 있는지 모릅니다. 가급적 철인왕에 가깝다고 생각되는 사람들이 나오면 그에게 투표하고, 그가 나를 대신하여 세상의 모든 문제를 해결해줄 것을 기대하고 있는지 모릅니다. 추첨제 민주주의는 그래서 본능적 거부감이 드는 제도입니다. 추첨에 의해 철인왕이 당선될 가능성 따위는 생각할 여지도 없는 것입니다. 우리는 현실에서 철인왕은 존재하지 않는다는 것을 알면서도 여전히 철인왕과 같은 영웅을 기대하는 마음을 완전히 접을 수가 없습니다. 역사 속에서 위대한 정신과 자기희생으로 그야말로 철인과 같았던 예외적 리더들을 지속적으로 재소비하면서 현재 시점에서 철인왕의 부재를 잊고자 합니다.

그런데 여기서 관점을 바꿔봅시다. 앞서 지적했지만 우리가 있지도 않고, 있을 수도 없는 철인왕을 동경하는 것은 어쩌면 우리가 동료 시민을 신뢰하지 못하기 때문일지도 모릅니다. 우리는 적극적 차원에서 철인왕을 원하는 것이 아니라, 그저 소극적 차원에서 '나 같은 사람'이 아닌 사람을 원하는 것인지 모릅니다. 우리는 다 평범합니다. 내가 평범하니 주변의 사람들도 평범합니다. 사소한 일들에 화내고, 찌질한 욕심을 드러내고, 실수하고, 조금만 어려운 문제에 봉착해도 이성을 잃어버리는 것처럼 보입니다. 이런 이들에게 국가의 일을 맡긴다는 것을 상상할 수 없습니다. 국민참여재판제를 떠올려봅시다. 그런 상황이 오지 않기를 바라지만, 만일 여러분이 형사사건에 휘말린다면 국민참여재판을 신청하시겠습니까? 국민적 법감정에 한번 호소해보고 싶어질 것 같습니까? 이런 질문을 받으면 많은 이들이 고개를 끄덕입니다. 그런데 만일 배심원단에 선정된 이들이 마음에 안 드는 위층 거주인이나 답답한 직장 상사 같은 사람이라면? 이렇게 물으면 대부분의 이들이 잠시 얼음처럼 굳습니다. 우리는 동료 시민을 그다지 신뢰하지 않는 것 같습니다.

이런 언급은 얼른 '시민성'에 대한 논쟁을 상기시킵니다. 민주주의가 부족한 데는 이념적으로 민주주의의 주인이라고 하는 우리 시민들에게도 잘못이 있다는 식의 주장입니다. 사실 민주주의에서 시민의 역할과 덕성에 대해 이른바 '시민성' 개념을 주제로 한 많은 연구들은 정보의 부족, 감정적 대응, 사익추구적 행동, 참여 의지 부족, 편견, 대중정치 현상 등 앞서 언급한 시민의 실패에 대해 지적합니다.

과연 그럴까요? '우리 같은 사람'은 과연 아무것도 하지 못하는 무능력한 존재일까요? 우리는 우리를 대표할 자격이 없는 것일까요? 우리는 왜 동료 시민을 신뢰하지 않는 것일까요? 우리는 왜 '나와 닮은' 사람을 신뢰하지 못할까요? 우리보다 낫다고 생각하여 뽑은 사람들의 말이 '보통사람들'이 듣기에 이해하기 어려운, 공감이 결여된, 아니 경험 자체가 전혀 공유되지 않은 헛소리로 들릴 때조차 왜 우리는 철인왕이라는 헛된 꿈을 꾸고 있을까요? 그들은 과연 우리의 무엇을 대표했던 것일까요? 우리는 왜 이토록 우리와 닮은 이들에게 엄격하고 우리와 다른 이들에게 관대한 것일까요?

여기서 대표의 의미를 다시 생각해봅시다. 오늘날의 대의민주주의 체제는 정치적 의사결정과 그 결정의 집행을 나누어놓았습니다. 이 체제에서는 우리가 걱정하는 기술적인 부분은 어느 정도 전문가들이 알아서 처리합니다. 중요한 것은 어떤 결정을 내릴 것이냐입니다. 그리고 민주주의는 그러한 결정을 내릴 때, 시민들의 의사를 그나마 고려하는, 거의 유일한 체제입니다. 즉 대표라는 것은 우리의 의견이 들리게 하는 원리이지, 문제를 해결하는 원리가 아닙니다.

다시금 대표란 내가 없는 곳에서 내가 존재하게 하는 것을 의미합니다. 그냥 나만큼 어수룩하고 나만큼 화내고 울고 웃고 하는 '나와 닮은' 이들에 의해서 우리는 어떻게 대표될 수 있는지에 대해 생각해보는 일은 가치가 있을 것입니다. '나와 닮은' 이들은 오히려 나를 더 잘 대표하는 부분도 있을 것입니다. 우리는 우리의 정체성이 대표되길 원하는지, 아니면 오직 우리의 '이성' 혹은

'이익'만이 대표되길 원하는지 생각해봅시다. 그것이 우리가 원하는 전부인가요? 그 이성이나 이익은 과연 지금의 체제에서 대표되고는 있는가요?

이러한 질문들은 민주주의 체제에서 가장 중요한 자원 중 하나인 시민적 연대감의 문제로 우리를 이끌어갑니다. 공화주의적 관점에서 시민은 신체의 자유와 저 푸른 초원 위에 펼쳐진 자신의 사유재산권 위에 살아가는 고립된 존재들이 아니라 정치공동체 안에서 살아가는, 살아가야 하는, 그래야 완성되는 존재들입니다. 이는 공자孔子나 아리스토텔레스Aristoteles를 막론하고 늘 인간을 바라보는 관점이었습니다. 하나의 정치공동체에서 살아가는 한 우리는 이미 서로 연결된 존재입니다. 극단적 자유주의 철학은 개인에 망원렌즈를 들이대다보니 배경으로서의 공동체가 희미해질 따름입니다. 이런 자유주의 정치철학에서 선출적 대표와 유권자의 관계는 시민적 동질성보다는 주인-대리인적인 계약 관계이며, 연대감보다는 유권자 개개인의 선호, 결집, 그리고 대리인의 책임 확보 체계 중심으로 논의되는 관계입니다. 이들에게는 연대감이 필요하지 않습니다. 자유주의 정치철학에서도 사람들을 하나로 묶는 정의에 대한 감정이 중요하다는 점을 오귀스트 콩트와 존 스튜어트 밀John Stuart Mill이 알아채고 시민종교를 제안했음을 마사 누스바움이 잘 지적했지만,[39] 좀더 일반적인 자유주의 정치철학 논의에서 이러한 연대의 감정은 배제되기 일쑤입니다. 하기야 살아가기에 충분한 자원을 소유한 이들이 무엇 때문에 지긋지긋한 집단주의의 씨앗을 뿌리겠습니까.

대표란 참으로 초월적인 개념입니다. 누군가가 나를 대표할 수 있다니, 누군가가 스스로 그 자리에 있지도 않으면서 그 자신을 표현할 수 있다니, 그것이 가능하다는 믿음은 참으로 초월적 신념을 배경으로 하지 않으면 성립하기 어렵습니다. 누군가가 누군가에 의해, 혹은 무언가에 의해 대표된다는 것은 그것들 간의 어떤 연결을 전제하는 것입니다. 우리는 과연 연결되어 있습니까?

Democracy

for

the Least

제3장

국가는 어디에 있는가

정부는 우리가 직면한 문제의 해법이 아니다. 정부가 바로 문제다.

– 로널드 레이건, 1981년 1월 20일 미국 대통령 취임사

이 장에서는 현재 우리 사회의 합리적 도구로 이해되고 있는 국가관료제와 그 활동인 정책에 눈길을 돌려, 이들의 역설과 실패에 대해 이야기하고자 합니다.

대한민국의 역사에서 공적인 사회문제를 해결하는 데 있어 정부가 가부장적인 역할을 해오다보니 우리는 여전히 기업, 시민사회단체, 일반 시민을 막론하고 사회문제를 제기할 때마다 정부의 역할에 대해 목소리를 높이고 있습니다. 그런데 정부를 움직이는 정치에 대해서는 많은 이야기를 하지만 막상 정부의 작동 방식 자체는 관심의 초점에서 벗어나 있었습니다. 정부는 우리에게 마치 블랙박스처럼 내부를 알 수 없고, 굳이 알 필요도 없는 정치적 도구로 인식되어왔습니다. 정부의 관료들 역시 대중의 관심에서

한 걸음 떨어진 자리에서 정책이나 법률안에 대한 전문가적 영향력, 민원인과 같은 시민들에 대한 집행자로서의 영향력 등 자신들의 권력을 조용히 행사하고 있었습니다. 그래서 정부에 대해 이야기하는 것은 마치 어두운 방 안에 조용히 있는 회색 코끼리를 손가락으로 가리키는 일과도 같습니다.

정부를 이해하는 관점에는 크게 두가지가 있습니다. 하나는 정부를 마치 인격을 지닌 하나의 행위자로 간주하는 관점입니다. 다른 하나는 민주주의 제도의 하나(우리나라 헌법 제4장〔정부〕, 특히 제2절〔행정부〕)로서의 정부입니다. 우리가 일반적으로 머리에 그리는 정부는 사실 서로 다른 조직화의 원리가 복합적으로 쌓여 있는 제도의 지층입니다. 그리고 대통령을 위시한 리더들(이른바 '집권세력')이 정부의 인격이 되어 정책을 통해 이를 움직입니다. 마치 파일럿이 전투기를 조종하듯, 제도로서의 정부와 이를 작동시키는 권력자들의 의지라는 두 요소를 결합하면 정부는 '자의식을 지닌 민주주의의 도구'라고 할 수 있게 됩니다. 우리가 일상적으로 '미국 정부는……' '중국 정부는……'이라고 말할 때처럼 말입니다. 물론 이론적으로는 이러한 인격화는 오류라고 지적하겠지만, 일상을 살아가는 우리의 인식론적 틀인 것은 분명하다 하겠습니다.

정부는 결코 우리가 기대하는 대로 움직이지 않습니다. 울리히 벡Ulrich Beck이 과학기술이 해법이자 문제라 했듯이,[1] 사회기술의 집약체로서 국가관료제 역시 강력한, 때로는 유일한 해법이면서 문제 그 자체이기도 합니다. 정부 역시 사회의 일부이기 때문입니다. 우리 사회에서 처방적 권력자들이 "다시는 이런 일이 발생하지 않도록 하겠다"고 힘주어 말하지만 기어이 다시 일어나고야 마는 참사들을 마주할 때마다 우리는 국가는 어디에 있었는지, 정부는 무엇을 했는지를 묻게 됩니다. 그런데 왜 그러는지에 대해서는 많은 이야기를 나누어보지 않았습니다. 그래서 이 장에서는 정부는 어떻게 작동하는지, 왜 그러한지에 대해 이야기를 나눕니다. 모든 이야기를 하는 것은 당연히 불가능하기 때문에 여기서는 정부의 작동이 우리의 민주주의, 특히 작은 자들이 직면하는 문제에 어떤 영향을 미치는지에 초점을 둡니다.

문제로서의 정부

이 시대의 절망스러운 상황에 대해 정부를 비판하는 것은 자연스러운 일입니다. 정부가 우리의 재산을 세금이라는 이름으로 걷어가고, 사회문제를 풀겠다고 자처하면서 많은 권력을 쥐고 있으니, 문제가 발생할 때 정부가 먼저 지적을 당하는 것은 논리적으로 타당한 일입니다. 정부가 풀 수 있는 문제라면 우리의 지적은 정부를 자극하여 정치적 열심을 내게 함으로써 문제를 푸는 데에 도움이 될 수도 있습니다.

그러나 우리가 직면하는 현실에서 정부는 해법이자 문제입니다. 도구적 지식을 가지고 세계의 문제에 개입하여 문제를 해결하는 정부의 존재 자체가 그 문제의 일부인 것입니다. 수많은 문제들을 논의할 수 있지만 여기서 우리는 우선 '자의식을 지닌 도구'로서 정부를 바라볼 때 도출되는 세가지 문제를 논의하고자 합니다. 하나는 문제의 취사선택입니다. 정부는 자애로운 마음으로 사회 전체를 조망하는 가부장적 존재가 아니라 자신이 풀고 싶은 문제는 풀고, 관심없는 문제는 내버려두는 다소 자의적인 존재입니다. 두번째는 예외주의입니다. 정부는 민주주의의 도구라는 관념으로부터 오히려 민주주의를 지원하기 위해 민주주의의 적용을 받지 않아도 된다는 예외주의를 끌어내는 것입니다. 마지막으로 정부의 효율성과 민주성을 증진한다는 거버넌스가 오히려 국가의 책임을 약화시키는 역설입니다. 시민사회와 협력하여 문제를 해결한다는 취지의 거버넌스가 정부의 활동을 복잡한 전달체계에 위치시킴으로써 역설적이게도 정부의 법적 책임을 묻기 어렵게 만드는 것입니다.

문제의 취사선택

이 세상의 정부는 모든 문제를 다룰 정치적 동력과 자원이 없기 때문에 현실에서는 문제의 취사선택을 통해 사회에 개입합니다. 어떤 사회적 이슈에 대한 입법이 더디면 여당은 야당 핑계를 대거나, 사회적 합의가 부족하다는 핑계를 대거나, 효과가 분명한 대안이 부족하다는 핑계를 대곤 했고, 시민들은 그 배경에 합리적 이유가 있을 것이라 생각합니다. 그런데 정책 내용의 선과 악을 떠나서 지난 1993년 김영삼 정부 시절 전격 시행된 금융실명제나

2022년의 이른바 '검수완박'이라 불린 검찰청법 개정처럼 일반적인 숙의 과정을 거치지 않은 '과감한' 입법 과정이 의도치 않게 우리에게 보여주는 것은, 처방적 권력자들은 하고 싶은 것은 어떻게든 할 수 있는 존재, 그리고 그 이면에는 하기 싫은 것은 하지 않을 수 있는 존재라는 사실입니다. 심지어 검찰청법 개정에 대한 법무부의 '시행령 저항'은 국가행위자들끼리도 하고 싶은 것은 하고, 하기 싫은 것은 어떻게든 하지 않을 수 있다는 반증을 제시한 셈입니다. 많은 사람들이 코로나19 사태를 분석하면서 '국가의 회귀'를 말했지만, 정확히 말하면 '국가의 회귀'란 없습니다. 원래부터 거기 있었을 뿐입니다. 편재遍在하지 않을 뿐입니다.

우리가 이런 예를 접하면 왜 시대정신을 반영한 다른 법률안들은 지지부진한지 궁금해집니다. 그리고 "다양한 사람들을 설득하기에는 그만한 정치적 에너지가 부족해서"라는 설명을 온전히 납득하기 어려워집니다. 논란의 대상이 되었던 청탁금지법, 중대재해처벌법, 부양의무자 기준 완전 폐지 등의 법률이나 정책들이 결국 어느 시점에선가는 불완전할지언정 마련되었으나, 오랜 시간 동안 지체된 데 대해 시민들은, 특히 당사자들은 이제 정치적 합의나 자원의 문제가 아니라 불충분한 의지, 숨은 의도, 혹은 시민의 요청에 대한 둔감함의 문제로 생각하게 됩니다. 이러한 대중적 감성은 정부에 대한 불신을 낳게 되고, 정부에 대한 불신은 여러가지 공적 가치를 파괴하게 됩니다.

그런데 여기에는 좀더 복잡한 문제가 있습니다. 바로 정부의 역할 범위에 대한 것입니다. 다음 절에서 설명하듯이 1990년대부터 등장한 '거버넌스' 개념과 실천의 배경에는 정부가 직접 시민사회에 개입하는 것을 자제하고 민간조직들을 통해 간접적으로 정책을 구현하고자 했던 처방적 권력자들의 의도도 있습니다.[2] 이렇게 보면 문제의 취사선택은 정부의 역할 범위의 문제로 부분적으로 치환됩니다. 무엇을 직접 하고, 무엇을 시민사회에 맡겨둘 것이냐의 문제가 되는 것입니다.

2021년 여름 한때 언론에 보도되었던 사건이 있습니다. 장애인들이 국가의 돌봄서비스 확대를 요구하는 모 지방자치단체의 공청회 자리에서 해당 지자체장이 "가족이 있는데 왜 국가가 장애인을 돌봐야 하나"라는 발언을 했습니다. 2022년 여름 폭우로 한참 수해가 나던 어느날 여당의 한 국회의원은 "국민의 삶을 국민이 책임져야지 왜 정부가 책임지느냐"는 발언을 했습니다. 이러한 비슷한 발언이 정치적 보수와 진보 인사 각각에서 나왔다는 점은 주목할 만합니다. 정부의 역할에 대한 질문은 세부적으로 들어가면 예산과 규정의 마련이라는 상당히 현실적이고 번거로운 행정관리 문제로 전환됩니다. 이렇게 되면 정치이데올로기를 불문하고 당위성보다는 현실성에 대한 고려가 앞서는 문제가 됩니다. 정치적 이념으로 갈등하는 보수와 진보의 양당 정치인들이 예산 문제에서는 서로 입을 모으는 일이 종종 생기는 데는 이유가 있는 것입니다.

맥락을 놓고 볼 때 저 발언들은 문제를 방치하겠다는 것이 아니라 정부가 "'어느 정도까지' 장애인이나 국민을 돌봐야 하나"라는 질문이었을 것입니다. 그렇다면 이는 전혀 해프닝이 아닙니다. 오히려 상당히 공세적인 질문입니다. "왜 돌봐야 하나"라는 규범적 질문에 대해서는 시대정신을 앞세워 정치적 정당성을 지닌 주장을 할 수 있습니다. 그런데 "어떻게 돌봐야 하나"로 질문이 구성되면, 마치 목표에는 합의가 이루어졌고 이제 수단을 논하는 진일보된 질문 같아 보이면서, 역설적으로 정책요구자에게는 늪이 됩니다. 너무나 많은 갈래의 길이 펼쳐지고, 다양한 정책 수단들을 두고 한없는 논쟁으로 빠져들기 시작하는 것입니다. 그러면 정부는 일단 발을 뺄 시간과 공간을 얻게 됩니다.[3]

정부가 '사회적 약자'들을 보살필 의무를 강조하는 목소리들이 있습니다. 이에 처음부터 반대하는 시장자유주의적 의견은 차치하고라도, 이에 동의한다 해도 따져보면 참 어려운 쟁점들이 도사리고 있습니다. 첫째로 국가가 사회적 약자를 보호하기 위해 존재한다는 언명은 경험적이라기보다는 규범적입니다. 현실의 국가는 시장을 활용한 거버넌스를 통해 '그것은 국가의 일이 아니다'라는 식으로 이런 문제를 회피할 수 있습니다. 하청 노동자에 대한 중간착취를 당사자들이 동의한 사적 계약의 일부일 뿐이라고 보는 것이 한 예라 하겠습니다. 둘째로 국가가 사회적 약자를 보호해야 한다는 언명은 전체 국민 중 누가 사회적 약자인지를 정의하는 작업을 필요로 합니다. 그러지 않는다면 이런 말 자체가 필요 없습니다. 그런데 과연 정부는 누구를 무슨 근거로 사회적 약자로 정의할까요? 또한 정부 행위자 가운데 그 누가 과연 이런 판단을 할 권능을 지닐까요? 국회? 기획재정부? 보건복지부? 담당 과장? 셋째로 착한 사회적 약자와 '시끄러운 사회적 약자'의 문제가 있습니다.[4] 여기서 '시끄러운 사회적 약자'라고 표현한 이들은 슈나이더와 잉그럼의 "권리주장자들"contenders이라고 하겠습니다. 이들은 사람들에 의해 '강한' 권력을 지닌 '부정적' 집단으로 인식됩니다. 사회적 약자들은 조용히 있을 때나 겨우 사회적 약자 취급을 받습니다. 노동조합이나 장애인단체의 역사에서 보듯이 목소리를 스스로 내기 시작하면 이들은 '약자'가 아니라 '이익집단'으로 간주됩니다. 이렇게 되면 정부는 사회적 약자를 보호하는 것이 아니라 이익집단 간 균형을 추구한다는 대의를 획득하여 이들에 대한 보호를 거부할 수 있게 됩니다. 넷째, 이렇게 되면 사회적 약자를 정부가 보호하는 것인지, 정부가 보호하는 집단이 사회적 약자인지 알 수가 없어집니다. 노동 관련 법들이 제정·개정될 때 언론에는 과연 어느 집단이 약자로 형상화되었나를 생각해보면 현실은 혼란스럽습니다. 결국 이런 상황이 조성되면 정부는 체리를 고르듯 문제를 고를 수 있게 됩니다.

예외주의

그리스의 학자 아르키메데스Archimedes는 시라쿠사의 왕에게 지레의 원리를 염두에 두고 "나에게 지레를 주면 지구라도 들어올려 보이겠다"라고 말했다고 합니다. 이 말에서 흥미로운 점은, 지구를 들어올리려면 아르키메데스는 지구 안에 있으면 안된다는 것입니다. 지구를 들어올리려면 지구 밖에 있어야 합니다. 이렇듯 문제 해결자로 나선 사람이나 조직이 문제 해결을 위해 자기 자신에게 예외를 적용할 수 있는 권능을 부여받은 것처럼 행동하는 것을 우리는 예외주의라고 부를 수 있습니다. 실제로 우리 헌법도 긴급명령권 등을 통해 민주주의의 예외를 규정하고 있습니다. 칼 슈미트Carl Schmitt에 따르자면 주권자란 예외상태를 결정하는 자입니다.[5] 궁극적 문제 해결자에 가까워질수록 그는 더욱 예외적 존재가 되어가고, 그것은 법치주의에 입각한 민주주의와 긴장을 일으킵니다.

> 그[주권자]는 극한적 긴급상황인지 아닌지를 결정할 뿐 아니라, 그것을 평정하기 위해 무엇을 해야 하는지를 결정한다. 이 주권자는 통상적으로 유효한 법질서 바깥에 서 있으면서도 여전히 그 안에 속해 있다. (…) 모든 근대적 법치국가의 발전 경향은 이런 의미에서의 주권자를 제거하는 방향으로 나아간다.[6]

미국의 원자력 핵잠수함을 배경으로 한 「크림슨 타이드」라는 영화가 있습니다. 이 영화의 초반에는 바다 한가운데 뜬 잠수함에서 함장과 부함장이 이야기를 나누는 장면이 나옵니다. 이 가운데 램지 함장은 애국주의로 무장한 인물인데, 자신의 이념을 다음과 같이 부함장에게 함축적으로 전달합니다. 이 대사는 그 어떤 민주주의 비판론보다 현실의 관료제에 기반을 둔 민주주의의 한계를 시적으로 잘 표현하고 있습니다.

> 우리는 민주주의의 수호자이지 실천자가 아니다.
>
> We are here to protect democracy, not to practice it.

미국의 민주주의는 1800년대 후반까지는 기계정치machine politics라고 불리는 선거에 기반한 엽관제에 의해 작동하고 있었습니다. 즉 정치인들은 선거에서 이기기 위해 대중을 동원하고, 선거에서 이기면 자신의 조력자들에게 공직을 한 자리씩 나누어주었습니다. 오늘날 선거에서 승리한 대통령이 공공기관의 요직을 자신의 측근들에게 나누어주는 제도와 관행의 뿌리입니다. 이때 공직은 지금의 관점에서 보면 '아마추어'에 의해 장악되었던 셈입니다. 그러다가 1800년대 말부터 좀더 정교한 국가의 기능이 요구되기 시작하면서 오늘날 실적제라 불리는 공무원 인사관리 제도가 수립되기 시작합니다. 능력에 기반한 기술관료제의 시작인 셈입니다. 나중에 미국 대통령을 지낸 정치학자 우드로 윌슨Thomas Woodrow Wilson[7]에 의해 이념적으로 정치와 분리되어 자신들의 전문성에 기반하여 공익을 지향하는 행정을 수행하도록 사명을 부여받은 이 기술관료들은 민주주의의 유용한 도구로 여겨져왔습니다. 마치 잘 작동하는 자동차처럼 누가 운전자가 되든 그가 원하는 곳으로 신속하게 데려다주는 효율적인 기계, 그것이 바로 기술관료제였습니다.

미국의 민주주의가 이러한 기술관료제를 통제하지 못하고 있다는 인식이 심각하게 제기된 것은 1970년대부터입니다. 찰스 린드블럼Charles E. Lindblom 같은 당시의 정치적 다원주의자들은 미국의 이상적인 다원주의가 기술관료들의 우월한 위치에 의해 왜곡되고 있다고 보았습니다.[8] 이들은 민주적으로 부여된 조직의 목표에서 민주성을 제하고 단지 그 목표의 달성을 위해 일부 정치인, 산업계 등과 긴밀한 관계를 맺고 그들의 전문성을 권력으로 환전하여 스스로 권력이 된 것입니다.

나아가 기술관료제에는 민주주의의 기본 원리가 적용되지 않습니다. 기술관료제의 기본 원리는 계서제hierarchy입니다. 명령-통제-전문성이 그 핵심입니다. 대화-숙의-합의와는 거리가 있는 제도인 것입니다. 기술관료제에 속한 관료들 역시 시민들이지만 기술관료제 속에서 일해야 하는 그들의 책무는 조직의 과업을 명령통제에 따라 성실히 수행하는 것입니다. 특히 기술관료제는 그 특유의 가치들, 즉 효과성과 능률성 같은 당장 보이는 수단적 가치들에 매몰되면서 민주주의적 가치를 훼손하는 경향도 보입니다.

이렇게 관료제는 민주주의를 '수호'한다는 명목으로 민주주의를 '실천'하지 않는 예외주의를 낳습니다. 수호자는 늘 그렇게 예외적 존재인 법이지요. 게다가 민주주의를 수호하는 일은 민주주의의 적이 존재한다는 것을 전제하고 있습니다. 적이 존재할 때 그 적에 대응할 조직은 민주적이기보다는 엄격한 규율에 따라 일사불란하게 움직이는 것이 효과적이라고 생각하게 됩니다. 민주주의는 정부 조직 바깥의 일반 시민들이 누리는 것이고, 정부 조직의 구성원들은 민주주의와는 다른 조직원리를 받아들이는 대신 민주주의를 수호하는 신성한 명령을 받은 것입니다. 민주주의를 진심으로 사랑하지도 않으면서 민주주의를 수호한다는 명분에 봉사하는 역설적 소명의 삶을 살아가는 것입니다. 최악은 어느 순간부터 민주주의를 혐오하게 되는 것일 테지요.

흥미롭게도 이러한 예외주의는 자주 타협하게 됩니다. 아르키메데스적 예외주의는 어떤 정책당사자들을 정책결정 과정에서 배제하는 전문가집단이나 기술관료의 모습으로 구체화됩니다. 전문가적 거리를 확보하려는 것이지요. 반대로 어떤 정책당사자들은 정책결정 과정에 공식적으로 초청되기도 합니다. 이러느니 차라리 모든 정책 영역에서 정책당사자들을 배제하는 것이 평등과 예외주의에 충실한 행태일 것입니다. 그러나 현실에서 정부는 강력한 이익집단 앞에서는 초라해집니다. 예외주의는 이들 앞에서는 작동하지 않는, 예외주의의 예외가 발생합니다. 아니 어쩌면 예외의 예외가 아닌지도 모르겠습니다. 이 강력한 존재들이 진정한 지배자라고 할 수 있을 테니까요. 그리고 이제 민주주의는 제한해야 할 무언가가 됩니다.

사라지는 정부

행정과 정책에 대한 연구에서 거버넌스governance라는 개념은 이제 정부government만큼이나 자주 쓰이는 개념입니다. 공적 재화와 서비스를 생산하는 주체의 다양화가 1990년대부터 본격적으로 진행되면서 등장한 거버넌스 개념은 행정과 정책의 주체와 과정이 정부로부터 시장 혹은 시민사회로 확장되는 현상을 가리키는 개념입니다.[9] 주체가 정부뿐 아니라 공공기관, 비영리조직, 그리고 민간수탁자 등으로 확대되니 공공서비스의 생산과 전달 과정도 상당히 복잡해집니다. 이러한 체계 전반을 지칭하기에 '정부'

라는 개념은 단일 주체만을 나타내는 매우 좁은 개념이다보니 이제는 거버넌스라는 용어가 일반화되었습니다. 정부의 재정 지원을 받는 사립유치원과 학교, 복지시설, 시민단체, 심지어 기업도 공적인 재화와 서비스를 생산하는 한에서 이러한 거버넌스의 일부입니다.

우리나라 복지전달체계에서는 주로 정부와 시장이 조합된 거버넌스를 쉽게 발견할 수 있습니다. 우리나라 장애인시설, 고아들을 위한 시설 등 여러 복지시설이 그러합니다. 이러한 현상은 정부와 시장이 결합하여, 좀더 정확히 말하면 자체 자원이 부족한 정부가 시장이라는 무대로부터 시민사회 행위자들을 동원하여 원하는 공공서비스를 제공하려 한 결과입니다. 이 과정에서 시민사회 행위자들을 동원하는 방법은 인허가와 같은 권위에 의한 위계적 방법보다는 경쟁의 제한을 통한 배타적 이익rent의 보장 및 인센티브 제공이라는 시장적 방법입니다. 만일 정부가 자체적으로 시설을 운영하고자 했다면 단순히 정부예산 및 인력을 확보하여 국공립 시설의 수를 늘렸을 것입니다. 그러나 그러기에는 조직적 부담이 상당합니다. 이럴 때 정부는 시민사회 영역의 자원을 활용하고자 사업을 수행할 의도가 있는 행위자에게 적정한 규모의 재정적 지원이나 규제를 통한 사업안정성 확보 등을 약속하고 이들이 정책영역에서 공공서비스를 시민들에게 제공하도록, 혹은 특정한 국가적 기능을 수행하도록 유도하는 것입니다. 따라서 이들은 공적이면서 사적입니다. 사명과 서비스의 성격, 대부분의 재원에 있어서는 공적이면서, 소유, 인력 운영, 또다른 재원에 있어서는 사적 성격이 강한 것입니다.

그런데 바로 이러한 거버넌스 과정에서 공적인 문제 해결에 책임있는 국가가 사라지는 현상이 발생합니다. 한가지 예가 장애인 운동 주체들이 추진하고 있는 장애인 탈시설 정책을 둘러싼 갈등입니다. 장애인 시설을 포함한 여러 형태의 사회복지 시설은 한국전쟁 이후 전쟁고아가 된 아동들에게 삶을 위한 기본적인 서비스를 제공하려는 단체들의 활동으로 시작되었습니다. 이후 사회적 낙인이나 공적서비스의 부족으로 인해 기본적인 삶의 조건들을 확보하기 어려운 시민들, 혹은 국가가 사회로부터 격리할 필요가 있다고 판단하는 특성을 지닌 시민들의 범위가 넓어지면서 시설 역시 증가하고 다양해졌습니다.[10] 이러한 시설에는 두가지 문제가 있습니다.

하나는 이질적인 관리 방식(정부관료제, 시장, 공동체적 규범)들이 결합하면서 각 방식의 좋지 않은 점이 악화되었다는 점입니다. 단적인 예로, 공동체에는 친밀함으로 인한 돌봄이 존재하기도 하지만 친밀함이 주는 동료집단의 압력, 그리고 전통을 유지하는 과정에서 강압성이 존재하기도 합니다. 실제 공동체가 어떤 성격을 더 강하게 띨 것이냐는 사례마다 다릅니다. 그런데 시설의 경우처럼 집단적 성격에 위계적 층위가 덧입혀지면 집단의 강압성이 제도적으로 강화되는 경로가 마련됩니다. 이러한 경로에서는 공지영 소설을 영화화한 「도가니」의 배경인 인화학교 사례에서처럼 내부 폭력이나 부패가 발생하는 것이 결코 놀랍지 않습니다. 다른 한편으로 정부와의 관계는 자율과 성과를 표방하는 계약으로 형성되어 정부가 외부에서 위계적으로 개입하지 않다보니 내부의 문제는 은폐되고 더욱 악화되었습니다.

이와 연결된 다른 하나는 책임성을 확보하기 어렵다는 문제입니다. 이러한 일들은 본질적으로 시설이 공적이면서도 사적 소유권에 기반해 있다는 거버넌스의 특성으로부터 나옵니다. 공적 통제를 강화하면 사적 소유권을 침해한다는 비판을 받고, 통제를 하지 않으면 책임성 확보가 어려운 상황입니다. 공동체적 속성은 "우리가 알아서 한다"거나 "체벌의 수용이나 소득의 위탁(결국 횡령)은 자발적인 것이다"라거나 "시설에 머물고 싶어한다"는 등 외부의 윤리적 감각과 괴리된 정당화를 시도하면서[11] 사실상 누구도 책임지지 않는 사각지대를 만들었습니다. 앞에서 언급한 인화학교 사례에서도 법원은 정부의 배상책임을 부정했습니다.[12] 정부, 시장, 공동체 간 적절한 견제와 균형은 좋은 결과를 낼 수도 있지만, 결코 완벽할 수 없는 제도적 설계에서 그 견제와 균형의 틈새를 파고드는 인간의 욕망은 특히 작은 자들에게 불행한 상황들을 낳는 것입니다.

오늘날의 정교한 거버넌스는 문제의 복잡성에 대응하는 과정에서 공공부문이 적응하면서 조직화된 결과입니다. 그러나 문제를 해결하기 위한 정책 대안을 작동시키는 제도의 복잡성은 그 자체가 문제가 되는 역설을 발생시킵니다. 그 누구도 거버넌스의 전모를 파악하기도, 관리하기도, 책임을 지기도 어렵기 때문입니다. 수많은 제도적 맹점들과 예상치 못한 역설들이 발생하고, 이것들은 제도의 운영자들보다는 제도로부터 삶의 필요를 지원받는 이들에게 부정적으로 작용합니다. 지나치게 복잡하여 블랙박스가 되어버리는 제도적 복합체로서 거버넌스는 그 정교함의 측면에서는 더 나은 해법이라 볼 수 있지만, 그 통제 불가능성과 책임있는 정부의 퇴각이라는 측면에서는 새로운 문제인 것입니다.

정책을 둘러싼 역설

때로는 정부가 정책결정에서 배제된 이들의 요구에 귀를 기울이는 듯합니다. 그런데 정부가 귀를 기울이고 정책이 수립된다고 해서 끝이 아닙니다. 거기서부터 자원이 부족한 이들에게는 또다른 지난한 과정이 시작됩니다. 나아가 우리가 직면한 문제가 복잡하고 거대할수록 그 해법이라고 간주되는 정부의 권력 역시 거대해지는 현상이 발생합니다. 그 와중에 민주주의는 위협받게 됩니다. 이렇듯 정책을 둘러싼 역설들을 살펴봅시다.

정책의제 설정과 길들임

인류 역사에서 지배계층을 위한 정치가 행해지지 않은 적은 없다고 해도 과언이 아닐 것입니다. 피지배계층을 위한 정치와 정책은 크게 볼 때 중심적이었던 적이 없었습니다. 미국이 한참 안정적인 성장을 구가하던 1960~70년대 다원주의자들은 이 사회의 권력이 여러 집단에 분산되어 있고, 상호 견제가 가능하다는 민주주의의 꿈을 꾸었습니다. 그러나 동시에 이런 주장은 동시대의 엘리트 이론가들에 의해 비판받았습니다. 대표적인 이론이 무의사결정론과 의제설정론입니다.

무의사결정론으로 알려진 피터 배크락Peter Bachrach과 모턴 배러츠Morton S. Baratz는 상당히 흥미로운 주장을 전개했습니다.[13] 흑인을 비롯한 피지배집단들이 제기하는 사회적 의제가 지배집단의 이익을 침해할 경우, 의사결정권을 지닌 지배집단의 엘리트들은 그러한 의제를 노골적으로 거부하거나 좌절시키는 전략 외에 다른 전략을 사용한다는 것입니다. 엘리트들은 그러한 의제가 공개적으로 거론되는 것을 미연에 막거나, 의제화하더라도 그것을 검토하고 논의하는 우선순위를 교묘하게 조정함으로써 무언가 논의되는 것 자체를 막는 전략을 취한다는 것입니다. 이렇게 되면 세상은 아무 문제 없이 평온해 보이고, 정치는 여러 의제들을 차별없이 고려했으며, 단지 그들이 보기에 더 중요하고 급하다고 판단되는 의제들이 먼저 논의되고 결정되었을 뿐인 셈이 됩니다. 누구도 소외된 의제를 차별하거나 외면하지 않았습니다. 적어도 표면상으로는 말이지요. 그래서 이들의 주장은 무의사결정론non-decisionmaking theory이라 불렸습니다. 의사결정이 이루어지지 않도록 하는 권력이라는 의미입니다.

무의사결정론에 뒤이어 1970년대 초반에 발아하여 이론적 발전을 이룬 의제설정론을 제시한 로저 코브Roger W. Cobb와 찰스 엘더Charles D. Elder는 좀더 정교한 논의를 전개합니다.[14] 엘리트 민주주의는 갈등보다는 안정을 선호하고, 따라서 모든 사회적 의제가 정책 의제가 되는 것은 아닙니다. 오로지 엘리트들에 의해 '길들여진'tamed, domesticated 사회적 의제만이 정책의제화하여 공식적 절차를 통해 정책화할 수 있다는 것입니다.[15] 특히 사회적 의제를 '길들인다'는 표현은 의미심장합니다. 국회에 의해 결정되고 정부에 의해 집행되는 정책은 길들여진 정책인 셈입니다. 국회 앞 농성장에서 사람들이 모여 주장하는 사회적 의제들은 아직 길들여지지 않은 '야생'wild의 의제인 것이 되고요. 결국 길들인다는 것은 정치적 혼란을 야기할 수 있는 야생의 의제를 다듬어 상황을 재구조화하고, 반대세력을 무마하며, 정부의 정당성을 훼손시키지 않는 방식으로 해당 의제를 재설정하는 것을 의미하게 됩니다.[16]

이렇게 사회적 의제를 길들이는 과정은 두가지 관점에서 평가할 수 있습니다. 하나는 기능적인 관점으로서, 추상적이고 가치지향적인 언어로 표명되는 사회적 의제('장애인 이동권을 보장하라')를 관료제가 실행 가능한 프로그램으로 전환('저상버스 연차적 도입 계획')시킨다는 점에서는 필수불가결하다고 할 수 있습니다. 마치 컴퓨터를 작동시키기 위해 인간의 자연어를 컴퓨터 언어로 컴파일링하듯이 사회적 의제는 관료제에 '적합'한 형태로 번역되어야 합니다. 바로 의미가 명확하고 분절화된 법문화('교통약자의 이동편의증진법')가 되어야 하는 것이지요. 사회적 의제가 요구하는 사회적 가치는 법의 목적 조항의 형태로 전환되고, 어떤 기구가 그 정책을 담당할지 규정되고, 누구에게 무엇을 줄지 혹은 누구에게 무엇을 부과할지 등 구체적인 활동들이 기술되어야 합니다. 관료제는 그것을 받아들여야 움직입니다. 이런 의미에서 길들임은 사회적 의제를 제기한 시민들 입장에서 보면 일종의 정치적 성공입니다. 드디어 관료제를 움직일 수 있게 된 것이지요.

다른 하나는 정치적 관점으로서, 길들임 과정에서 발생하는 가치의 뒤집힘 현상에 주목합니다. 그리고 이러한 뒤집힘은 자칫 앞에서 말한 기능적 관점의 길들임을 절반의 성공으로 만들 수 있습니다. 어떤 사회적 의제가 길들여지는 과정에서는 그 사회적 의제가 지향하는 가치를 변형시키는 많은 일들이 일어납니다. 우선 언어입니다. 우리가 '파랗다' '푸릇푸릇하다' '푸르스름하다'는 등의 표현에 담고자 했던 뉘앙스는 색공간에서는 '#0067C0' '#0000FF'와 같은 기호로 표시됩니다. 모자보건, 아동, 가족의 인권에 대한 장엄한 선언들은 법조문화할 때 그저 목적 조항에 그 흔적이 남아 있을 뿐, 실제 정책집행을 위한 구체적인 행정행위를 요구하는 조항들에서는 표현의 장엄함은 사라지고 기계적인 판단지침만 남습니다.

아동복지법 제1조는 "이 법은 아동이 건강하게 출생하여 행복하고 안전하게 자랄 수 있도록 아동의 복지를 보장하는 것을 목적으로 한다"고 규정하고 있습니다. 장엄한 선언입니다. 그리고 제3조에서는 아동을 18세 미만인 사람으로 정의합니다. 이윽고 제16조에서는 "보호조치 중인 보호대상아동의 연령이 18세에 달했거나, 보호 목적이 달성되었다고 인정되면 (…) 그 보호 중인 아동의 보호조치를 종료하거나 해당 시설에서 퇴소시켜야 한다"고 규정하고 있습니다. 우리가 정부에 아동의 권익을 증진하도록 노력해달라고 요구할 때, 만일 "그러면 18세 미만인 사람의 권익을 증진하면 되겠죠?"라고 반문을 받으면 당황할 것입니다. 앞의 것은 사회적 의제의 언어이고, 뒤의 것은 관료의 언어입니다. 우리는 대략 돌봄이 필요한 나이대의 시민이라 생각되는 이들이 보호받기를 원하지만, 공무원 입장에서는 어떤 사람이 아동복지법의 대상인지 아닌지를 판단해야 움직일 수 있습니다. 이러한 언어의 간극 사이에서 18세를 갓 넘은 '비아동'들이 적절한 지원을 받지 못했습니다.[17]

정부관료제는 문제의 인식만으로 움직이지 않습니다. 관료들은 자신들에게 익숙한 방식으로 컴파일된 프로그램만을 작동시킬 수 있습니다. 결국 문제 풀이는 과장해서 말해 거꾸로 진행됩니다. 사회적 의제는 관료제라는 수단을 통해 그 지향 가치를 실현하려 할 경우 현존하는 기술적 대안, 재정적 대안, 그리고 정치적 대안의 범위를 출발점으로 해서 현실화될 수 있는 수준으로 '길들여져야' 하는 역설에 직면합니다. 공청회에서 우리가 자주 듣는 "그건 법적으로 불가능합니다"라는 말은 법이 사회적 합의의 결과가 아니라 마치 이 사회가 존재하기도 전에 주어진 뉴턴의 법칙이라도 되는 듯이 작은 자들의 사회적 요구를 길들이는 마법의 주문입니다. 그러나 이것으로 끝이 아닙니다.

정책 수단 개발의 전가

정책이 성공하려면 질 좋은 정책 수단이 개발되어야 합니다.

문제는 정책 수단의 개발이 단지 지식의 차원에서만 이루어지는 일이 아니라는 것입니다. 정책 수단의 개발 역시 정치입니다.

오늘날 유행하는 개념 중 하나는 정책랩policy lab입니다. 정책랩은 "불확실한 행정환경에서 최적의 문제 해결책을 찾기 위해 다양한 행위자가 공동의 정책 실험을 수행하고 그 과정에서 오차를 발견·수정해나가는 개방형 정부혁신의 방법론"으로 정의됩니다.[18] 좀더 넓은 참여적 정책설계 개념은 기존 정치인 및 관료 주도의 국가중심적 정책 '결정'이 아니라 폭넓은 민주적 참여, '설계' 개념의 도입, 그리고 총체적 대응을 위한 시스템 접근을 표방합니다. 사실 이러한 개념들이 특별히 새로운 것이라 하기는 어렵습니다. 기존에도 정책 대안의 설계라는 개념이 있었고, 시스템 접근 역시 우리에게 익숙한 것입니다. 다만 이러한 기존 요소들을 '참여의 확대' 및 '실험 접근'과 접목시키면서 새롭게 재구성한 부분에 의미가 있습니다. 이러한 아이디어들은 처음부터 총체적 합리성에 입각한 하향적 결정보다는 정책 초기 모형을 설계하고 이를 실험해본 후, 피드백을 고려하여 좀더 정교하게 수정해나간다는 것입니다.

일견 이상적으로 보이는 이러한 참여적 정책설계 아이디어가 드러내는 무서운 역설은 정책 아이디어의 성숙도를 요구하는 정치가 정책을 좌절시키는 역설입니다. 앞서 '야생적'인 사회적 의제를 '길들인다'는 표현을 썼는데, 아마도 여러분은 정치인과 정부가 머리를 맞대고 사회적 의제를 가다듬는 과정을 상상했을 것입니다. 그러나 현실에서 벌어지는 상황은 사회적 의제를 제기하는 이들 입장에서는 좀더 혹독합니다. 마치 결자해지하라는 듯이 정부는 불편한 정책 아이디어에 대해 그 완성도, 즉 처음부터 길들여진 대안을 가져오기를 요구함으로써 이들의 요청을 거절할 수 있습니다.[19] 정책의제화를 시도하는 활동가들 입장에서 관료들에게 어떤 정책을 요청하면 관료들은 '잘 디자인된' 정책 아이디어를 가져와보라는 방식으로 어떤 행동을 취하기를 완곡하게 거절할 수 있는 것입니다.

오늘날에는 정책랩 개념에서 보듯이 어떤 특정한 집단이 완성된 정책대안을 정치의 장에 가져온다는 것은 거의 불가능에 가깝습니다. 왜냐하면 문제의 본질이 복잡하고 거대하여 일부 집단의 지적 자원만으로는 완결성이 부족한 정책대안을 설계할 수밖에 없기 때문입니다. 정책대안의 완성도는 정부를 포함한 다양한 행위자들 간의 지속적인 소통과 경험적인 실험을 통해 점진적으로 높여나가는 것이지 처음부터 요구할 수 있는 것이 아닙니다. 교육, 주택, 부동산 등 여러 정책 영역에서 수많은 실패들이 점진적 학습의 필요성을 말해줍니다.

더욱이 특정한 정책 아이디어는 시범사업이나 정책랩과 같은 아이디어 학습을 위한 기회를 제공받고, 그럼으로써 결정의제화의 가능성이 훨씬 높아지는 반면, 이른바 정치엘리트들에게 불리하고 길들여지기 어려운 사안들은 그저 단순히 정책 아이디어의 완성도를 요구함으로써 결정의제화의 가능성을 낮추는 전략을 통해 무의사결정 상황을 조성할 수 있습니다.

오늘날에는 적절한 정치 과정 없이는 정책대안의 성숙도 어려운 상황이 전개되고 있습니다. 즉 오늘날의 복잡한 문제에 민주적으로 대응하기 위한 정책대안은 세종시를 배회하고 있지 않습니다. 우리가 차분히 만들어가야 하는 시대입니다. 그런데 이 만들어가는 일 자체가 정치입니다. 과연 우리 사회는 정책결정 이전에 모두의 삶의 여건 개선을 위한 충분한 논의와 실험의 장과 기회가 공평하게 만들어지고 있습니까?

탈시설 정책 아이디어를 논의해봅시다. 전체 270만명 정도의 장애인들 가운데 전국에 2만 4천명 정도의 중증장애인과 발달장애인들이 집단 거주 시설에 살고 있습니다. 이들을 지역사회에서 살 수 있게 하자는 것이 탈시설 운동입니다. 탈시설이라고 하면 얼른 나오는 질문은 "그럼 가족에게 돌려보내자는 말이냐"와 "이들을 어디서 수용하느냐"입니다. 이에 대한 실체적 대답을 떠나서, 이러한 질문에는 우리가 생각해보아야 할 두가지 불평등이 있습니다.

첫째, 이 질문 자체가 탈시설 운동을 하는 소수의 정책 주창자들에게 종합적인 아이디어를 암묵적으로 요구한다는 점입니다. 이들을 어디서 수용할지에 대한 대답을 탈시설 운동을 주장하는 이들만 준비해야 할까요? 다른 정책들은 '국가 주도적으로' 수립하고 집행하는 처방적 권력자들이 이런 정책들은 왜 잘 디자인된 대안을 가져오기를 요구할까요? 또한 왜 부동산이나 외교 정책에 대해서는 이래야지 저래야지 하는 우리가 이런 문제에 대해서는 스스로 이 질문에 대한 답을 생각해보지 않을까요?

둘째, 우리가 스스로 이 질문에 대한 답을 생각해보지 않는 것은 우리가 시설에 거주하는 장애인들의 문제 자체를 잘 모르기 때문일 것입니다. 생각의 실마리가 부족한 것입니다. 왜 우리는 어떤 사회적 의제는 전문가보다 잘 알고 있(는 것 같)고, 어떤 의제는 전혀 모를까요? 먹고살기 바빠서? 내 삶에 익숙하지 않은 의제라서? 그것뿐만은 아닐 것입니다. 해법의 정치는 서로 다른 사회적 의제들에 우리의 관심을 불평등하게 배분합니다. 관심이 부족하면 문제가 모호하게 인식되고, 그러면 해법은 문제를 주장하는 이들에게 미루게 마련입니다. 그래 놓고 해법이 불완전하면 현실성이 낮다거나 일관성이 부족하다고 비판합니다.

이렇게 정책대안의 완성도를 요구하는 것은 정책의 개발이라는 지난한 부담burden을 정책을 통해 자신의 권리를 확보할 자격이 있는 시민들과 단체들에게만 전가한다는 윤리적 문제가 있습니다. 어떤 영역에서 효과적인 정책대안이란 여전히 시민, 옹호집단, 그리고 정부 전문가집단 간 소통과 실험을 통한 수정과 학습의 과정을 필요로 합니다. 한부모 가정을 지원하기 위한 정책을 평균 이상의 사회경제적 배경을 지닌 전문가와 공무원이 제대로 입안할 수 있겠습니까? 여성의 지위 향상을 위한 정책을 남성 중심의 협의체가 제대로 입안할 수 있겠습니까? 앞서 논의한 대표성의 관점에서 보면 정당하고 좋은 질문입니다. 그런데 이러한 질문이 품고 있는 역설은, 정책 과정의 대표성을 개선하는 대신, "아, 그래? 그러면 너희가 좀 만들어와봐"라는 악의적 부담 전가 앞에서는 무력하다는 것입니다. 이러한 부담의 전가는 옹호집단의 입장에서는 의도된 무의사결정이라는 의심을 낳게 됩니다.

해법만 떼어놓고 보면 안 됩니다. 해법의 정치까지 보아야 합니다.

해법-권력의 상호작용

19세기 말까지 미국은 행정제도의 관점에서 보면 상당히 느슨한 국가였습니다. 미국 건국의 아버지들은 미국의 연방체계를 어떻게 설계할지를 두고 논쟁을 벌였습니다. 이 가운데 매디슨James Madison의 유연한 연방주의가 해밀턴Alexander Hamilton의 강력한 연방주의 및 제퍼슨Thomas Jefferson의 자치를 제치고 체제 구성의 기본 아이디어가 되기는 했지만, 드넓은 땅에서 새로 설립된 정부란 느슨할 수밖에 없었습니다.

19세기 말과 20세기 초 미국의 '진보의 시대'progressive era에 행정부가 확대되기 시작한 이유는 미국이 기존의 느슨한 연방제로는 다룰 수 없는 거대한 독점기업들의 형성에 대응해야 했기 때문입니다.[20] 철도, 철강, 석유 등에 기반한 전대륙적 기업들은 주의 경계를 넘어(마치 오늘날 초국적기업들의 행태와 같이), 즉 정치의 단위를 넘어 자유롭게 자신들의 사익을 추구했습니다. 결국 문제의 규모에 상응하는 해법이 필요했고, 그것은 연방의 강화 및 그것과 필연적으로 연결된 행정부의 강화였습니다. 요컨대 거대한 문제는 종합적인 해법에 대한 수요를 자극했으며, 그것이 미국의 정치제도에 영향을 미쳤다는 것입니다.

종합적인 해법에 대한 수요가 연방제의 강화로 이어졌다는 점은 의미심장합니다. 제퍼슨식의 지방자치가 강하게 깔려 있던 상황에서는 국가의 권력이란 그리 크지 않았습니다. 우리나라에서도 중앙집권과 지방자치 간 논쟁의 이면에는 바로 이렇게 권력의 크기라는 논쟁점이 있습니다. 지방자치는 본질적으로 권력을 잘게 쪼갭니다. 중앙집권은 그 반대지요. 중요한 것은, 우리 시대가 직면하는 문제의 규모가 크면 클수록 중앙집권의 경향이 강해질 것이라는 점입니다. 비록 오늘날 사회문제의 복잡성과 적응의 필요가 강조되면서 좀더 유연한 대응을 위해 지방자치가 강조되고 있기는 합니다. 하지만 일반적으로 분권화가 진행될수록 역으로 통제의 욕구 역시 강해집니다.

이렇게 문제의 규모에 자극되어 집중된 권력은 그에 상응하는 해법을 낳습니다. 애초에 종합적인 해법을 위해 권력의 통합이 자극된 것이기 때문에, 통합된 권력은 당연히 대규모의 고도화된 해법을 설계하기 마련입니다. 찰스 페로Charles Perrow는 『무엇이 재앙을 만드는가』에서 구성요소들이 고도로 긴밀하게 연결된 복잡한 체계에서는 사고가 발생할 수밖에 없다는 의미로 정상사고normal accident라는 개념을 제시한 바 있습니다.[21] 정상사고가 발생하기 쉬운 고도의 체계로는 전력 생산 및 공급 체계, 항공 체계, 금융 체계 등이 대표적인 예로 회자됩니다. 이러한 체계들은 느슨하고 분산된 권력으로는 개발하기도, 적용하기도, 관리하기도 어렵습니다.

무엇보다 이러한 체계들의 중요한 특징은 일반 시민들이 이해하기 어려운 수준의 전문지식으로 구성된다는 점입니다. 우리 사회는 문재인 정부 시절 탈원전 논쟁에 휩싸였습니다. 이때 전문가집단의 주장 중 하나는 원전에 관련된 이슈들은 고도의 전문성을 요하는 것이라 공론화위원회와 같은 시민참여를 적용하기에 적합하지 않다는 것이었습니다. 이러한 주장의 타당성은 별론으로 하더라도, 민주주의의 관점에서 중요한 지점은 문제와 해법의 상호작용 가운데 이러한 권력의 집중과 확대를 지향하는 주장이 힘을 얻는다는 데에 있습니다. 주권자인 국민이 이해할 수 없다는 이유로 국민들의 삶에 중요한 기술이 중앙집권적 정치에 의해 탄생하는 현실, 그리고 국민들도 사실 그것을 원하는 현실은 참 역설적입니다.

우리가 직면한 사회문제의 해법을 설계한다는 것은 단순한 과학적 작업이 아닙니다. 그것은 정치입니다. 해법이 정치이기 때문에 해법의 속성은 정치의 속성을 고스란히 담게 되어 있습니다. 우리가 직면하는 사회문제가 크고 복잡할수록(코로나19를 떠올립시다) 한편에서는 복잡계complex system 철학의 관점처럼 분권화를 처방합니다. 그러나 현실에서는 문제의 규모에 상응하는 해법의 모색을 위해 권력의 집중을 선택할 가능성이 높다는 것이 역사의 교훈입니다. 문제만 터지면 나오는 '컨트롤타워'라는 말은 통제에 대한 집단적 욕구와 환상을 잘 반영하는 말입니다. 이 과정에서 민주주의는 훼손됩니다. 해법이 전적으로 전문가집단의 통제 아래 놓인다면 말입니다. 일부 전문가집단은 시민들이 상관하지 않는 것이 오히려 시민들 자신을 위하는 길이라고 말합니다. 그럴듯한 논리입니다. 사실 일반 시민들은 이런 해법의 본질을 생각하고 영향을 미칠 겨를도 없으니 말입니다. 오늘날의 민주주의에서 우리는 시민이 아니라 백성이 되어가는지도 모릅니다. 단지 세상이 복잡해지기 때문에 말이지요. 우리를 자유롭게 하기 위한 문명이 낳은 관료제가 우리를 백성으로 만드는 역설이 발생하는 것입니다.

Democracy

for

the Least

최후의 인간들이 머무는 곳

그[아돌프 아이히만]는 단지 자기가 무엇을 하고 있는지 결코 깨닫지 못한 것이다. 그는 어리석지 않았다. 순전한 무사유sheer thoughtlessness였다.

— 해나 아렌트 『예루살렘의 아이히만』

소외된 국민의 애환을 듣고 공감하고, 신뢰를 통해 해결하는 것이 국민을 위한 적극행정이라 생각합니다.

— 어느 대한민국 공무원

앞장에서 정부는 의사결정자이자 제도로 볼 수 있다는 점을 언급했습니다. 그런데 제도로서의 정부는 조직으로 만들어져 있습니다. 기획재정부, 보건복지부, 청와대는 모두 다름 아닌 조직입니다. 따라서 우리는 정부라는 조직의 작동원리를 둘러싼 민주주의적 쟁점들을 짚어보아야 합니다. 특히 우리가 주목할 것은 조직 구성원으로서 공무원들, 나아가 우리의 마음입니다.

마음을 중심으로 조직과 민주주의에 대해 탐색하는 데는 몇가지 이유가 있습니다. 첫째, 조직은 매일, 매 순간 우리가 공적 공간으로 들어가는 장소입니다. 조직은 우리를 살아가게도 하지만 수시로 좌절시키기도 합니다. 조직은 우리에게 먹고살려면 우리가 처한 여러 역설 가운데 하나를 선택하라고 말합니다. 둘째, 조직은 우리가 권력에 순종하기도 하고 권력을 행사하기도 하는 장소입니다. 위계적 구조에서 중간 이상의 단계에 있는 사람이라면 권력적 의사결정 상황에서 머리를 드는 내면의 악을 회피하기 힘듭니다. 심지어 가장 '말단'직원이라 하더라도 그 조직이 민원인이나 고객에게 행사할 수 있는 권력을 가지고 있습니다. 조직은 우리의 마음이 시험받는 장소입니다. 마지막으로 조직은 민주주의의 원리가 타협되는 장소입니다. 우석훈은 직장 민주주의에 대해 논하는 책의 제목을 인상적이게도 『민주주의는 회사 문 앞에서 멈춘다』라고 지었습니다.[1] 조직에서 우리는 시민이 아닙니다. 조직은 민주주의를 시험합니다. 그러니 우리는 조직에서 살아가는 우리와 공무원의 마음을 중심으로 민주주의를 생각해볼 가치가 있습니다.

조직과 권위

권위에 순종하는 마음

현대사회는 조직의 사회입니다. 우리는 역사적으로 관료제라는 잘 고안된 사회적 기계를 발전시켜서 공공부문이나 민간부문(영리부문과 비영리부문 모두에서), 기업과 학교, 심지어 종교단체 등 거의 모든 인간의 활동 영역의 조직화에 활용하고 있습니다. 이러한 관료제의 특징으로는 분업, 전문화, 조정 등이 주로 언급되지만, 여기서 주목하고자 하는 특징은 바로 권위 구조입니다.

현대 관료제는 관념적으로는 합리성에 근거한 권위에 기반하여 작동합니다. 우리가 관료조직 내에서 누군가의 명령에 순종하는 것은 그것이 목적 달성에 기여한다고 믿기 때문입니다. 우리는 모두 어떤 사회적인 목적 달성을 위한 거대한 효율적 기계의 일부이고, 우리가 속한 조직은 그 목적을 달성하는 방안으로서 합리적으로 설계되어 작동하고 있을 것이기 때문에, 누군가— 특히 나보다 전문성이 높은 것으로 인정된 상사—의 명령은 따라야 할 명령이 됩니다. 사병이 장교의 명령을, 장교가 장군의 작전을 따르는 것은 그 '큰 그림'을 그리는 권위를 인정하기 때문입니다. 그러나 현실에서 관료제의 위계는 각 계층에 위치한 관료들의 전문성과 정확히 일치하지는 않습니다. 다양한 능력과 성품을 지닌 사람들이 반드시 '적재적소'에 채워져 있지는 않는 것입니다.

그런데 이런 인사관리적 문제보다 더 중요한 문제가 있습니다. 바로 어떤 목적을 위해 조직화된 권위냐 하는 것입니다. 관료제는 그 작동 자체를 위해 필요한 수단적 가치들(합법성, 능률성, 효과성, 일관성, 가외성 등)에 매몰되면서, 정작 본질적 가치는 시야에서 사라지는 목표의 전도 현상을 자주 겪습니다. 제2차 세계대전 당시 유대인들을 색출하여 강제수용소에 실어나르고 이들에게 노동을 시키거나 결국 죽음에 이르게 했던 거대한 행정체계는 그 목적(인종말살)에 대해서는 효율적이었던 것으로 평가됩니다. 이 체계 안에서 적극적으로 체계를 작동시켰던 이들은 그 목적에 대해 질문하지 않았습니다.

실제로 색출된 유대인들을 강제수용소에 실어나르는 체계를 관리했던 나치 장교 아돌프 아이히만Adolf Eichmann의 전범재판을 취재하고 『예루살렘의 아이히만』을 펴낸 철학자 해나 아렌트Hanna Arendt는 몇가지 중요한 관찰을 했습니다.[2] 첫째, 아이히만은 그저 상부의 명령에 순종했을 뿐이라는 자기변호를 제시했습니다. 이러한 변호는 우리에게 매우 익숙합니다. 물론 법정에서도 효과적일 수 있는 변호이지만, 우리도 매일 이러한 변호를 스스로에게 제출하며 자괴감을 억누르고 조직적 삶을 살아가고 있지 않습니까? 만일 우리가 스스로에게 이런 변호를 할 수 없다면 '더러운 일'로 가득한 조직에 남아 있을 사람은 별로 없을 것입니다. 이런 변호가 우리를 어쨌든 살아가게 한다는 것은 이런 변호가 심리적으로 효과가 있다는 말이 됩니다.

둘째, 아이히만이 자신의 변호대로 그저 상부의 명령에 기계적으로 복종한 '영혼 없는' 관료였는지, 나치의 사상에 적극 동조했던 '능력있고 적극적인' 관료였는지에 대해서는 평가가 엇갈리는 것으로 보았습니다. 우리는 후자일 때 그를 좀더 쉽게 정죄할 수 있습니다. 만일 전자라면 여전히 치러야 할 죗값은 있지만 강력한 처벌을 가하기에는 뭔가 찜찜합니다. 일반적으로 우리가 윤리적 책임을 물을 때 필요한 요건, 즉 '그에게 선택의 여지가 있었는가'라는 질문 앞에 영혼 없는 조직의 부속품으로 자신을 형상화하는 피고인은 다소 당혹스러운(그러나 우리 대부분이 이런 상황에 처한다면 스스로 그렇게 형상화할) 모습입니다.

바로 이 부분에서 해나 아렌트는 아이히만이 어떤 적극적인 악마가 아니라 그가 저지른 일에 비해서는 너무도 평범한 사람처럼 보인다는 점, 그렇게 평범한 사람이 순전한 무사유에 젖어 이렇게 큰 악과 연결될 수 있다는 점, 우리 누구라도 아이히만처럼 행동할 가능성이 있다는 점 등 복잡한 진실을 모아 "악의 평범성"banality of evil이라는 표현을 만들어냈습니다.[3] 아이히만의 사례가 우리에게 주는 도전은 우리가 조직의 권위에 쉽게 순응하는 존재이고, 한번 권위를 받아들이면 그것을 정당화하는 존재이며, 어느 지점을 넘어서면 조직에 과몰입되는 존재일 수 있다는 경고입니다. 사실 이는 놀라우면서 그리 놀랍지 않은 우리의 모습입니다. 놀라운 것은 평소에는 그렇게 좋은 사람이 조직에서는 악한 행동을 무심하게 행할 수 있다는 사실이고, 그리 놀랍지 않은 것은 권위에 대한 무비판적 순종이 필요한 조직이 그런 무심함을 알게 모르게 조장한다는 사실입니다.

그런데 여기서 우리에게는 한가지 추가적인 성찰이 필요합니다. 과연 우리는 단지 무심하거나 혹은 확신을 가지고 조직의 악에 동참하기만 하는 것일까요? 아니면 우리 마음에서 조직의 악을 비판하고, 거기에 소극적으로 가담하는 자신에게 자괴감을 가지면서도, 자신의 행위에 대해서는 책임지고 싶지 않은 마음의 인지부조화를 해소하기 위한 길을 찾고 있는 것일까요? 우선 단지 무심할 뿐이라면 사실 이야기할 것이 별로 없습니다. 막스 베버Max Weber는 이미 이런 사람들을 예상하고 "최후의 인간"이라고 말했습니다. 그 모습은 오만한 기계와도 같습니다.

인류의 이러한 기나긴 문화 발전의 과정에서 "인류의 마지막 단계에 선 최후의 인간들"인 "마지막 인류"에게는 다음과 같은 말이 참이 될 것이다. "혼이 없는 전문가들, 심장이 없이 향락을 추구하는 자들 — 이 무가치한 인간 군상들은 인류가 지금까지 도달한 적이 없는 수준으로 자신들이 올라갔다고 착각한다."[4]

다음으로 확신을 가지고 조직의 악에 동참하는 경우 역시 이야기할 것이 별로 없습니다. 공자는 이들을 아마도 "인간이기를 포기한 자들"이라고 꾸짖고 말 것입니다. 우리는 지금 인간에 대해 이야기하고 있습니다.

대리인으로의 전환

이제 자신의 행위가 윤리적으로 올바르지 않다는 것을 자각하면서도 그에 대한 책임은 외부에 돌리고자 할 때의 도덕적 인지부조화를 해결하고자 하는 사람의 마음에 대해 생각해봅시다. 우리는 우선 이렇게 생각할 수 있습니다. 조직의 의사결정과 개인의 의사결정은 다릅니다. 조직의 의사결정은 하나의 결재문서만 보면 잘 알 수 있듯이 혼자 하는 결정이 아닙니다. 누군가(기안자)가 시작을 했고, 나는 중간 검토만 해서 의견을 달았을 뿐이고, 실제 최종적 의사결정을 행하는 사람은 나보다 높은 사람(기관장)인 것입니다. 내가 유대인을 죽이고 싶었던 것도 아니고, 설령 죽이지 말자고 했더라도 아무것도 달라지지는 않았을 것이라는 마음은 조직의 의사결정 과정으로부터 일부 정당성을 얻을 수 있는 마음입니다.

이렇듯 우리는 쉽게 우리 자신을 조직의 영혼 없는 대리인으로 규정하고 조직의 의지에 따라 행동함으로써 스스로를 면책하는 논리를 세울 수 있습니다. 이렇게 조직의 구성원이 의사결정의 주체가 아니라 조직(혹은 그 내부 누군가)의 결정을 대리로 집행하는 자기 이미지를 구성하는 것을 "대리인으로의 전환"이라고 부릅니다.[5]

대리인으로의 전환 심리를 잘 보여주는 고전적 실험은 스탠리 밀그램Stanley Milgram의 유명한 전기충격 실험입니다.[6] 간단히 말해 실험에 참여한 일반인들은 어떤 테스트의 진행자가 됩니다. 테스트에서 다른 방에 있는 보이지 않는 상대편이 문제를 틀리면 참여자는 자기 앞에 놓인 전기충격기를 작동시키는데, 문제가 틀릴 때마다 충격의 강도는 더 강해집니다. 최고 수준은 450볼트(!)였다고 합니다. 실험은 테스트를 받는 사람이 일부러 계속 틀리도록 약속되어 있었고, 실제로 전기충격 따위는 전혀 없었지만, 어쨌든 중간쯤부터 테스트를 받는 사람의 녹음된 비명소리가 들리도록 설계되어 있었습니다. 실험 참여자만 이런 사실을 몰랐지요. 비명이 들리기 시작하면 참여자들은 당황하여 이 실험을 계속해야 하는지 옆에 서 있는 연구자에게 묻습니다. 연구자는 아주 권위 있는 태도로 "이 실험은 매우 중요한 실험이니 계속하시라"고 말합니다. 그리고 많은 참여자들이 상대방의 비명소리에도 불구하고, 그리고 마지막에는 비명조차 지르지 못하는 상황에도 불구하고 450볼트의 충격을 가하면서까지 연구자에게 "복종"했습니다.[7] 실험을 진행했던 밀그램은 다음과 같이 말했습니다.

> 사람이 자신에게 명령하는 권위에는 책임감을 느끼지만 권위가 지시하는 조치의 내용에 대해서는 어떤 책임감도 느끼지 못하게 된다는 점이다. (…) 하급자는 자신이 상사의 명령을 얼마만큼 충분히 이행했는가에 따라 수치심이나 자부심을 느낀다.[8]

우리는 우리에게 주어진 부도덕한 과업에 대해 우리 자신을 대리인으로 형상화함으로써 인지부조화를 해소합니다. 우리는 우리에게 명령할 수 있는 권위를 가졌다고 생각하는 조직의 구성원에게 복종하는 것을, 우리가 자유인으로서 행해야 한다고 생각하는 일을 선택하는 것보다 더 편하게 느낍니다. 더욱이 우리는 조직에 몰입해감에 따라 시민으로서 행해야 할 일보다는 상사의 명령을 잘 수행했는지에 따라 수치심이나 자부심을 느끼는 존재가 되어갑니다. 상사의 명령에 복종함으로써 조직에서 안정적 지위를 확보하고, 보상을 받고, 자부심을 느끼고, 내가 한 일이 아니라는 면죄부를 받고, 조직인으로서 옳은 방식의 행동을 취했다(옳은 일을 했다기보다는)고 믿고, 일이 잘못될 경우는 내가 아니라 내게 명령을 한 사람이 책임을 질 것이라고 생각하게 됩니다.

이러한 대리인으로의 전환은 마지막으로 좀더 무서운 마음을 낳게 됩니다. 그것은 조직의 외부인, 조직에게 무언가를 요구할 권리가 있는 시민에 대한 무심함입니다. 여러분이 밀그램의 실험실에 앉아 있다고 상상해봅시다. 방 건너편 보이지 않는 곳에 다른 사람이 앉아서 계속 문제를 틀립니다. 그럴 때마다 여러분은 '원하지 않는' 전기충격을 가해야 합니다. 처음에는 놀랍고 당황스럽겠죠. 그러다가 언젠가부터는 무감각해지고, 심지어 어느 순간부터는 짜증이 나기 시작할지도 모릅니다. '저 사람은 왜 이런 문제를 못 맞추는 거지? 왜 나를 이런 괴로운 상황에 처하게 하는 거지? 그냥 문제를 맞추면 되잖아?'라는 마음이 치밀어오르는 것이지요.

여러분은 제도의 미비로 인해 억울한 일을 당해서 황망하여 부르짖는 이들을 보면서 어떤 마음이 드셨나요? 여러분이 만일 그 담당자라면 이들을 계속 만나면서 어떤 심리적 변화를 겪을 것으로 생각되나요? 처음에는 공감도 하지만 위로부터의 압력과 언론의 관심에 스트레스가 증가하는 가운데 어느 순간 피해자들에게 '원하는 게 정확히 뭐냐'고 묻는 순간이 올지도 모릅니다. 이러한 상황을 지켜보는 시민들도 마찬가지고요. 이런 논의는 매우 조심스럽습니다만, 대리인의 마음이 단순히 의사결정 권한과 책임에 대한 문제에서 멈추지 않고 조직의 몰인격성을 강화하게 될 가능성을 생각해보지 않을 수 없습니다.

조직몰입

다음으로, 우리는 조직과 정체성을 좀더 강하게 공유할 수도 있습니다. 이때 우리는 스스로를 조직의 대리인을 넘어 수호자쯤으로 여기게 됩니다. 우리는 '부장님, 사장님, 장관님이라면 어떻게 하실까'를 스스로에게 묻고 그에 따라 행동할 수 있습니다. 중요한 것은 나의 선호, 나의 의견, 나의 평가가 아니라 조직 차원의 선호, 의견, 평가임을 잘 알고 있는 것이지요. 이는 한편으로는 존중되어야 할 조직윤리이기도 합니다. 다만 그것은 조직의 목적이 악하지 않을 때에 한정됩니다. 조직의 목적이 악할 경우 이러한 자세는 민주주의를 훼손하기 시작합니다.

조직몰입 혹은 조직헌신organizational commitment은 조직 관리에서 중심적인 개념입니다. 조직 구성원들이 조직과의 일체감을 강하게 느끼고, 조직을 마음으로 사랑한다면 개인 차원에서 그들은 더 열심히 일하고, 조직을 떠나지 않을 것이며, 조직 차원에서 그 조직은 더 나은 성과를 달성할 가능성이 높아집니다. 따라서 조직 행태론에서는 어떤 요소들이 구성원들의 조직몰입을 높이는지에 대해 활발한 연구가 이루어지고 있습니다. 현대사회가 조직사회임을 감안할 때 조직 구성원이 조직을 좋아하는 데야 별다른 부정적 관점이 있기 어렵습니다.

그러나 현대의 조직은 윤리적 관점에서 모호한 존재입니다. 기능적으로는 나무랄 데 없는 효율적 도구라 하더라도, 그 도구가 어떤 사회적 가치를 지향하는지, 그리고 그 내적 구조가 과연 인간성과 조화되는지에 대해 모종의 타협이 의심되는 것입니다. 만일 조직이 인간성을 파괴하는 가치를 지향할 때 그런 조직과 일체감을 강하게 느끼는 사람의 마음은 그 조직에 행정악administrative evil의 연료를 제공하는 셈입니다. 또한 설령 그 조직의 목표가 사회적으로 바람직한 가치라 하더라도, 그 가치를 달성하기 위해 조직 구성원들에게 효율성을 강조하는 과정에서 일부 조직 구성원들이 조직의 대리자가 되어 다른 구성원들을 억압하고 통제할 때 조직몰입은 반드시 긍정적이기만 한 것은 아닙니다. 앞에서 말한 대리인으로의 전환과 유사하면서도 다른 이런 조직과의 일체화는 보통 조직에 충성할 대상이 있고 자신이 통제할 수 있는 대상도 있는, 그리고 자신의 행위에 대한 보상기대가 큰 중간관리자들에게서 종종 나타납니다. 테리 쿠퍼Terry L. Cooper는 다음과 같이 말합니다.

> 실무자들이 전반적인 자기 삶의 양식에서 자신이 몸담고 있는 조직을 너무도 중시했기에 행정윤리 워크숍에서 나는 거의 매번 윤리적 자율성이 없는 실무자들을 대면하고 있는 나 자신을 발견했다. 일과 조직 내 참여는 그들의 지배적인 활동이자 소속단체이다. 그들의 자아상, 자존감, 삶의 의미는 직장에 너무 많이 매여 있다. 결국 그들은 자기 조직의 요구를 평가할 수 있는 시각을 발견하는 데 어려움을 겪는다.[9]

이런 논의는 조직과 자신을 강하게 동일시하는 이들에게는 다소 황당한 소리로 들릴 것입니다. 특히 '원팀' '충성' 같은 하나의 강렬한 집단의식을 강조하는 우리 문화에서 이러한 집단의식이 윤리적으로 문제가 있을 수 있다는 점을 지적할 때 이를 납득하기는 쉽지 않습니다. 사실 이러한 집단의식은 우리에게 인간으로서 필요한 유대감, 상호 지원, 정체성, 그리고 성취감을 안겨줍니다. 우리는 잘 조직화된 협업 구조에 의지하여 많은 일들을 이루어냅니다. 따라서 누군가 어깨동무를 하며 함께 하자고 할 때 우물쭈물하는 것은 상당히 위험한 사회적 행위가 됩니다.

그러나 이러한 집단의식 역시 우리의 마음을 좀먹는 부분이 있습니다. 우선 이렇게 강렬한 집단의식은 왜 생길까요? 많은 경우 그 집단의 생존이 위협받을 때 생깁니다. 생존이 위협받지 않을 때 인간은 본질적으로 다소 느긋한 존재인 것 같습니다. 그러나 집단의 생존이 위협받으면 인간은 쉽게 위계구조에 편입되어 권위적 리더에 순종합니다. 여기서 우리는 집단양극화나 집단사고groupthink에 빠지기 쉽습니다.[10] 우리 앞에는 물리쳐야 할 적이 있고, 우리는 마음을 모아 하나가 되어 적을 격퇴해야 하는 상황, 의사결정을 위한 정보는 많지 않지만 우리가 위협받고 있다는 사실은 분명해 보이는 상황, 그리고 빨리 행동을 취하지 않으면 선제공격을 받을 수 있는 상황, 이 모든 조건들이 우리가 조직이나 집단 내에서 반론을 제기하거나 개인으로 남는 것을 심각하게 처벌하는 상황을 구성합니다.

집단의식을 조장하는 또다른 경우는 강력한 이념에 기반을 둔 조직의 경우입니다. 애국심 등 대의명분, 정치 이데올로기, 종교적 신념, 가족적 연대 등 공동체적 이념성을 응집력의 핵심으로 하는 조직일수록 조직몰입이 높은 이들에게 주어지는 보상이 크고, 그렇지 못한 이들에게 주어지는 처벌 역시 강력합니다. 그 대의명분, 신념, 연대가 잘못된 것이 아니라 역설적 측면이 있는 것입니다. 이런 상황에서 개인적으로 윤리적 마음을 지키고자 한다면 '내부총질'이라는 비판을 받으며 조직의 처벌을 감수하거나 조직을 떠야 할 것입니다. 그러면 그 조직에는 점점 열성적인 이들만 남으면서 조직은 동질화, 교조화, 극단화, 그리고 쇠퇴의 길로 들어섭니다.

공무원과 마음

앞절의 일반적 논의를 여기서부터는 정부관료제 및 공무원에 연결시켜 논의해봅시다. 권력의 결정체로서 정부, 그 정부의 제도적 실체로서 조직, 그 조직의 실체로서 공무원들은 이 책에서 말하는 처방적 권력의 행위체agency입니다. 정부조직에서 일하는 공무원들의 마음의 지향은 공공성의 구현과 직결됩니다. 우리는 주로 정부조직 개편과 같은 제도적 처방에 대한 이야기를 많이 하고 듣지만, 결국 제도를 움직여 공공성을 구현하는 것은 그 안에서 일하는 공무원들의 마음입니다.

동시에 공무원들은 한 인간으로서 오늘날 민주주의와 관료제의 이념과 제도가 요구하는 상반되는 책무를 수행해야 하는 상황에 놓여 있습니다. 왜 우리가 접하는 '담당 공무원'들은 그리도 무심하고 냉정한지, 왜 자기는 아무 힘도 없다고 하는지, 그런데 막상 그의 권한 범위 안에 있는 사안에 대해서는 어찌 그리도 막강한지를 이해할 때 우리는 정부관료제가 민주주의에 어떤 역설을 드리우는지 좀더 잘 알 수 있습니다.

다소 낯설 수 있는 이 주제를 우리에게 잘 알려진 표현인 ‘영혼 없는 공무원’을 중심으로 하여 하나씩 풀어봅시다.

영혼 없는 공무원

정치적 중립으로서 ‘영혼 없음’

우리에게 관료는 어떤 사람들입니까? 대중문화에서 공무원, 좀 더 넓게 말해 관료제 안에서 일하는 관료가 어떤 존재로 형상화되어 있는지를 살펴보기에 유용한 예는 바로 영화에서 그려지는 관료들의 모습입니다. 영화에 나오는 관료들은 보통 검은색 수트를 걸치고, 개성이 없으며, 어쩔 수 없다는 제스처를 취하거나, 주인공에 비해 신축적 대응능력이 거의 없는 듯하고, 심지어 갈등하는 상황에서 화도 잘 안 내는 등 도무지 인간적인 면모라고는 발견하기 어려운 캐릭터로 등장하기 일쑤입니다. 그런데 영화에 나타나는 이러한 관료의 이미지는 사실 현대 관료제가 기대하는 관료의 모습이기도 합니다. 우리의 이성과 과학으로 알 수 있는 탈신비화된 근대적 세계의 한 요소로서 관료제 역시 하나의 효율적인 기계장치이고 관료는 그 부속이니, 그러한 모습으로 그려지는 관료는 사실 ‘이상형’이라고도 할 수 있는 것입니다. ‘자기됨을 부정하는 것,’ 그것이 오늘날의 우리 사회가 관료에게 요청하는 윤리입니다.[11] 이들은 관료제의 “철창” 혹은 “등껍질”[12]에 갇혀 자유와 의지를 잃고 윤리마저 퇴행된 채, 그저 권력과 권위에 기반하여 자신보다 더 많은 권력을 지닌 이들의 명령을 ‘생각’ 없이 수행하는 존재입니다.

우리에게는 어느새 '영혼 없는 공무원'이라는 표현이 익숙해졌습니다. 세간에 알려진 영혼 없는 공무원이라는 표현은 우리가 공무원에 대해 '복지부동'이니 '무사안일'이니 하는 표현과는 의미가 좀 다릅니다. 즉 영혼이 없다는 것은 무심하다거나 자신의 안위만 추구한다는 의미보다는 우선 정치와 행정의 관계 차원에서 이해해야 할 표현입니다.

이 표현이 대중화된 계기는 2008년 1월 이명박 정부의 대통령직 인수위원회 국정홍보처 업무보고입니다. 당시 한 전문위원이 이전 정부에서 벌인 국정홍보처의 언론개혁 정책에 대해 지적하며 국정홍보처 폐지를 언급하자 한 간부가 대통령 중심제 아래에서 어쩔 수 없었다는 의미로 "우리는 영혼 없는 공무원들"이라고 대답한 것입니다. 어찌 보면 영혼이 없지 않은 대답이었습니다.

이 업무보고 장면의 맥락을 이렇게 정리할 수 있습니다. (1) 공무원은 정권의 정책에 맞추어 일해야 한다. 새로운 정권이 다른 정책을 요구할 때도 최선을 다해 따라야 한다. (2) 설령 그것이 본인의 신념에 맞지 않더라도 따라야 한다. (3) 여기에 도덕적·감정적 판단은 적절하지 않다. 여기서 영혼은 본래적 의미로는 막스 베버의 '노여움과 열정'이라 할 수 있고, 좀더 좁혀서 말하자면 자신의 정치적 신념일 것입니다. 공무원의 정치적 중립을 요구하는 우리 헌법 이념상 이런 의미의 영혼 없는 공무원은 불가피한 부분이 있습니다. 반대로 영혼 충만한 공무원을 상상해보면, 그것은 그것대로 민주주의에 위험합니다. 기획재정부 공무원들이 정치인들처럼 저마다 자신들의 정치적 신념을 공개적으로 피력하고, 그에 따라 재정정책을 자신의 신념대로 수행하겠다고 선언하면 우리 사회는 반대로 '정치화된 공무원' 논쟁에 휘말릴 것입니다.

우리 헌법에는 공무원의 정치적 중립 조항이 있습니다. 공무원은 모든 국민의 봉사자라는 선언이지요. 그런데 공무원의 정치적 중립이 구체적으로는 과연 무엇을 의미할까요? 그것은 이상적으로는 정치와 행정의 분리를 의미합니다. 즉 공무원은 정치적 행위를 하지 않습니다. 이는 주로 선거에 영향을 미치는 행위, 직접 정당 등 정치단체에 소속되어 집단행동을 하는 행위 등을 의미합니다. 그러나 20세기 전반기 행정학을 지배한 정치-행정 이원론 관점에서 공무원은 심지어 정책결정에서도 배제되는 것이 바람직하다고 보았던 때가 있습니다. 정책결정은 본질적으로 정치이며, 그것은 정치인들 혹은 입법부가 담당하는 영역이고, 행정 공무원은 그 정책을 관료제를 통해 효율적으로 집행하는 것이 미덕이라는 것입니다. 주의할 것은 이는 공무원의 활동 범위를 제한하거나 그들의 권력을 축소하려는 의도가 아니라, 오히려 무능하고 부패한 정치로부터 당시 미국 사회에 형성되던 전문적 역량을 갖춘 행정 공무원들을 보호하려는 의도에서 나온 주장이었다는 점입니다. 그것은 공무원들에게 자유, 자율, 재량을 부여하려는 의도였습니다.[13] 그런데 이것이 오늘날 대의민주주의 제도 아래에서는 공무원의 활동 범위를 제한하는 원리로 이해되는 경우가 많습니다. 중요한 결정은 정치가 담당할 테니 관료들은 집행에 치중하라는 것입니다. 왜? 관료에게는 민주적 정당성이 없기 때문입니다. 정치인은 국민에 의해 선출되지만 관료는 시험에 의해 임용되죠. 그러니 국민의 뜻이 담긴 정책은 정치인의 몫이라는 것입니다. 정책이 바뀌면 관료는 바뀐 정책에 맞추어 잘 집행하면 그만입니다. 우리는 제도적으로 그것을 요구하고, 관료는 그러한 제도를 수용합니다.

이런 상황에서 만일 관료가 정책의 일관성, 합리성 등을 근거로 정치인들의 결정에 반발한다면 우리는 그것을 어떻게 받아들일까요? 코로나19가 한창일 때, 정치인들은 시민과 소상공인을 위한 지원금 지급 등 돈을 푸는 정책을 추진하고자 했습니다. 이에 대해 당시 경제부총리 겸 기획재정부 장관은 반대 의사를 표명했습니다.[14] 장관의 행동에 대한 평가를 떠나 현재 우리의 거버넌스상 익숙하지는 않은 풍경이었습니다.

인위적인 정치적 영혼 없음은 인간이란 본질적으로 정치적 존재임을 생각할 때, 그리고 공무원도 자신의 신념과 양심이 있는 존재임을 생각할 때, 아주 강력한 윤리적 요청입니다. 우리나라에서 가장 강력한 집단 중 하나인 공무원들이 자신의 전문지식과 신념을 뒤로한 채 정권의 요구에 맞는 정책을 억지로 꾸역꾸역 만들어낼 때 그 마음에 갈등이 없을 수 없습니다. 그리고 이런 상황이 지속되거나 조직의 압력에 직면한다면 정치적 영혼 없음은 인간적 영혼 없음으로 전이됩니다. 무기력, 스트레스, 부패, 이직 등으로 나타나는 것이지요.

이렇게 보면, 우리가 '국가'라는 이름으로 기대하는 공무원의 행위에는 역설이 있습니다. 즉 우리는 정치적 의사결정에 대해 관료들이 이를 효율적으로 집행하기만 하면 된다는 분리주의적 관료관을 가지고 있으면서, 다른 한편으로는 관료들이 주도적이고 적극적이고 정치적으로도 자기실현적이어야 한다는 요구도 하고 있는 것입니다. 어쩌면 내가 동의하는 정책에서는 영혼 없는 관료를, 내가 반대하는 정책에서는 영혼 충만한 관료를 기대하고 있는지도 모릅니다.

직업윤리의 부재로서 '영혼 없음'

영혼 없음의 또다른 형태로는 우리나라 관료들을 묘사하는 '복지부동'이나 '무사안일'이 있습니다. 국민권익위원회가 조사한 바에 따르면 국민들을 화나게 하는 관료의 행동 유형으로 무관심, 무시, 냉담, 로봇화(기계적인 태도)가 가장 많은 응답을 차지했습니다.[15] 이런 표현들이 보여주는 관료의 모습은 어떠합니까? 바로 마음이 비어 있는, 공감할 줄 모르는 인간입니다.

다만 영혼이 없는 것이 공무원뿐이겠습니까? 부당한 명령, 의미를 알 수 없는 업무, 경쟁적이고 비열한 인간관계, 그러한 상황에 지쳐가면서 최소한의 의무만 이행하고 초심을 잃어가면서도 어쩔 수 없다며 스스로를 정당화하는 우리 자신의 모습까지, 우리는 마치 「별주부전」에 나오는 토끼처럼 우리의 영혼을 옹달샘에 담가놓고 출근하는 것 같습니다.

민원인을 대하는 데 있어서 마음이 없는 기계처럼 행동하는 것은 수많은 민원인을 대해야 하는 공무원의 입장에서 헤아리지 못할 바는 아닙니다. 특히 역설적인 것은 가장 열심히 해보려던 이들이 가장 먼저 지치기 쉽다는 점입니다. 반면 시민의 입장에서 공무원들의 무관심, 무시, 냉담은 단순히 지쳐 있다거나 친절하지 않다는 차원이 아니라 '공무'를 수행할 때 응당 필요로 하는 문제 해결 의지, 개인의 처지에 대한 관심 등이 결여된 비윤리적 행동이라는 것입니다. 단지 무덤덤하게 업무를 처리하는 것과 무관심, 무시, 냉담은 다릅니다. 무사안일이나 복지부동은 정치적 중립을 둘러싼 역설로 인한 결과나 감정의 소진 같은 문제가 아니라 열정과 사명감의 부재 문제입니다. 이 역시 다른 의미의 영혼 없음입니다.

이러한 공무원의 행태는 직업공무원제를 도입하여 공무원의 신분을 보장하고 있는 현행 인사제도의 불가피한 결과 가운데 하나입니다. 직업공무원제의 취지는 젊고 유능한 시민들이 이른 나이에 공무원으로 경력을 쌓기 시작하여 평생 공무원으로 복무하면서 자신의 전문성을 기르고, 정치적으로는 중립을 지키면서 정파가 아니라 국가를 위해 봉사하게 하는 것입니다. 정치를 하다가 자신의 리더가 선거에 승리하여 그 대가로 공직을 얻게 되는 경우 그 사람의 전문성에 문제가 있을 수 있고, 행정의 지속성에도 문제가 있을 수 있기 때문에 대부분의 공무원들은 직업공무원제 원리에 따라 신분의 보장을 받고 평생의 직장인으로서 공무원 노릇을 하도록 제도화한 것입니다.

직업공무원제는 그 안에서 일하는 공무원의 마음에는 직접적인 관심이 없습니다. 법적으로 공무원에게 성실의무를 부여해놓고 공무원은 당연히 성실히 복무할 것이라고 전제할 따름입니다.

평생직장을 보장해준다는데 왜 성실히 복무하지 않겠습니까. 그러나 이러한 느긋하고 관대한 인간관으로 인해 직업공무원제는 일부 공무원이 신분보장을 도구로 삼아 필요한 최소한도의 복무만을 하는 행위, 즉 무사안일이나 복지부동을 막기 어렵습니다. 게다가 성실이란 얼마나 모호한 개념입니까. 민원을 30일 안에 처리해야 한다는 법령이 있을 경우 30일에 가까워질수록 성실의무에서 멀어지는 것일까요? 혹은 30일 안에만 처리하면 과연 성실의무를 준수한 것일까요? 누군가의 민원(예컨대 건축허가 신청)은 곧장 처리하고 다른 누군가의 민원(예컨대 불법 증축에 대한 민원)은 가능한 한 늦게 처리할 때, 과연 우리는 무슨 제도적 수단으로 그의 성실의무를 다툴 수 있을까요? 공무원들이 나름 밤을 새워서 만든 정책이 정작 문제에 직면한 이들에게는 그 입장이 제대로 반영되지 않은 탁상공론에 불과하다면 과연 성실의무는 무슨 소용이 있는 것일까요? 공무원의 성실의무, 그 반대인 무사안일은 마음의 문제입니다. 성실하지 않기로 마음먹은 공무원에게 직업공무원제는 튼튼한 보호대이고 성실이라는 관념은 민원인에게는 의지하기 어려운 의무입니다.

적극행정

공무원이 국민의 감정에 부합하는 행정을 하도록 독려하기 위해 정부는 2008년 '적극행정'이라는 개념을 들고 나왔습니다. 적극행정이라는 개념이 처음 등장했을 때는 진보정권에서 보수정권으로 우리나라 역사상 두번째로 선거에 의한 정권교체가 이루어진 시기였습니다. 아무래도 지난 10년간 정권과 이데올로기를 달리하는 정부가 들어섰으니 공직사회가 어수선했겠지요. 그러한 배경에서 새로 들어선 이명박 정부는 게다가 상당히 신자유주의적이고 신공공관리주의적인 색채를 띠고 있었습니다. 그러다 보니 공무원의 보다 적극적인, 관리주의적인, 기업가적인 업무 추진을 독려하기 위해 적극행정이라는 개념을 내세웠습니다. 당시 주무기관인 감사원은 "경제난 극복을 지원하고 공직 활력을 제고"하기 위해 감사 부담 경감이라는 관점에서 공무원의 징계 책임을 감면해주는 근거로 감사원훈령 제331호, 즉 '적극행정 면책제도 운영규정'을 제정했습니다. 현재는 2019년 8월 제정된 적극행정 운영규정(대통령령 제30016호) 제2조에서 "불합리한 규제를 개선하는 등 공공의 이익을 위해 창의성과 전문성을 바탕으로 적극적으로 업무를 처리하는 행위"로 적극행정을 정의합니다.

이러한 정의들 가운데 2018년 총리령 제1467호(공무원 징계령 시행규칙)에 반영된 적극행정의 정의가 흥미롭습니다. 해당 규칙에서 적극행정으로 인정되어 징계가 경감되는 경우로는 아래 두 가지를 들고 있습니다.

(1) 불합리한 규제의 개선 등 공공을 위한 정책, 국가적으로 이익이 되고 국민생활에 편익을 주는 정책 또는 소관 법령의 입법목적을 달성하기 위하여 필수적인 정책 등을 수립·집행하거나, 정책 목표의 달성을 위하여 업무처리 절차·방식을 창의적으로 개선하는 등 성실하고 능동적으로 업무를 처리하는 과정에서 발

생한 것으로 인정되는 경우.

(2) 국가의 이익이나 국민생활에 큰 피해가 예견되어 이를 방지하기 위하여 정책을 적극적으로 수립·집행하는 과정에서 발생한 것으로서 정책을 수립·집행할 당시의 여건 또는 그밖의 사회통념에 비추어 적법하게 처리될 것이라고 기대하기가 극히 곤란했던 것으로 인정되는 경우.

이 두 면책 요건에 사용된 언어들은 상당히 인상적입니다. 우선 입법 목적이나 정책 목표를 강조하는 데서 알 수 있듯이 무엇을 위한 행정이냐가 중요한 것이지, 어떻게 했느냐는 부차적이라는 관점이 비칩니다. 더불어 정책을 수립·집행할 당시의 여건과 사회통념상 적법한 처리를 기대하기 (극히) 곤란하게 만든 상황이 강조되었습니다. 예를 들어 감사원에 의해 적극행정으로 인정된 사례에서는 한 지방자치단체에서 강풍 및 파도로 인해 노상구조물이 유실되어 인근 주택이 재난위험에 노출되어 있었습니다. 이에 보강공사(공유수면 매립)를 해야 하는데 이는 법률에 따르면 다음과 같은 절차를 거쳐야 합니다: 매립기본계획 반영 요청(시군) → 매립기본계획 고시(해수부) → 매립협의(광역시도) → 매립실시계획 승인(광역시도) → 매립공사(시군) → 매립준공검사(광역시도) → 매립지 등기(시군). 절차가 꽤 깁니다. 이에 해당 지자체는 이 절차를 거치지 않고 공유수면을 매립한 후 도로를 개설했습니다. 이에 감사원은 관련 절차를 일부 위반한 사실을 확인하면서도 "재난위험에 노출된 해당 지역 주민의 안전을 시급히 확보하기 위해 적극적으로 노력한 점이 인정"된다고 하여 면책했습니다.[16] 이러한 언어들이 무슨 그림을 그리고 있는지를 상식적으로 이해하기는 어렵지 않습니다. 법령에 쓰인 문구도 중요하지만 애초에 그것이 어떤 목적을 달성하고자 함이었는지, 그것을 그대로 따르는 것이 목적을 달성하기 어렵게 만드는 상황인지, 혹은 아예 무엇을 해야 할지 법이 말하지 않고 있는 상황인지, 그리고 누가 봐도 특별한 행동이 필요하다고 생각되는 상황인지 등을 생각해보고 행동해야 한다는 것입니다. 그리고 이런 상황에서 성실하고 능동적이고 창의적으로 업무를 추진하기를 기대한다는 것입니다. 그리고 만일 어떤 공무원이 자신의 전문성에 따라 그렇게 판단했다면 (예전 같으면 법규를 위반한 행정이라는 이유로 징계를 했겠으나) 징계 책임을 면제하고, 심지어 포상까지 하겠다는 것입니다. 이 면책 사례는 관점에 따라 판단이 다를 수는 있으나, 이것이 상식적인 행정이라고 생각할 분들이 적지 않을 것입니다. 이 사례에서 눈앞에 예상되는 재난 상황을 두고 절차를 따른다는 식으로 대응했다면 그것이 오히려 '분통 터지는' 행정이었을 것입니다.

이러한 적극행정 면책제도의 의미심장한 점은 정부가 실질적인 정책 목표를 달성하기 위해 제도에 더하여 공무원 개인의 마음에 의존하는 것을 공식화했다는 것입니다. 적극행정은 "관료들로 하여금 법이 직접적으로 보장하려는 보편적 공익과 법이 채 기술하지 못한 개별 사례 속에 투영된 특수한 공익 간에 형량을 하여, 후자가 앞설 경우 그의 구현을 위해 행동하라는 것"입니다.[17]

이렇게 공무원 개인의 마음에 의존하는 적극행정은 불행히도 공무원들 사이에서는 그다지 좋은 반응을 얻지 못했습니다. 감사원의 조사에 따르면[18] 공무원들은 여전히 감사에 대한 불안감을 감추지 못하고 있습니다. 또한 적극행정을 할 만한 조직 분위기도 아니고, 그럴 만한 자원도 충분하지 않다고 생각하는 것으로 나타났습니다. 이러한 인식은 놀랍지 않습니다. 적극행정임을 인정받기 위한 과정을 밟는다는 것 자체의 불확실성, 누구도 적극행정을 독려하지 않고 오히려 중뿔난 사람처럼 취급하는 조직문화, 팀이 협력해주지 않으면 혼자서는 내릴 수 없는 결정과 해낼 수 없는 일 등의 장애물을 고려할 때 공무원들이 적극행정에 대해 유보적 입장을 취하는 것은 놀랍지 않은 것입니다.

소극행정

적극행정에 대한 유보적 입장이나 일부의 냉소보다 우리를 더 절망에 빠뜨리는 것은 공무원들의 '소극행정'입니다. 소극행정은 잘 알려지고 다듬어진 개념이 아닙니다. 현재도 제도적으로 조금씩 구현되어가는 개념입니다. 일단 소극행정은 "부작위 또는 직무태만 등 소극적 업무행태로 국민의 권익을 침해하거나 국가 재정상 손실을 발생하게 하는 행위"로 정의됩니다(적극행정 운영규정 제2조). 국민권익위원회는 소극행정의 유형으로 적당편의(적당히 형식만 갖추어 업무를 처리하려는 행위), 복지부동(주어진 업무를 게을리하거나 부주의하여 업무를 이행하지 않는 행태), 탁상행정(기존의 불합리한 업무 관행에 젖어 있거나, 현실과 동떨어진 행태), 기타 관 중심 행정(공적인 권한을 부당하게 행사하거나 부서 간에 책임을 떠넘기는 행위)의 네가지를 제시하고 있습니다.[19] 적극행정은 평균적으로 기대되는 수준 이상으로 일을 창의적으로 해낸다는 성격이 강한 반면, 소극행정은 법령이 지시하고 있음에도 불구하고 일을 하지 않거나 실질적 효과와 관계없는 일을 하는 것입니다. 시민으로서 우리는 부당하다고 여겨지지만 어쨌든 현행법상 불가능한 일에 대해서는 아무 조처가 없더라도 납득할 수 있습니다. 그러나 현행법상 무언가 조치를 취해야 함에도 불구하고 아무 일도 하지 않거나(부작위), 하는 둥 마는 둥 형식적으로만 일을 추진하는(직무태만) 소극행정을 마주할 경우 정말 어렵고 분통 터지는 상황에 처하게 됩니다.

소극행정이라는 행태가 나타나는 데는 여러 이유가 있을 수 있습니다. 먼저 서로 다른 사회적 가치가 갈등할 때입니다. 대표적으로 개발과 환경보전이 있습니다. 어느 쪽을 택하든 그것이 정책적 판단의 영역이라면 합법성에 문제가 있지는 않으나, 개발을 택할 경우 환경보전을 원하는 이들에게는 환경규제에 소홀한 소극행정으로 보이는 행태들이 나타날 수 있습니다. 개발을 택했을 때에도 법령상의 환경보전 의무가 사라지는 것은 아닙니다. 그리고 담당 공무원은 기업들이 환경보전 규제를 준수하고 있는지를 감독할 의무가 있습니다. 만일 정책 방향을 이유로 이러한 의무를 소홀히 한다면 이는 부작위 또는 직무태만으로 국민의 권익을 침해한 소극행정에 해당한다고 보아야 합니다. 심지어 특정 고객

집단의 이익을 위해 다른 고객집단의 권익을 보호하지 않는 것은 단순한 부작위가 아니라 비윤리적 작위라고 하겠습니다. 개발을 중시하던 현실에서 이러한 사례들은 비일비재합니다. 2001년 마을 인근에 공장이 들어서면서 시작된 주민들의 질병에 대해 그곳 주민들이 끊임없이 민원을 제기했음에도 불구하고 지방자치단체 공무원들이 제대로 대응하지 않다가 2019년에야 환경부가 공식적으로 피해 사실을 인정한 장점마을 사례는 하나의 예일 뿐입니다.[20]

또다른 상황으로는 형식적인 작위의 경우입니다. 앞에서 말한 환경보전 규제를 위해 현장검사를 시행하거나 민원을 처리하는 과정에서 표면적으로만 일처리한 것으로 보이도록 행동할 수 있는 것입니다. 이러한 행동은 순수한 부작위보다 시민들을 더욱 괴롭게 합니다. 표면적 일처리를 한 경우 시민들이 감사 신청을 해도 담당자가 법에 규정된 대로 일처리를 했다고 주장하면 민원을 받은 부서나 감사부서에서 이를 다투기가 쉽지 않습니다. 더욱이 공무원들은 자주 보직 순환을 하기 때문에 담당자가 바뀌면 민원인 입장에서는 새로운 담당자와 다시 이야기를 나누어야 합니다. 이러한 시스템 안에서 일부 열의 없는 공무원들은 소극행정이 징계로 이어질 가능성이 거의 없다는 것을 쉽게 알아채고 적응해버립니다. 물론 어느 공무원의 특정 행위가 형식적인 작위인지를 따지는 일은 신중해야 합니다. 선의의 합법적 행정은 때로는 형식적 작위로 보일 수 있는 것도 사실입니다. 그래서 다시금 도대체 어떤 마음으로 그리했는지를 이야기해야 하는 것입니다.

마지막으로 공무원 개인이 법령 등 시스템의 불비를 논리로 삼아 부작위나 직무태만의 행동을 보이는 경우입니다. TV 뉴스에 자주 등장하는 "주민들이 불편을 겪고 있는데도 관련 법규가 없어 지자체는 손을 놓고 있습니다"라는 기자의 발언이 바로 이런 상황을 말하는 것입니다. 이러한 소극행정은 결국 제도 정비로 해결해야 합니다. 예를 들어 정부는 규제 완화의 차원에서 기존 허가제를 정비하면서 '수리受理를 요하는 신고'로 일부 전환했습니다. 그런데 이는 다시 '신고'에 해당하면서 현장에서는 '수리를 요하지 않는 신고'와 혼란이 발생했습니다. 민원인 입장에서 이 구분은 상당히 중요합니다. 수리를 요하지 않는 신고는 민원인이 신고만 하면 원하는 행위를 시작할 수 있는 데 반해, 수리를 요하는 신고는 담당 공무원의 검토를 거쳐 수리가 완료되어야 하기 때문입니다. 이에 법제처는 2016년 아래와 같은 개선안을 내놓았습니다.[21] 이같은 개선안의 내용은 중요합니다. 말하자면 공무원이 더이상 신고를 '뭉개고' 있을 수 없도록 제도적 방안을 마련한 것입니다.

– 수리를 요하는 신고는 법령에 정한 처리기간 내 신고수리 여부를 알리거나 처리기간을 연장하지 않으면 신고를 수리한 것으로 봄.

– 수리를 요하지 않는 신고는 법령에서 정한 신고서와 첨부서류 등 형식적 요건을 충족하면 신고서가 도달한 때 신고 의무가 이행된 것으로 봄.

다만 소극행정을 방지하기 위한 제도들이 도움은 되겠지만 소극행정이 사라지지는 않을 것입니다. 기본적으로 소극행정 방지 제도들이 처벌 위주로 설계되어 있는데, 처벌이란 적발, 조사, 증명, 집행 등 여러 단계를 거쳐야 합니다. 업무의 소극성을 입증하기는 쉬운 일이 아닙니다. 모두를 처벌할 수도 없습니다. 무엇보다 역대 정부들이 그토록 강조했던 기강과 처벌로 소극행정을 근절할 수 있었다면 이미 근절되어 있겠지요.

처벌을 넘어 진정 중요한 것, 즉 바로 우리 자신의 삶에 대한 공적 담론이 추가적으로 있어야 합니다. 사업이 망하고, 환경오염과 참사로 사랑하는 사람을 잃고, 집이 수해를 입었다면 이렇게 상실된 삶에 대한 공적 담론과 정치적 공감이 확산되는 것이 마땅합니다. 처벌을 통한 응보적 정의의 확보는 사회정의에 대한 시민적 감정을 불러일으키는 데 중요합니다. 적절한 처벌은 일벌백계의 의미도 있습니다. 그러나 공적 담론의 중심에는 누군가가 처벌을 받아야 한다는 것만큼이나, 아니 그 이상으로 우리의 삶은 어떻게 회복되어야 하는가라는 질문이 있어야 합니다. 형사법 연구와 실천에서 논의되고 있는 '회복적 정의' 개념은 정책의 영역에도 참고가 됩니다.[22] 그리고 우리는 처벌을 두려워하는 공무원이 아니라 공익 실현의 실패를 두려워하는 공무원을 원합니다.

이에 대해 관료제를 깊이 탐구했던 두 학자의 이야기를 마지막으로 나누어봅시다.[23]

베버와 헤겔의 역설적 윤리

막스 베버는 『프로테스탄트 윤리와 자본주의 정신』(1920)에서 '소명'과 '체념'의 개념을 제시했습니다.[24] 우리에게는 각자 신이 부여한 어떤 소명이 있다고 하는 프로테스탄트 윤리는 한편에서는 노동에 있어서의 성실함을 가져옵니다. 어떤 직업이 그의 신적 소명이라면 성실하지 않을 수 없겠지요. 소명이란 어떤 자리에 최선을 다하는 것인데, 그것의 다른 의미는 다른 자리를 기웃거리지 않는 것입니다. 다른 자리를 기웃거린다면 지금의 자리에 최선을 다할 수 없을 것이고, 부질없는 욕심을 내는 것이고, 신의 뜻을 거스르는 것입니다. 때로는 받은 소명이 자신의 마음에 들지 않을 수도 있습니다. 그렇다고 게을리 일할 수는 없습니다. 그저 받아들이고 열심히 하는 수밖에 없습니다. 그 일이 신적 소명이고, 현세의 삶이 아니라 내세가 중요하기 때문입니다. 이렇게 소명은 어쩌면 더 중요한 자세로서 체념을 요청합니다.

여기서 체념이라는 개념은 통속적인 의미의 포기한 마음 상태라기보다는 차라리 좀더 적극적인 자기절제의 의미가 강하다고 하겠습니다. 베버는 자본주의의 생산양식으로서 분업과 전문화는 결국 개개인의 일에 한계를 그은 것이라는 점을 잘 지적했습니다. 이러한 소명의 자리를 넘어서는 행동은 바람직하지 않습니다. 설령 그렇게 유혹을 받더라도 스스로 삼가는 것, 즉 '적극적으로 체념'하는 것이 또다른 중요한 직업윤리의 내용이 되는 것입니다. 이러한 직업윤리를 가장 혹독하게 요구받는 형태의 직업

중 하나가 바로 공무원인 셈이고요.

이러한 관료의 처지를 프리드리히 헤겔은 ‘노예화된 상태’로 묘사합니다. 헤겔은 자신이 살던 1700년대 말에서 1800년대 초 독일의 사회상을 묘사하는 개념으로 ‘실정성’Positivität을 제시했습니다. 실정성은 헤겔이 당시 프로이센의 제도 기독교를 비판하기 위해 사용한 개념입니다. 헤겔은 실정성에 대해 “실천적이어야 할 믿음이 이론적으로만 현존하는 믿음, 즉 근원적으로 주관적이어야 할 믿음이 하나의 객체로 현존하는 믿음”이라고 했습니다.[25] 기독교는 생동감 있는 신앙이 그 핵심인데 당시 교회는 그러한 생동감을 잃어버리고 오로지 교리와 기성 제도에 의존해서 작동하는, 요즘 말로 하자면 ‘영혼 없는’ 제도로 전락했다는 것이 헤겔의 지적이었습니다.

이는 기독교 비판뿐 아니라 법에 대해서도 적용 가능합니다. 법은 과연 어떤 규범을 구체화한 것인지, 그러면 그 규범이 정당한 것인지 법이 정당한 것인지, 규범과 거리가 있는 실정법은 과연 따라야 하는 것인지 등 법치주의에서 법의 의의에 대한 논쟁이 있습니다. 우리가 규정이 없다고 해서 주민들에게 피해를 끼치는 행동들을 모른 체하는 지방자치단체 공무원을 볼 때, 규정이 있는데도 불구하고 이런저런 핑계로 최대한 결정 및 집행을 미루는 담당자를 볼 때, 현실과 맞지 않는데도 곧이곧대로 규정을 적용하는 심사자를 볼 때, 우리는 그들의 형식주의에 절망합니다. 이렇듯 어떤 법령이 있을 때 그것을 형식화하여 현실에 맞지 않는 행정을 하는 현상을 우리는 행정의 실정성, 실정화된 행정이라 부를 수 있습니다.

복지서비스 신청자들에게 과도한 서류와 입증 책임을 안기는 신청 절차는 행정부담administrative burden이나 진흙탕 행정sludge 같은 개념을 통해 비판을 받고 있습니다.[26] 공무원들도 신청자가 지원이 필요하다는 것을 모르지 않겠지요. 그러나 우리의 심사시스템은 혹시나 자격이 없는 사람이 수급자로 선정되지나 않을지 염려하는 마음에 기반하여 설계되어 있는 것 같습니다. 이해가 됩니다. 정말 정부의 지원이 필요한 이들은 오히려 사각지대에 놓여 정보도 없고 신청도 어려워하여 신청 자체를 못하는 반면, 부정수급 사례들은 발생하는 역설적 상황이 전개되는 것도 사실이지요.[27] 이러한 상황에서 이제 복지에는 서로 돕는다는 본래의 뜻은 사라지고, 규정에 부합하는지를 보는 실정성만 남습니다. 그리고 심사가 꼼꼼해질수록 앞서의 역설은 더욱 강화되어갑니다.

여기서 담당 공무원만을 비판하는 것이 아님을 지적해야 합니다. 개개 공무원은 실정성의 문제를 근본적으로 해결할 수 있는 존재가 아닙니다. 요는 이런 상황이 공무원의 마음에 미치는 영향입니다. 이러한 실정화된 행정 아래에서 공무원은 주체화되기보다는 노예화됩니다. 노예라는 표현은 보통 농장에서 중노동을 하는 사람의 이미지를 떠올리게 하는데, 헤겔이 사용한 노예는 윤리적 차원의 개념으로 볼 수 있습니다. 즉 노예는 자신의 주체성을 상실하고 외부의 기준과 규범에 복종하는 상태에 있는 사람을 의미합니다. 칸트는 사랑을 '정언명령', 즉 사람이 응당 수행해야 할 보편적 규범으로 이해했습니다. 우리도 보통 그렇게 생각할 것입니다. 그러나 헤겔은 자신의 글 『기독교의 정신』에서 사랑조차 그것을 (정언)명령으로 이해하는 것은 우리를 노예화하는 것이라 주장했습니다.[28] 사랑은 명령이 아니라 우리 안에 있는 어떤 경향, 혹은 윤리적 감정이라는 것입니다. 즉 헤겔에게 어떤 외부적 명령에 수동적으로 따르는 것은 그것이 아무리 고귀하더라도 자신을 노예로 만드는 것입니다.

다만 이것이 무슨 문제냐, 법을 지키는 것이 무슨 문제냐고 반문할 수 있습니다. 공무원이 법령에 따라 행정행위를 하는 것이 '노여움도 열정도 없음'으로 인해 현실적으로 부당한 결과를 가져올 수 있을지는 몰라도, 법령에 따르는 행위 자체에는 비난 가능성이 없습니다. 오히려 법령에 따르지 않고 자신의 열정대로만 일한다면 우리는 그 결과를 받아들이기 더 힘들 수 있습니다. 아래 헤겔의 비판은 여기서 말하는 문제가 무엇인지 정확히 지적하고 있습니다.

> 도덕성을 넘어선 고양된 예수의 정신은 법을 공격하는 산상수훈에서 직접적으로 보이는데, 그곳에서 예수는 수많은 예를 열거하면서 율법의 형식성을 벗겨내고자 시도하고 있다. 그 설교는 법에 대한 숭배를 가르치지 않는다. 반대로 그 설교는 법을 충만하게 하지만 법을 법으로 지양하여 법에 대한 복종보다 더 고귀한 것이 있다는 것을 가르친다.[29]

헤겔이 예수를 이상적인 인물로 제시할 때, 그는 바로 법령을 무시하라는 것이 아니라 그것에 자신의 마음을 더하라는 윤리적 요청을 한 것입니다. 적절하게도 예수는 율법을 비판했지만, 그것은 율법을 폐지하려는 것이 아니라 사랑을 통해 율법을 완성하려는 것이라고 분명히 지적했습니다.[30] 법의 완성은 법에 대한 형식적인 순종 그 이상의 것이 필요하다는 의미입니다.

한 집단으로서 공무원들이 비윤리적으로 행동하는 경우가 많은 것과 별개로, 공무원 역시 인간이며 시민이라는 점에서 이들을 관료제라는 제도의 몰인격적 기계부품으로 전락시킬 수는 없습니다. 우리에게는 관료제에 대한 기능적 기대를 충족시키면서도 그 안의 관료—바로 우리 자신—를 비인간화하지 않는 길을 모색할 방안이 필요합니다. 조심스럽게 말하자면, 이 거버넌스의 시대에 공공성을 창출하는 책임을 공유한 이들은 공무원들만이 아닙니다. 그들과 계약한 민간기업과 시민단체와 로펌들, 소외된 이들을 위해 정책아이디어를 제시하는 시민들, 우리 삶의 질에 직접 영향을 미치는 재화와 서비스를 생산하는 기업들 모두 이러한 공적 윤리의 요청으로부터 떨어져 있지 않습니다. 우리는 공적 공간 안에서 우리 모두를 비인간화하지 않을 수 있는 길을 모색해야 합니다.

Democracy

for

the Least

제5장

우리의 왕이 되어달라

> 하루는 나무들이 기름을 부어 자기들의 왕을 세우려고 길을 나섰습니다. 그들은 [올리브나무에게… 포도나무에게…] 무화과나무에게 말하였습니다. "네가 와서 우리의 왕이 되어라." 그러나 무화과나무도 그들에게 대답하였습니다. "내가 어찌 달고 맛있는 과일 맺기를 그만두고 가서, 다른 나무들 위에서 날뛰겠느냐?" (…) 그래서 모든 나무들은 가시나무에게 말하였습니다. "네가 와서 우리의 왕이 되어라." 그러자 가시나무가 나무들에게 말하였습니다. "너희가 정말로 나에게 기름을 부어, 너희의 왕으로 삼으려느냐? 그렇다면, 와서 나의 그늘 아래로 피하여 숨어라. 그렇게 하지 않으면, 이 가시덤불에서 불이 뿜어나와서 레바논의 백향목을 살라버릴 것이다."
>
> **– 구약성서, 재판관들의 이야기 9장**

민주주의에서도 리더는 필요합니다. 훌륭한 리더뿐 아니라 나쁜 리더라도 불가피하게 필요합니다. 입헌주의나 법치주의라는 말이 의미하듯이 오늘날의 민주주의는 제도에 의해 통치되는 체제이지만, 그 제도를 작동시키는 데 리더의 역할이 필요한 것입니다. 제대로 작동시키든, 오작동시키든 제도는 스스로 작동하지는 않기 때문에 어쨌든 리더가 필요합니다. 게다가 민주주의에서는 우리 손으로 리더를 뽑습니다. 한 손으로는 제도에 따라 리더에게 권력을 안겨주고, 다른 한 손으로는 그가 통치한 결과를 받아들여야 하는 것이 현실의 민주주의입니다.

사실 우리가 리더에 대해 이야기하는 이유는 그들에게 희망을 두기 때문입니다. 어떤 리더가 무엇을 하면 이 사회와 공동체와 조직을 더 나은 곳으로 만들 수 있을지를 연구하는 것이 리더십 연구라고 한다면, 리더십 연구는 기본적으로 희망에 대한 연구입니다. 그러나 현실에서 우리는 존경하고 믿고 따를 수 있는 리더를 찾기가 쉽지는 않습니다. 권위를 중시하는 사람이라면 보통 조직에서 상사나 기관장을 존경한다고 말하는 것을 종종 듣지만, 일반적으로 우리는 리더들에게 종종 실망하고 좌절합니다. 사람들에게 존경할 만한 리더를 만난 적이 있느냐고 물어보면 반응이 느리지만, 짜증나는 리더를 만난 적이 있느냐고 물으면 곧바로 반응이 나옵니다. 그날 아침에도 만났을 테니까요.

때로는 나에게 존경스러운 리더가 다른 사람에게는 그렇지 않기도 하고 그 반대이기도 합니다. 그뿐 아니라 나에게 존경스러운 리더가 사실은 다른 이들에게는 위험한 리더일 수 있습니다. 리더란 늘 특정 집단의 리더입니다. 어떤 계기만 주어지면 무리를 짓고 금방 집단 정체성을 구성하여 상대 집단과 경쟁하는 것이 인간의 본성입니다. 이때 만일 집단과 집단이 충돌한다면 한 집단의 리더는 다른 집단의 구성원에게는 악마 같은 존재일 것입니다. 아울러, 참으로 역설적이게도 그는 그 집단에게도 악마일 가능성이 있습니다. 리더들은 보통 자신의 권력을 강화하기 위해 인위적으로 다른 경쟁적인 집단을 만들어내거나 그들의 위협을 과장하기도 합니다. 그러면서 자신이 속한 집단의 수호자로 자처합니다. 이런 리더는 자신이 그 집단을 보호한다고 주장합니다. 그러나 그 리더로부터는 과연 누가 그 집단을 보호해줄까요?

좋은 리더들이 충분히 태어나고, 길러지고, 선출된다면 우리는 그나마 희망을 품을 수 있을 것입니다. 그러나 현실에서 많은 조직과 공동체의 리더는 우리에게 희망을 주기에 충분한 자질을 갖추지 못하고 있는 것 같습니다. 아니, 어쩌면 그들의 자질에 비해 해결해야 할 문제의 난도難度가 너무 높은 것인지도 모르겠습니다. 그런데도 우리는 문제의 어려움과 그것을 민주주의 제도가 해결해주지 못할 것 같다는 두려움에 압도되어 리더에게 기대하는 마음을 지니고 살아가기도 합니다.

리더 혹은 리더십의 영향력이란 이론으로 깔끔하게 정리되지 않습니다. 그것은 살아 움직이는 현실입니다. 리더십에 관련된 개념과 이론들을 소개하는 훌륭한 책들이 이미 있습니다. 성공적이고 훌륭한 리더의 사례들은 자서전, 전기, 영화, 소설, 논문, 연구서 등 다양한 형태로 이미 많이 나와 있습니다. 여기서 저는 오로지 왜 우리의 리더들은 때로 우리를 절망시키는가에 초점을 두고자 합니다. 나아가 우리가 기대하는 리더와 우리의 태도, 그리고 민주주의 간 복잡한 역설들에 대해 이야기하고자 합니다. 다시금 강조합니다. 좋은 리더들은 있습니다. 평범한 리더들은 많습니다. 여기서는 그동안 많이 나누지 않은 다른 이야기를 좀 해보자는 것입니다. 수가 적더라도 무능하고 부패한 (특히 선출된) 리더는 현대 민주주의에 대한 불신의 가장 중요한 원천 중 하나이기 때문입니다.

리더의 일

리더의 책무, 특히 정치적 리더의 책무는 다 열거할 수 없을 정도로 다양하지만 여기서는 대체 불가능한 책무 두가지만 언급하고자 합니다. 바로 '목표의 언어화'와 '의사결정'입니다.

목표의 언어화

리더는 자신이 봉사하는 집단의 목표를 분명하게 기술해줄 수 있어야 합니다. 어떤 집단이든 모두가 동일한 생각을 하지는 않습니다. 다양한 모습의 사람들을 '백성'이나 '국민'이라는 이름으로 마치 동일한 생각과 선호를 지닌 한 인격인 것처럼 다루는 정치적 리더의 행동은 위험합니다. 이렇게 집단 구성원의 생각과 선호를 단순한 것으로, 좀더 현실적으로 말해 리더 자신의 생각과 선호로 등치해버리면 집단의 목표를 정의하는 것은 쉬운 일입니다. 그러니 이런 리더는 많습니다. 그러나 집단 구성원들의 다양한 선호 가운데 그나마 공통적인 요소를 찾고, 규범적인 방향을 설정하고, 그 모든 것들을 아름다운 정치적 언어로 표현해내는 일은 쉬운 일이 아닙니다. 그러니 이런 리더는 적습니다.

미국의 버락 오바마Barack Obama 대통령이 전국적으로는 무명의 정치인이던 시절, 2004년 일리노이 전당대회에서 당시 존 케리 John Kerry 대통령 후보의 지지연설에서 구사한 수사는 한번 살펴볼 가치가 있습니다. 당시 오바마는 연설의 절정에서 이렇게 말했습니다. 의역을 가미한 번역을 함께 제시하지만 영어의 원 표현을 볼 때 그 수사의 매력이 잘 드러납니다.

> 지금 우리가 말하는 동안에도 우리를 분열시킬 준비를 하는 사람들이 있습니다. (…) 저는 오늘밤 그들에게 말합니다. 진보적인 미국과 보수적인 미국은 없습니다. 그냥 '하나된' 미국이 있습니다. 흑인의 미국과 백인의 미국, 라틴계 미국과 아시아계 미국이 아니라, '하나된' 미국이 있습니다.
>
> Now, even as we speak, there are those who are preparing to divide us. (…) I say to them tonight, there is not a liberal America and a conservative America — there is the United States of America. There is not a black America and a white America and Latino America and Asian America — there is the United States of America.

오바마 대통령은 당시 분열이 심해져가는 미국의 정치 상황에서 시민들이 지향하는 것을 포착하고, 흑인이라는 자신의 당사자성을 녹여, '미국'America을 중심으로 한 언어유희 같은 수사력을 발휘하여 그 시대 미국의 지향점을 말한 것입니다. 이 연설이 결국 지금 우리가 아는 오바마를 만들었다고 해도 과언이 아니라는 평가를 받습니다.

한 집단의 목표를 명확하게 표현하는 일은 리더의 일입니다.

구성원 각자가 자신의 언어로 표현한 목표만으로는 집단의 목표가 될 수 없습니다. 그것들을 모아내는 작업이 필요합니다. 더욱이 집단의 개별 구성원들은 사실 자신이 속한 집단이 집합적으로 어떤 목표를 추구해야 할지 판단하기에 반드시 좋은 위치에 있지는 않습니다. 비정규직의 정규직화를 통해 이루고자 하는 직장, 그리고 사회는 무엇입니까? 노동조합에 속한 직원은 노동조합의 목표를, 관리직에 속한 직원은 경영의 목표를 잘 떠올릴 수 있지만, 조직과 사회 전체의 목표를 언뜻 말하기는 쉽지 않습니다. 다만 표현하지 못한다고 해서 생각이 없는 것은 아닙니다. 리더가 그 마음을 잘 포착하여 적절한 언어로 표현해낸다면 구성원들은 비로소 "아!" 하면서 자신이, 우리가 그것을 원하고 있었음을 알 수 있을 것입니다. 리더는 구성원들의 마음의 언어를 가시적으로 끌어내는 역할을 해야 하는 것입니다.

한가지 덧붙이자면, 리더는 이러한 작업을 정치적으로 윤리적인 언어로 표현해낼 수 있어야 합니다. 유교에서 교언영색巧言令色이라는 표현이 있어 말을 '예쁘게' 하는 것에 대해 거부감을 가지는 문화가 존재하지만, 리더의 공적 언어는 아름다운 예술작품처럼 시민들의 마음을 울릴 수 있어야 합니다. 우리나라에서 정치인들이 설화舌禍를 일으킨 다음 날 자주 하는 변명이 "그런 의미로 한 말이 아니었다"입니다. 그러나 아무리 보아도 분명 그런 의미로 한 말인 경우가 대부분이고, 만일 정말로 그런 의미를 담으려는 의도가 아니었다면 처음부터 그렇게 이해될 가능성이 있는지 점검했어야 합니다. 공적 권한을 지닌 리더의 발언은 그것이 무엇에 대한 것이든 정책의 결정과 행동의 방향으로 해석됩니다. 모질고 어리석은 말들을 쏟아내는 리더들에게 절망감을 느끼는 것은 그 말들 자체가 그들이 자신들의 일을 제대로 하고 있지 않다는 신호이기 때문입니다.

의사결정

리더는 결정을 내릴 책무가 있습니다. 제도가 잘 갖추어져 있는데도 리더라는 의사결정자가 필요한 이유는 우리의 삶은 개별적 사례들로 이루어져 있기 때문입니다. 제도는 가장 전형적인 상황을 가정하고 그에 대응하는 행동 규칙을 정해놓은 것일 뿐, 실제 벌어지는 상황들은 결코 동일하지 않습니다. 어떤 상황의 본질이 무엇인지, 어떤 제도가 적용되어야 하는지 등을 해석하고 결정하는 것은 사람의 일입니다. 그리고 이러한 결정들이 모이고 모여 조직의 이름으로 최종적 의사결정을 하는 주체가 바로 리더입니다.

여기까지는 사실 응당 그럴 법한 이야기이고 새로울 것이 없습니다. 문제는 이 결정을 내리지 않는 리더들이 존재한다는 점입니다. 최소한 두가지 형태로 리더의 무의사결정이 나타납니다. 첫째, 자신이 내려야 할 결정을 팔로워follower에게 미루는 것입니다.[1] 아마도 리더는 모호한 상황 자체가 짜증이 날 수도 있고, 자신은 더 중요한 결정을 해야 한다고 생각할 수도 있고, 결정에 따르는 책임을 지고 싶지 않을 수도 있습니다. 이러한 결정 미루기가 팔로워의 성장을 의도하는 것이라면야 나무랄 수 없지만, 우리가 말하는 무의사결정은 그런 상황이 아니지요. 결정 대신 오로지 지시("네가 알아서 처리해")만이 자신이 할 일인 것처럼 생각하는 리더, 그리고 자신은 위를 보면서 자신이 책임져야 할 조직이 자신보다 더 많은 권력을 쥔 이의 수단으로 어떻게 활용될 수 있을지를 모색하는 것이 할 일인 것처럼 생각하는 리더는 차라리 그 자리까지 가지 않는 것이 모두에게 더 좋은지도 모릅니다. 마지막으로 일이 잘못되었을 경우 결국 팔로워는 법적 책임을 지고, 리더는 져도 그만 안 져도 그만인 도의적 책임을 지는 것은 이런 절망적 상황의 완결입니다.

둘째, 더 나쁜 경우로 정말로 아무 결정도 내리지 않는 것입니다. 리더가 그저 자신만의 정신적 골방에 들어가 시간이 지나 상황이 저절로 변화되거나 문제가 저절로 해결되기를 바랄 수 있습니다. 물론 아무 결정도 내리지 않는 것은 뾰족한 대안이 없거나, 어떤 행동도 취하지 않는 것이 오히려 최적 전략이라 판단될 때 나타날 수 있습니다. 그러나 이 경우는 능동적 무의사결정이며, 그것 자체가 하나의 결정입니다. 반면 행동이 필요한 상황에서 결정을 내리지 않는 리더는 조직과 사회에 재앙입니다. 팔로워에게 결정을 미루면 그나마 조직으로서는 팔로워를 통해 어떤 적절한 행동을 취할 기회라도 있습니다. 그러나 리더가 미루지도 않고 그저 가만히 있는 것은 최악의 상황이라 하겠습니다.

아무리 조직과 사회가 민주화된다 해도 결국 리더가 수행해주어야 할 중요한 역할은 이렇게 최소한 두가지입니다. 물론 자원을 동원하고, 구성원들의 소통을 유도하고, 동기를 유발하며, 기회를 제공하는 등 일반적으로 변혁적 리더십, 조장적 리더십, 진성 리더십 등 현대적 리더십 이론에서 강조하는 리더의 역할이 있습니다. 그러나 이러한 역할들은 사실 팔로워들이 나누어 감당할 수도 있습니다. 그럼에도 불구하고 목표를 명확히 정의하는 것과 최종적 의사결정을 내리는 것은 실질적으로도 상징적으로도 리더가 담당해야 합니다.

문제는 이러한 두가지 역할을 제대로 감당할 수 있는 한명의 자연인으로서 리더가 충분히 존재하지는 않는 것 같다는 점입니다. 우리에게 필요한 리더가 부족한 것은 우리가 집단과 조직 단위로 수없이 경쟁하기 때문일 수 있습니다. 경쟁에서 승리한 리더가 조금 더 나은 리더일 수는 있지만, 패배한 후보라고 해서 사라져야 하는 것은 아닙니다. 더욱이 사회의 조직이 더욱 고도화되고 복잡해지고 거대해질수록 리더 개인이 감당해야 할 책임의 크기가 더욱 커진 오늘날, 목표를 명확히 하고 올바른 의사결정을 내릴 수 있는 한 사람으로서의 리더는 부족할 수밖에 없습니다. 과업의 난도가 올라갔기 때문입니다. 이런 상황에서 이런 과업을 척척 수행하는 리더가 있다면 어쩌면 그는 능력이 뛰어난 사람이 아니라 오히려 다소 독단적인 사람일지도 모릅니다.

세상에는 수많은 리더들이 있습니다. 그 가운데 우리가 그 리더와 특별한 이데올로기나 이해관계, 마음으로 연결되었던 느낌을 공유하지 않는 한, 실망하게 되는 리더들도 그만큼 많습니다. 그렇다면 우리는 당연히 묻게 됩니다. 우리 사회에서는 선거나 승진심사 제도, 인사청문회와 같은 공식적인 검증 제도들이 작동하고 있음에도 불구하고 왜 이토록 부도덕하고 무능한 리더들을 걸러내지 못하고 절망적인 시간을 보내야 하는가? 여기서 생각해볼 수 있는 다양한 시나리오들이 있습니다. 이런 시나리오들을 곰곰이 생각해보면 우리 주변에 부도덕하고 무능한 리더들이 있는 것은 결코 우연이 아닙니다. 그것은 꽤 높은 확률의 문제입니다.

보호색을 띤 리더들

우선, 공식적인 검증 제도들이 잘 작동하지 않는 경우입니다. 첫째, 어떤 이들은 이러한 검증 제도 자체를 거치지 않습니다. 이 세계에는 여전히 세습에 의해 리더의 지위를 차지하는 이들이 존재합니다. 입헌군주국의 (여)왕, 우리나라 재벌기업의 총수, 대형교회의 목사, 유력한 가문의 정치인 등 여러 영역에서 후계자들은 그 부모가 리더였음으로 해서, 일부 경쟁은 있을지라도 자신도 리더가 될 운명을 기다립니다.

물론 세습에 의한 리더의 자질이 다른 후보자들보다 뛰어난 경우도 있고, 팔로워들이 열렬히 원하는 경우도 있고, 제한된 경쟁을 뚫어낸 경우도 있고, 이도저도 아니더라도 어쨌든 결과가 좋은 경우도 있습니다. 역량에 국한해보면 이들이 반드시 자격이 없다고 할 수 없습니다. '후계자 수업'이라는 표현이 가리키듯 이들은 어릴 때부터 역량을 개발하고 인적 네트워크를 쌓을 기회를 전략적으로 부여받아 오히려 충분한 역량을 보유한 경우도 있습니다. 그렇더라도 이런 영역에서의 리더들이 전면적 경쟁에 의해 리더의 자질을 검증하는 과정을 거치는 영역에서의 리더들에 비해 사회적 견제로부터 자유롭다는 허점이 있는 것은 사실입니다.

둘째, 어떤 제도든 약점이 있기 마련이기에 어떤 이들은 의도했든 의도하지 않았든 이러한 검증 제도를 잘 속여넘길 수 있습니다. 우선 이들 가운데는 사람들을 일부러 속일 필요가 없는 경우도 있습니다. 많은 연구들은 우리가 외모로 사람을 직관적으로 판단하는 경향을 잘 보여줍니다. 거트 스털프Gert Stulp 등의 연구에 따르면[2] 미국 대통령들의 키는 당대의 남성 평균 키에 비해 컸다고 합니다. 다른 요인들의 설명력을 제하더라도 키는 여전히 대통령이 되기에 유리한 조건을 제공했다는 것입니다. 우리는 사람의 외모를 보고 그가 좋은 리더일 것이라고 짐작합니다. 사실 우리는 사람의 외모에서 많은 사회적 맥락을 읽어내는 경향이 있습니다. 특히 미국에서라면 단순히 피부색만 보아도 사람들은 많은 정보를 지레짐작하게 됩니다.

또한 리더들은 선별적 정보들을 사람들에게 제공하고 자신의 이미지를 관리함으로써 제도의 감시망을 벗어나기도 합니다. 맬

컴 글래드웰Malcolm Gladwell은 『타인의 해석』에서 나치 독일의 폴란드 침공 전 히틀러Adolf Hitler를 만났던 영국 정치인들의 실수에 대해 묘사합니다.[3] 1938년 당시 영국의 총리 네빌 체임벌린Arthur Neville Chamberlain은 히틀러의 태도나 겉으로 드러난 성품 등으로 보아 전쟁을 일으킬 인물이 아니라고 보았습니다. 완전히 잘못 짚은 것이었지요.

셋째, 리더 주변에 추종자들이 많을수록 리더는 점점 더 짙은 보호색을 띠게 됩니다. 좀더 평평한 조직 구조와 작은 규모의 사회운동단체에서 일상적으로 구성원들과 접하는 리더와, 고도로 계층적인 대규모의 기업, 정부, 종교 조직의 정점에 있는 리더의 차이는 큽니다. 전자에서는 리더와의 직접적 의사소통을 통해 의사결정이 이루어질 수 있는 반면, 후자에서는 일선 구성원들은 오로지 그 바로 위의 상관과만 의사소통할 수 있습니다. 정보는 위쪽으로든 아래쪽으로든 걸러지고 걸러져서 전달됩니다. 이러한 과정에서 정보의 선별이 이루어지고, 필요하다면 리더는 이를 이용하여 보호색을 갖출 수 있습니다. 가끔 변혁적 리더십을 자처하는 리더들이 집무실을 개방하고 일선 직원들과 직접적인 의사소통을 시도하는 것은 바로 이런 구조를 깨려는 의도입니다. 물론 이런 시도조차도 보호색의 하나일 가능성을 배제할 수 없지만 말입니다. 어쨌든 자신의 수하들을 통해 보호색을 확보한 리더는 대중적 이미지를 관리하면서 자신의 욕망을 손쉽게 추구할 수 있는 기회를 가집니다.

권력추구자들

누가 리더로서 적합한지에 대한 검증 제도들이 잘 작동한다 해도 검증을 거칠 후보들의 자질이 전체적으로 부족하다면 우리에게 좋은 리더가 있을 수 없습니다. 아무리 상수도관이 깨끗해도 물 자체가 오염되어 있으면 우리가 깨끗한 물을 마실 수 없듯이, 자질이 평균적으로 부족한 후보군에서 훌륭한 리더가 나오는 것은 불가능합니다. 여러분도 각자의 주변에서 선거를 통해 리더를 선출하는 경우를 볼 때, '왜 저런 사람들만 나올까' 하는 생각을 한번쯤은 해본 적이 있을 것입니다. 그렇다면 질문이 제기됩니다. 과연 후보가 되(려)는 이들은 누구인가 하는 것입니다. 또한 우리 사회는 어떤 이들이 리더가 되도록 부추기고 있는가 하는 것입니다.

어떤 사회에서나 리더에게는 많은 특권이 주어지므로 그 권력의 자리를 차지하려는 이들이 많이 있기 마련입니다. 조금이라도 다른 사람들과 차이를 만들어낼 수 있는 자리에서는 혜택 역시 다른 사람들과 차이를 만들어낼 수 있습니다. 그것은 대통령뿐 아니라 마을의 이장까지도 마찬가지입니다. 적지 않은 공직들이 봉사직에 가깝다 해도 그것이 만일 다음 경력의 발판 혹은 부패의 텃밭으로 기능한다면 많은 공적 조직의 지위와 권한은 특정한 성격을 지닌 인물들을 끌어들이는 기제로 작동할 수 있습니다.

브라이언 클라스Brian Klaas는 『권력의 심리학』에서 흥미로운 사례를 하나 제시합니다. 미국 정부는 1997년 남는 군사장비를 처리하기 위한 '1033 프로그램'을 만들었습니다. 이 프로그램의 흥미로운 점은 이 군사장비들을 일선 경찰서에 넘기는 것이었습니다. 인구 6만 7천명의 한 카운티는 중무장한 수륙양용 돌격함정을 받았다고 합니다. 클라스의 경고는 이것입니다.

> 지역 경찰서가 자신들의 직업을 군사 임무로 간주하기 시작하는 순간, 이들은 임무를 수행할 병사들을 고용하게 된다.[4]

클라스는 이러한 사례를 뉴질랜드 사례와 비교합니다. 뉴질랜드는 경찰관 모집에서 핸드백을 물고 가는 보더콜리를 쫓는 경찰, 쓰레기통을 뒤지는 오래 굶은 듯한 소년을 돕는 경찰, 그리고 여성, 마오리족, 아시아계, 태평양 도서 출신 경찰들이 등장하는 광고를 내보냈습니다.[5] 클라스는 이러한 광고를 보고 과연 어떤 사람들이 지원하게 되었겠는가를 질문하면서 그 결과를 다음과 같이 정리합니다.

> 뉴질랜드 경찰은 전세계에서 가장 효과적이고 가장 권력 남용이 적은 경찰 중 하나로 거듭났다. 1990년부터 2015년까지 경찰에 의해 사살된 뉴질랜드인은 단 21명, 1년당 평균 0.8명꼴이다. 인구수의 차이를 조정해 미국과 비교해보면, 미국 경찰은 연간 50여명을 사살한 것으로 볼 수 있다.[6]

브라이언 클라스는 또다른 흥미로운 사례에 대해 이야기합니다.[7] 실험 참여자가 연구자를 속이는지를 알 수 있도록 설계된 한 실험이 인도에서 실시되었을 때, 자신의 점수가 높다고 속인 이들은 공무원을 지향하는 경향이 강했습니다.[8] 반면 유사한 실험을 덴마크에서 수행한 결과에서는 정직하게 점수를 보고한 이들이 공무원을 지향할 가능성이 높게 나왔습니다.[9] 그러면서 인도의 공직은 덴마크의 공직에 비해 부패했다는 맥락을 지적합니다.

이러한 사례들은 우리에게 다음과 같은 질문을 던집니다. 우리가 우리 사회에서 리더들에게 제공하는 권력과 자원은 과연 어떤 사람들을 유혹하고 있는가? 혹시 공적인 마음으로 리더의 역할을 충실히 수행할 자질을 갖춘 이들이 아니라 결코 리더가 되어서는 안되는 사람들, 그 권한에 어울리지 않는 사람들을 '더 높은 확률로' 유혹하고 있는 것은 아닌가?

브라이언 클라스는 리더의 자리를 원하는 권력추구자들의 속성에 대해 다음과 같이 통렬하게 묘사했습니다. 조금 길지만 해당 원문 전체를 인용합니다.

> '어둠의 3요소'dark triad는 마키아벨리즘, 나르시시즘, 사이코패스 성향이라는 세가지 요소로 구성된다. [이탈리아의 정치철학가 니콜로 마키아벨리가 남긴] 마키아벨리즘은 (…) 음모, 대인관계 조작, 타인에 대한 도덕적 무관심 등이 두드러지는 성격 특성을 가리킨다. 그리스 신화 속 나르키소스Narcissus(그는 자기 자신과 완전히 사랑에 빠진 탓에 파멸했다)의 이름을 딴 나르시시즘은 오만, 자아도취, 과장, 타인의 인정을 받으려는 욕구 등으로 나타나는 성격 특성을 가리킨다. 세가지 요소 중 가장 어두운 요소인 사이코패스 성향은 공감 능력의 결여와 충동, 무분별, 조작, 공격성 등의 모습으로 나타난다. (…) 어둠의 3요소 특성

을 가진 수많은 사이코패스는 화려한 기술로 다른 이들을 속여 그들이 친절하고 인정 많으며 책임자가 되어야 한다고 생각하게 만든다.[10]

로버트 그린Robert Greene은 『권력의 법칙』에서 권력을 잡고 유지하기 위한 몇가지 법칙들을 제시했습니다. 만일 이 법칙들을 잘 따름으로써 권력을 잡고 유지할 수 있다면, 역으로 권력자들 가운데 이 법칙들을 잘 실천하는 이들이 '확률적으로' 많을 것이라 추론해도 무리가 아니겠죠. 기괴하기 짝이 없지만 몇가지만 예를 들면 다음과 같습니다: "무슨 수를 쓰든 관심을 끌어라, 덫을 놓고 적을 불러들여라, 상대보다 멍청하게 보여라, 신앙심을 이용해 추종자를 창출하라, 사람들의 환상을 이용하라, 본심은 감추고 남과 같이 행동하라, 친구를 멀리하고 적을 이용하라, 일은 남에게 시키고 명예는 당신이 차지하라, 더러운 일은 직접 하지 마라, 가질 수 없는 것들은 경멸하라."[11] 이런 법칙에 따라 살아가야 리더가 된다면 참으로 답답한 노릇입니다. 물론 우리가 그린의 주장에 동의할 필요는 없습니다만 뭔가 찜찜한 기분을 해소하기도 어려운 것 같습니다.

권력이라는 독한 술

잘못된 사람이 리더가 되려 할 때와는 달리, 리더가 되기 전에는 괜찮은 사람이었지만 리더의 자리에 오르면 그 자리가 그를 잘못된 사람으로 만들 수도 있습니다. 영국의 역사학자 존 댈버 그 액턴John Dalberg-Acton이 남긴 유명한 말 "권력은 부패한다. 절대 권력은 절대 부패한다"는 말처럼 권력은 사람을 취하게 하는 면이 있습니다. 우리가 농담 삼아 "아무개는 완장 차더니 사람이 변했어" 하는 말이 경험칙상 아주 틀린 말은 아닙니다. 여러분이 만일 권력을 가져보거나 행사해보지 않았다면 권력자의 심리는 도저히 알 수 없을 것입니다. 여러분도 권력을 차지했을 때의 여러분 스스로를 믿지 않는 편이 나을지도 모릅니다.

필립 짐바르도Philip G. Zimbardo의 유명한 스탠퍼드 감옥 실험은 인간의 내면에 있는 권력에 취약한 심리를 발견한 연구로 알려져 있습니다.[12] 평범한 대학생 연구참여자들이 간수와 죄수의 역할로 나뉘어 감옥처럼 설정된 스튜디오에서 역할극을 수행하기 시작하자, 일부 간수 역할을 맡은 참여자들이 자신의 역할에 몰두하여 죄수를 학대하기 시작한 것이었습니다. 이 실험은 연구참여자 모집 단계에서부터 이러한 성향을 보일 가능성이 높은 이들이 지원했을 것(선택효과)이라는 논란이 있지만, 이 실험이 끊임없이 회자되는 데는 연구설계의 문제를 넘어 그 결과가 우리의 우려대로 나왔기 때문일 것입니다. 권력은 이러한 억압행동뿐 아니라 위험에 대한 환상을 야기하여 권력자들로 하여금 더 무모한 행동들을 하게 하고, 상대방의 감정에 덜 민감하게 만들고, 더 많은 권력을 추구하게 한다는 것은 이미 잘 알려져 있습니다. 우리도 지금 잠깐 생각해봅시다. 여러분은 받은 이메일이나 메시지에 답장을 보내는 속도가 상사일 경우와 부하일 경우에 차이가 있습니까? 여러분은 지위가 상승해감에 따라 세상에는 무능력한 사람들로 가득한 것처럼 생각되지는 않았습니까? 여러분은 상사의 감정과 부하의 감정 중 누구의 감정에 더 민감하게 반응합니까? 권력이 사람을 바꾼다는 의심을 부인하기 어렵습니다.

브라이언 클라스가 적절히 지적한 대로 리더의 자리에서 해결해야 하는 일들로 인해 리더의 마음이 변질되는 경우도 있습니다. 대부분의 사람들은 전쟁을 결심할 일도, 누군가를 징계하거나 해고할 일도, 우리 집단의 적을 속이기 위해 거짓 정보를 흘릴 일도 없습니다. 우리 대부분은 그저 관료제 안에서 이미 기술된 업무를 그대로 수행할 따름입니다. 누구라도 그 자리에 있으면 내려야 하는 결정과 취해야 하는 행동을 하면서 살아갑니다. 당연한 이야기를 하는 것이 아니라, 그것이 현대 조직사회의 본질임을 직시할 필요가 있기에 우리의 처지를 돌아보는 것입니다.

반드시 마음이 부패하는 경우는 아니더라도 리더로서 내린 결정으로 인해 마음이 파괴되는 경우들도 있습니다. 평범한 이들과 달리, 리더들은 어려운 결정을 내려야 합니다. 남북전쟁 발발을 예감하면서도 노예제도 폐지를 추구했던 에이브러햄 링컨Abraham Lincoln과 같은 경우는 단지 상상만으로도 그 고뇌가 느껴집니다. 물론 이런 상황을 즐길 수 있는 사람들이 리더의 자리를 탐한다는 것이 지금까지의 이야기입니다만, 그렇지 않은 사람일수록 이렇게 어려운 결정들이 계속 이어진다면 마음이 파괴되지 않으리라는 법이 없습니다. 데이브 그로스먼Dave Grossman은 『살인의 심리학』에서 적에게 포위된 상황에서 끝까지 싸우기를 선택한 장교의 파괴된 마음을 다음과 같이 기술합니다. 이러한 선택들 이후, 우리는 과연 예전의 우리로 남아 있을 수 있을까요?

> 죽을 때까지 싸우기를 선택하는 지휘관들은 영광의 불꽃 속으로 병사들을 이끌고 들어간다. 지휘관이 그의 병사들과 함께 빠르고 깨끗하게 죽어 자신이 저지른 일을 기억하며 살아가지 않을 수 있다면, 이는 여러모로 쉬운 일이다. (…) 그러나 이러한 상황을 견디고 살아남은 지휘관이 치러야 할 대가는 너무나 크다. 그는 병사들의 미망인과 아이들에게 대답해야 하며, 죽을 때까지 그의 보살핌 아래 목숨을 맡겼던 자들에게 저지른 일을 떠안고 살아가야 한다. (…) 그들은 어루만지기에는 너무나 깊이 묻힌 죄책감과 부인의 저장고 주변을 맴돌 뿐이었다. 아마도 그들에게는 그것이 최선이었을 것이다.[13]

마지막으로, 리더가 되고 싶었을 뿐, 그 권력만을 원했을 뿐, 막상 되고 보니 그 권한을 행사하는 데는 관심이 없는 경우도 있습니다. 디즈니 애니메이션 「라이언킹」에는 사자왕이던 무파사와 그 계승자로 지정된 심바라는 어린 사자를 질투하며 하이에나들과 작당하여 권력을 차지하고 싶어하는 스카라는 사자가 등장합니다. 앞서 말한 로버트 그린이 알려준 온갖 계략을 수행한 끝에 결국 무파사는 죽고 심바는 추방되고 자신이 왕이 되지요. 왕이 된 이후에는 아무것도 하지 않습니다. 하이에나들이 초원을 헤집고 다니고, 그 바람에 기근이 들어도 아무것도 하지 않습니다. 영화를 보면서 도대체 왜 왕이 되고 싶었던 것일까 하는 질문을 하지 않을 수 없게 만드는 그런 캐릭터입니다.

흥미로운 것은, 우리 사회에는 이런 리더들이 굉장히 많다는 사실입니다. 현재의 리더의 지위를 '거쳐가는 자리'로 여기고, 그저 다음 단계의 권력을 차지하기 위해 리더의 역할을 외면하는 이들. 우리 사회의 위계적인 국가조합주의적 구조는 바로 이런 리더들을 자연스럽게 만들어냅니다. 대통령과 집권당이 정부와 공공기관 고위직의 인사를 장악하고 있는 상황에서 모든 공직에는 모종의 서열이 존재합니다. 모 부처의 어떤 요직을 거치면 누구나 다 아는 공공기관의 기관장이 되고, 거기서의 성공을 기반으로 정치인으로서의 기회를 얻고, 거기서 다시 국정의 중심으로 나아가는 등 '경력의 사다리'가 존재하는 것입니다. 이런 성공의 사다리가 반드시 잘못된 것은 아닙니다. 차곡차곡 경험과 전문성, 실적을 쌓아나가면서 더 부담스러운 일들을 맡게 된다는 관점에서는 전혀 잘못된 것이 아니고, 제발 그런 인사 기준이 잘 작동하기를 바랄 일입니다. 지적해야 할 것은 이러한 실적에 기반한 제도가 아니라, 상승 욕구를 끊임없이 자극하는 위계적이고 집권적인 국가·사회 구조입니다. 이러한 구조는 액턴의 지적대로 부패를 유발하고, 그 냄새에 익숙한 이들은 이러한 구조의 거미줄을 타고 다니며 그다음 자리로 나아갑니다.

우리의 앞잡이로서 리더

리더가 천사가 아니듯 우리도 천사가 아닙니다. 마음이 부패하는 것은 리더만이 아니라 팔로워에게서도 나타날 수 있습니다. 우리는 리더가 되지 않아도 리더를 통하여 무언가를 얻어내기를 바랍니다. 우리는 기꺼이 부패할 용의가 있는 리더를 찾아내어, 그에게 더러운 일을 떠맡기고, 우리는 그저 따랐을 뿐이라는 도덕감정에 자족하면서 실리를 챙기고자 할지도 모릅니다. 몰락해 가던 고대 유다왕국의 외로운 예언자 예레미야의 아래와 같은 탄식이 오늘도 울리는 것만 같습니다.

> 이 땅에 무섭고 놀라운 일이 있도다. 선지자들은 거짓을 예언하며 제사장들은 자기 권력으로 다스리며 내 백성은 그것을 좋게 여기니 마지막에는 너희가 어찌하려느냐.[14]

리더에 대해 흔히 제기되는 질문이 있습니다. 히틀러는 당시 독일 국민들에게는 좋은 리더이지 않았겠느냐는 것입니다. 당시의 독일 상황에 대해 요한 샤푸토Johann Chapoutot는 『복종할 자유』에서 다음과 같이 묘사합니다.

> 독일 국민들은 1871년부터 1914년까지의 너무 빠르고 급작스러운 현대화, 그 다음으로는 세계대전(1914년부터 1918년 혹은 1919년까지) 및 패배, 1918년부터 1923년까지는 내전에 버금가는 내분 사태, 1922년부터 1923년까지의 초인플레이션, 그리고 1929년에 시작된 또 한차례의 대규모 경제·사회·정치적인(문화적이고 심리적이기도 한) 위기를 겪어야 했다. 이런 상황에서 사방의 적들로부터 늘 위협당하고 있다는 독일 국민의 전통적인 강박관념 혹은 피해의식이 수면 위로 떠올랐으며, 나치는 불안감을 자아내는 한탄 조의 연설로 자국민의 공감과 반향을 불러일으켰다.[15]

히틀러가 좋은 리더라는 견해는 대개 이런 논리입니다. 당시 경제적 돌파구를 찾기 어려웠던 가혹한 시기에 히틀러는 전쟁을 통해서라도 어쨌든 돌파구를 마련해보려는 리더 아니었느냐, 1차 대전 패전 이후 유럽 강대국들로부터 정치적으로 독립하는 정책을 추진하지 않았느냐, 이러한 과정에서 민족의식을 고취하고 자긍심을 심어주지 않았느냐, 그리고 어쨌든 선거를 통해 집권하지 않았느냐는 것입니다.

이 논리의 기저에는 '리더가 해당 집단의 배타적 이익을 추구하는 것은 윤리적으로 정당화될 수 있다'는 전제와 '의도가 좋았다면 결과는 부차적이다'라는 전제가 깔려 있다고 하겠습니다. 즉 히틀러든 누구든 우리가 리더에게 은연중에 바라는 역할기대의 본질은 '우리 집단의 이익을 위해 무엇이든 해보라'라는 것임을 이 사례는 보여줍니다. 히틀러가 주변 국가를 대상으로 전쟁을 벌이는 과정에서 그 '우리 집단'의 구성원들을 서열화하여 우리 집단 내에서도 '열등한' 존재로 낙인찍은 이들을 학살한 사실은 그리 잘 알려져 있지 않습니다.[16]

나아가 우리는 '나쁜' 리더인 줄 알면서 그에게 끌리기도 합니다. 우리가 그와 거리를 둘 수 있다면 좋고 나쁨에 대한 도덕적 판단을 좀더 명확히 할 테지만, 리더와 거리를 두기 어려운 상황이라면 어쨌든 그의 좋고 나쁨보다는 그로부터 활용할 수 있는 자원, 그가 제공할 수 있는 기회, 그가 충족시켜주는 자존감 등에 더 관심이 가게 됩니다. 그리고 이러한 과정에서 참으로 역설적인 인간의 마음은 우리가 어찌 되었든 리더에게서 인정받기를 갈구한다는 점입니다.

그리고 인정은 정확히 반대 방향으로 작용하기도 합니다. 리더 역시 우리의 인정이 필요한 존재입니다. 그 인정을 받는 가장 확실한 방법 중 하나는 팔로워의 '배타적' 이익을 확보해주는 것입니다. 그런데 우리 집단의 이익만을 좁게 바라보는 리더를 원하는 것은 윤리적으로나 결과적으로 바람직하다고 하기 어렵습니다. 맹자孟子는 "하필 이익을 논하느냐(何必曰利)"고 꾸짖겠지만,[17] 이익을 따지는 공리주의적 관점에서 먼저 생각해봅시다. 여러분이 어느 조직에서 일하고 있는데, 여러분이 속한 부서의 부장이 본부 회의에 가서 회사 전체를 위해 부서의 인력 감축에 자발적으로 동의하고 왔다면 여러분은 그 부장을 좋은 리더로 여길까요, 아니면 무능한 리더로 여길까요? 여러분은 그가 어떻게든 부서의 이익을 위해 싸워주기를 바라지 않을까요? 설령 회사 전체가 어떻게 되든 말이죠. 물론 그의 선택도 이해할 수야 있겠지만, 가능하다면 다음에는 다른 리더와 일하고 싶다는 마음이 들지도 모릅니다. 그래서 이런 부장은 아마 현실에서 발견하기 어려울 것입니다. 대부분은 마지못해 양보할 것이고, 몇몇은 끝까지 싸움으로써 부서뿐 아니라 조직 전체를 위험에 빠뜨릴 수도 있습니다.

우리는 우리가 가장 애착을 가지는 단위(본인이든, 부서든, 조직 전체든, 인류사회든)의 리더가 전체 최적화를 위해 부분 최적화를 타협하는 것을 용인할 수 있을까요? 어쩌면 리더를 탐욕스럽고 맹목적인 인간으로 만드는 것은 바로 우리인지도 모릅니다.

우리가 리더에게 '우리만의' 이익을 기대하는 것을 리더나 리더가 되려는 권력추구자가 모를 리 없습니다. 그는 우리의 이러한 마음에 호소함으로써 사회적 검증 시스템을 지나 우리의 리더가 되고, 그의 무능력과 무책임은 우리를 파멸시킵니다.

소크라테스의 슬픔

이제 이 절의 이야기를 마무리합니다. 철인왕의 아이디어가 나오는 플라톤의 『국가』에는 다소 슬퍼 보이는 소크라테스Socrates가 등장합니다. 철인왕이 다스리는 국가라는 아이디어에는 한가지 중대한 역설이 있습니다. 철인왕은 철인인데, 진정 지혜를 사랑하는 철학자라면 굳이 사색적 삶을 포기해가면서 왕이라는 부담스러운 '공직'에 나가고 싶어하지 않을 것이라는 역설입니다. 소크라테스와 글라우콘은 가장 고귀한 활동인 철학 대신 통치를 하도록 철학자를 어떻게 설득할 것인지를 두고 긴 대화를 나누었습니다. 어떤 분들은 철학보다는 통치가 훨씬 신나는 일 아닌가 생각할 수 있지만, 앞서 이야기를 나눈 것처럼 통치는 골치 아프고 부담스러운 일이기도 합니다. 고민 끝에 실제로 플라톤은 철학자들이 돌아가면서 철인왕 역할을 해야 한다고 보았습니다.

오늘날에도 고위공직자에 대한 국회 인사청문회가 강화되면서 오히려 상대적으로 좋은 평가를 받은 인사들이 장관직을 거부하는 경우가 있다고 합니다. 그들이 모두 철인왕은 아니겠지만, 개중에는 소크라테스의 역설에 해당하는 마음을 지닌 이들도 있을 것입니다. 그러다보니 인사청문회를 감수할 만큼 공직에 대한 열정이 더 강하거나, 정치적 맷집이 좋은 이들이 오히려 기회를 얻습니다. 가히 인사청문회의 역설이라 할 만합니다. 소크라테스도 답답했던 모양입니다.

> 아마도 진실은 이런 것일 것이오. 한 나라에 있어서 장차 통치하게 될 사람들이 통치하기를 가장 덜 열망하는 그런 나라가 가장 잘 그리고 제일 반목하는 일이 없이 경영될 게 필연적일 것이지만, 이와 반대되는 자들을 지배자들로 갖는 나라는 역시 반대로 다스려질 게 필연적이오. (…) 실은 통치하는 걸 좋아하지 않는 사람들이 통치에 임하도록 해야만 하네. 만약에 그러지 않을 경우에는, 경쟁자들이 싸우게 될 것이기 때문일세.[18]

철인왕을 뽑기 위해 철인들을 설득해야 하는 소크라테스의 처지가 왠지 남의 일 같지 않습니다. 마지막 역설은 소크라테스 자신도 철인왕이 될 생각이 없었던 것 같다는 사실입니다. 철인왕은 가능하지도 않지만, 후보자도 없는 것인지 모릅니다.

보상체계와 민주주의

이제 관점을 바꾸어 우리가 리더의 성취에 과연 어느 정도의 경의를 표해야 하는지 생각해봅시다. 리더의 자리, 권력의 자리에 부와 명예가 집중되면 될수록 특정한 속성의 사람들은 더욱더 리더의 자리를 원하게 됩니다. 악화가 양화를 구축하듯 '철인'들은 모두 사양하고, 피가 흐르는 투쟁을 마다하지 않을 탐욕스러운 이들이 그 자리를 원하겠지요. 그런데 오늘날의 조직과 사회는 일단 한번 선택된 리더에게 우호적으로 작용합니다. 바로 우리가 리더의 성취에 과도한 보상을 부여함으로써 말입니다.

나아가 이렇게 집합적 성취를 리더 한명의 성취로 간주하고, 그에게 부와 명예, 그리고 다음 기회까지 집중시키는 보상체계는 자연히 사회의 많은 자원을 독점하는 소수의 집단을 형성하는 동력으로 작용합니다. 특히 오늘날의 사회에서 이들은 성취를 기반으로 하기에 능력주의라는 정치문화를 형성하게 됩니다.

그런데 집중된 보상체계와 결합된 능력주의는 한편으로는 엘리트 중심의 권력 구조를 강화하고 다른 한편으로는 평범한 시민들의 정치적 존엄성을 부식시키는 결과를 야기하는 원인이 되어 왔습니다. 그리고 결국 민주주의의 손상을 가져옵니다. 우리는 그저 리더의 성취에 경의를 표했을 뿐인데, 그것이 민주주의를 손상시키는 출발점이 되는 역설적 현상이 나타난 것입니다. 능력주의에 대한 비판이 능력주의에 대한 부정은 아닙니다. 이 장 역시 리더의 능력을 강조해왔습니다. 여기서 말하고자 하는 것은 보상체계와 능력주의의 배타적 결합입니다. 이를 함께 생각해봅시다.

비르투와 포르투나

사람들이 성공에 대해서는 행위자의 덕으로, 실패에 대해서는 불운의 탓으로 돌리는 비대칭적 심리는 잘 알려져 있습니다. 리더의 성취가 진정 예외적인 것이고, 우리와 같은 평범한 이들은 할 수 없었을 일임이 분명하다면 우리가 리더에게 경의를 표하는 것은 자연스러운 일입니다. 그러나 리더의 성취가 누군가는 이루어냈을 확률의 문제라면 우리가 리더에게 지나친 경의를 표하는 것(신격화가 한 예겠죠)은 자칫 이 사회의 구조를 과도하게 계층화하고 권위주의를 강화하는 결과를 낳을지도 모릅니다. 우리는 경탄할 만한 성취에 예외적인 존경과 권력을 안겨줄 준비가 되어 있지만, 그 성취가 한 사람에게만 귀속될 성취가 아니라면 많은 것들이 달라집니다.

니콜로 마키아벨리Niccoló Machiavelli는 『군주론』에서 이 문제에 대해 자신의 견해를 남겼습니다.[19] 마키아벨리는 리더가 자신의 덕성인 '비르투'virtu와, 운명 혹은 행운의 여신인 '포르투나'fortuna를 동시에 잘 활용해야 한다고 보았습니다. 리더가 성공하기 위해서는 둘 다 필요하고, 특히 리더는 포르투나를 자기의 편으로 만들기 위해 세심한 노력을 기울여야 한다고 주장했습니다. 사실 우리 속담에도 운칠기삼運七技三이라는 말이 있는데, 모든 일의 성패는 운이 7할, 재주(노력)가 3할이라는 뜻입니다. 자신의 비르투가 10분의 3이라면, 포르투나가 10분의 7이라는 것입니다.

한국 영화 역사상 최대의 관중을 동원한 영화 「명량」의 작가는 실제 『난중일기』에 기록되어 있는 "이[번 승리]는 실로 천행이었다(此實天幸)"는 구절을 토대로 통제사 이순신의 입을 빌려 '천행天幸'에 대해 말합니다.[20] 승리 자체가 기적적인 명량해전에서 울

돌목의 물살을 이용한 전술의 행운을 말하는 아들 이회에게 통제사는 절체절명의 순간 백성들이 나서서 도와준 것이 진정한 천행이 아니겠냐고 대답합니다. 겸손함을 보여주기 위한 대사이지만, 백성들이 나선 것은 통제사의 비르투와 포르투나가 함께 작용한 결과일 것입니다.

흥미롭게도 최근의 많은 리더십 연구들은 포르투나, 즉 리더의 성취와 운의 관계, 그리고 그 결론에 따른 리더에 대한 보상 문제에 관심을 기울여왔습니다. 우리에게 '능력주의'로 잘 알려진 주류적 경향과 반대로 운의 역할에 새롭게 주목하는 입장에 따르면 리더에 대한 현재의 보상은 과다한 수준입니다. 절대액의 문제라기보다는 혼자 힘으로 이루어낸 것이 아닌데 혼자 힘으로 이루어낸 것처럼 보상하기 때문이라는 것입니다.

로버트 프랭크Robert H. Frank는 『실력과 노력으로 성공했다는 당신에게』에서 사회적으로 많은 보상이 주어지는 영역(프로스포츠 산업과 같이)에는 수많은 강력한 경쟁자들이 모여들게 마련이고, 능력이 유사한 이들 가운데 드러나는 승자는 보통 운이 매우 좋은 사람이라고 보았습니다.[21] 나심 니콜라스 탈레브Nassim Nicholas Taleb는 『블랙 스완』에서 증권업계 전문가들의 예측이 대단히 부정확하지만 그럼에도 불구하고 수많은 예측을 발표하다보면 확률적으로 맞는 경우가 발생할 수 있는데 이들은 이러한 운으로 과도한 명성을 얻는다고 지적했습니다.[22]

우리는 성공을 한 개인의 예외적인 사건으로 이해하는 경향이 있지만, 사실 생태론적으로 보면 한 개체군에서 성공하는 사례가 등장하는 것은 그 개체군의 속성에 따른 확률의 문제일 따름입니다. 한 시즌이 끝나면 누군가는 MVP로 선정되고, 총선을 치르고 나면 누군가는 300명 안에 들어 있습니다. 관료제 안에서 누군가는 승진하게 되어 있습니다. 우리가 구축해놓은 제도들은 기본적으로 누군가의 성취를 예정하고 있습니다. 그런 의미에서 성공한 사람은 운이 좋은 사람이라는 의미입니다. 그에게 성공할 만한 자질이 없었다는 의미가 아니라, 그 성공이 반드시 그 사람이어야 할 필연은 없다는 의미입니다. 반대로 운이 좋다는 말이 능력이 부족하다는 의미인 것도 아닙니다. 능력은 확률에 영향을 미치기 때문입니다. 다만 그 확률은 다른 많은 요소들에 의해서도 영향을 받는 것입니다.[23] 그럼에도 불구하고 기업의 CEO나 정치인, 군인으로서 성공적인 결과를 만들어낸 리더가 지속적으로 다른 조직의 수장 자리를 제안받는 현실에서 보듯이 우리는 조직의 성공과 리더의 성공을 동일시하고, 과거의 성공으로부터 미래의 성공을 기대하는 경향을 보입니다. 이러한 경향에는 한가지 암묵적 믿음이 깔려 있습니다. 그것은 바로 한번 성공한 리더는 그의 능력으로 인해 성공한 것이기 때문에 다른 환경에서도 다시 성공할 것이라는 믿음입니다. 그러나 이는 우리의 편견일 뿐, 실제에서는 다른 경우도 많습니다. 경쟁이 치열한 영역에서 성공이란 하나의 블랙 스완, 즉 소수의 사람들만이 운좋게 누릴 수 있는 경험이며, 확률적으로 볼 때 한 사람에게서 반복되기 어려운 사건이라는 것이 나심 탈레브의 통찰입니다.

이렇게 리더의 성취에서 운의 역할에 주목하는 관점의 이면에는 리더의 성공뿐 아니라 실패를 우리가 어떻게 보아야 할지에 대한 함의도 있습니다. 만일 리더의 성취를 운에 돌린다면 리더의 실패 역시 리더를 비난하기보다는 운에 돌려야 논리적으로 일관될 것입니다. 리더의 실패, 최소한 최선을 다한 리더의 실패 역시 전적으로 리더의 탓은 아닐 것입니다. 난제 앞에서는 그 누구라도 어려울 수 있습니다. 다만 성취를 논할 때와 실패를 논할 때 윤리적 의미는 조금 다릅니다. 마키아벨리가 강조했듯이 포르투나를 자신의 편으로 만드는 것 또한 리더의 일이라고 한다면, 최선을 다하지 않은 리더에 대해 운을 논하는 것은 큰 의미가 없습니다. 최소한 사회가 그가 최선을 다했다는 것을 어느 정도 인정할 수 있을 때, 법적·정치적·역사적 책임의 경감에 대해 이야기하는 것입니다.

여기에는 좀더 현실적인 문제가 있습니다. 만일 우리가 훌륭한 자질을 갖춘 리더라 생각하는 사람이 불운으로 인해 실패했다고 할 때, 우리가 그것을 오로지 그의 책임으로 돌려 그가 재기할 기회를 박탈해버리는 사회 분위기를 조성할 경우 우리는 괜찮은 리더 한 사람을 잃게 될 수도 있습니다. 앞에서 우리가 살펴본 것처럼 좋은 리더가 그리 흔한 존재가 아니라면 한번의 실패로 그 카드를 사회적으로 포기하는 것은 사회 전체를 위해 좋은 일은 아닐 것입니다. 이제 누가 그 자리를 차지할 확률이 높겠습니까? 이런 리더일수록 역사의 무대에서 깔끔하게 혹은 비극적으로 퇴장하고, 대신 어떻게든 살아남는 탐욕스러운 이들이 그 자리를 차지하는 것은 영화에서나 벌어지는 일이 아닙니다.

능력주의와 민주주의

리더의 능력과 운에 대한 논의는 '능력주의'라 불리는 이 사회의 보상원리에 대한 고찰로 우리를 이끕니다. 능력과 실적은 신분에 기반한 보상체계를 부정하면서 이 사회의 기본적인 보상체계의 기준이 되었습니다. 공무원들은 임용시험이라는 전형적인 능력주의적 제도를 통해 임용됩니다. 우리 사회에서 대학입시제도는 능력의 차이를 제대로 변별하도록 요구받고, 대학수학능력시험이 아니라 학생부종합전형과 같이 학생 부모의 사회경제적 지위가 영향을 미칠 가능성이 높아 보이는 제도는 선호되지 않습니다. 이러한 사고는 리더의 능력이 아닌 다른 요소(부패, 세습 등)에 의한 특권('성공의 사다리'가 사라진 사회에서는 세습도 능력이라는 냉소적 관점이 나타나기도 하지요)을 정당화하지 않는 사회의 기반이 됩니다.

능력주의는 말 그대로 능력을 분배의 제1원리로 보는 사고입니다. 능력주의는 개인적 성공을 무엇에 귀속시킬 것이냐에 대해 개인의 재능과 노력에 귀속시켜야 한다고 봅니다. 마이클 샌델Michael J. Sandel은 『공정하다는 착각』에서 다음과 같이 적습니다.

> 행운이나 은총의 결과가 아니라 우리 스스로의 노력과 분투로 얻은 성과라고 보는 것이다. 이것이 바로 능력주의 윤리의 핵심이다. 자유(힘써 일함으로써 내 스스로 운명을 통제할 수 있는 능력)와 당당한 자격을 한껏 강조한다.[24]

능력주의가 이 사회의 자원 배분과 보상의 기본 원리를 제공한다는 사실을 전제하고 능력주의를 비판하는 맥락에서 보자면, 능력주의의 두가지 부정적 결과를 관찰할 수 있습니다. 한가지는 개인의 마음의 부패입니다. 샌델은 다시금 아래와 같이 주장합니다.

> 능력주의 윤리는 승자들을 오만으로, 패자들은 굴욕과 분노로 몰아간다. 이러한 도덕 감정은 엘리트에 대한 포퓰리스트적 반항의 핵심에 자리 잡고 있다. (…) 우리가 가진 몫이 운의 결과라고 생각하면 보다 겸손해지게 된다. (…) 완벽한 능력주의는 그런 감사의 마음을 제거한다. 또한 우리를 공동운명체로 받아들이는 능력도 경감시킨다. (…) 그리하여 능력은 일종의 폭정 혹은 부정의한 통치를 조장하게 된다.[25]

어떤 사람이고 불굴의 의지로 자수성가한 사람, 가난한 마을에서 태어나 오로지 축구공만 사랑하다가 세계 최고의 선수가 된 사람들에게 경탄과 찬사를 보내는 것은 누가 뭐라 하지 않아도 우리 마음에서 자연스럽게 우러나는 행동입니다. 오히려 이런 사람들을 질투하고 깎아내리는 것이 더 이상한 마음입니다. 여기서 우리가 생각하고자 하는 것은 역설입니다. 자연스러운 존경에서 시작한 감정이 사회적으로 오만과 굴욕감을 낳는 결과에 대해서입니다. 특히 스포츠처럼 상대적으로 무해한 영역에서가 아니라 공적 영역에서의 능력주의의 결과에 대해서입니다.

과도한 능력주의의 또다른 결과는 민주주의의 훼손입니다. 우선 능력주의의 정치적 결과에 대해 샌델이 언급한 "폭정 혹은 부정의한 통치"에 대한 좀더 구체적인 묘사로서 아래의 경고를 봅시다. 과도한 능력주의는 우리로부터 우리에게 중요한 의사결정에 대한 참여 권능을 빼앗아감으로써 민주주의를 제한한다는 것입니다.

> 오늘날 통용되는 정치적 참여, 그것은 아무도 신경 쓰지 않을 정도로 협소하고, 관리 위주이며, 기술관료적인 이야기 수준이다. (…) 이 공허한 정치 공론장은 정치적 스펙트럼상에서 어떤 이념의 소유자라도 무력감과 짜증을 겪게끔 한다. (…) 중요한 정책상 결정은 어딘가 다른 곳에서, 대중의 눈과 손이 닿지 않는 곳에서 이루어지고 있다. 즉 산업 분야에 휘둘리곤 하는 행정기구, 중앙은행, 주식시장, 선출직 관료들에게 큰 영향을 미치는 기업 로비스트들 등등이 그런 결정의 주체인 것이다.[26]

능력주의는 또한 시민으로서의 존중을 약화시킴으로써 민주주의를 근본적으로 훼손합니다. 여러분은 시민으로서 자부심을 느끼고 계십니까? 여러분이 하고 있는 일이 이 사회에서 합당한 인정을 받고 있다고 느끼십니까? 여러분은 혹시 "나는 노력이 부족했으니 이렇게 살아도 할 말이 없다"고 생각하십니까? 엘리트들의 성공에 찬사와 존경을 보낸다는 것이, 스스로의 삶을 비하해도, 비하당해도 좋다는 것을 의미하지는 않습니다. 제가 이 책에서 민주주의를 말하는 것은 그 제도가 완벽해서가 아니라 그것이 우리 각자를 존엄한 존재로 다룰 수 있는 마음의 근거를 제시하기 때문입니다. 마틴 루서 킹Martin Luther King Jr. 목사는 아래와 같은 다소 슬픈 연설을 했습니다.

> 언젠가 우리 사회는 청소 노동자들을 존경하게 될 것입니다. 이 사회가 살아남을 수 있다면 말이죠. 따져보면 우리가 버린 쓰레기를 줍는 사람은 의사만큼이나 소중한 존재입니다. 그가 그 일을 하지 않는다면 질병이 창궐할 테니까요. 모든 노동은 존엄합니다.[27]

마틴 루서 킹 목사의 저 연설은 참으로 예언자적입니다. 바로 코로나19를 거치면서 말이죠. 청소 노동자들을 비롯한 필수노동자들은 의사만큼이나 소중하다는 것을 우리는 알게 되었습니다. 다만 한편으로는 이들을 '필수노동자'라고 치켜세우면서 다른 한편으로는 '필수'노동자이기 때문에 무작정 출근을 강요하는 모습에서 보듯이,[28] 우리는 여전히 이들이 수행하는 '기능'이 소중하다고 생각할 뿐, 이들 자체, 그 '사람'을 소중히 여기는지는 확신하지 못하겠습니다. 데이비드 그레이버David Graeber는 『불쉿잡』에서 아래와 같이 현실을 묘사합니다.

> 요즘 거의 모든 대학교에서 그렇듯이, 그들[청소부]의 작업은 외부 용역으로 이루어진다. (…) 봉급은 적고, 위험한 화학약품을 써서 일해야 하므로 손을 다칠 일이 많으며, 회복하려면 휴가를 받아야 하는데, 그런 병가 중에는 급료가 나오지 않는다. 사람들은 보통 그들을 멸시하고 제멋대로 대한다. 청소부가 이런 가혹한 대접을 받아야 할 이유는 없다. 하지만 최소한 그들은 건물 청소가

꼭 필요한 일이고 그러므로 자신이 없으면 학교 업무가 진행될 수 없다는 것에 자부심을 느낀다.[29]

지나친 능력주의는 우리가 태어날 때 부여되는 재능의 종류와 양에서부터 시작되는 운의 통계적 편차(그것이 운의 본질이죠)에서 오는 결과들로부터 우리의 눈을 가리고, 그럼으로써 사회적 배분의 불평등과 부당함을 정당화하고 고착화하는 사고를 우리 마음에 심습니다. 그리고 결국에는 우리의 존엄성에 생채기를 냅니다. 지나친 능력주의를 경계하는 것이 능력의 차이와 그에 따른 합당한 수준의 보상의 차이를 부정하는 것이 아님에도 불구하고, 능력주의의 결과를 즐기는 이들은 언제나 이러한 역설을 회피함으로써 공적 담론에서 우위를 점하려 합니다. 그러고는 자신들에게 부여되었던 '운'이 다른 이들에게도 부여되리라는 것을 잘 알기에 그 운이 작동하지 않을 제도적 장벽들을 구축해갑니다. 리처드 리브스Richard V. Reeves가 "꿈을 사재기하는 사람들"dream hoarders이라고 묘사한 미국 중상류층의 대물림 행태에서 보듯이 말입니다.[30]

정치적 리더십과 민주주의

이제 우리의 초점을 정치적 리더십으로 돌려봅시다. 여러분은 능력도 있으나 흠도 많은 정치인이 대통령이 되어 5년간 대통령직을 수행하는 오늘날의 민주주의 체제와, 세종 같은 성군이 20년간 다스리는 왕조체제 중에서 앞으로 20년을 살아갈 체제를 선택하라고 한다면 어느 체제를 선택하시겠습니까? 세종이 아니라 조선왕조의 27명 왕들 가운데 무작위로 한명이 왕이 되어 다스리는 20년이라면 어떻겠습니까? 답이 달라졌나요?

이 절에서는 강력하고 능력있는, 그러나 딱히 민주적이지는 않은 리더를 원하는 우리의 마음에 주목하고자 합니다. 그리고 그러한 마음이 민주주의의 어떤 역설과 맞닿아 있는지 돌아보고자 합니다.[31] 특히 우리나라 정치사의 맥락에서 독특한 정치문화의 기반이 되고 있는 민본사상을 중심으로 살펴봅니다. 서양에 철인왕이 있다면 우리에게는 민본 군주가 있는 셈입니다.

민본사상

우리 사회에는 민본사상이라는 특유의 정치문화가 면면히 흘러오고 있습니다. 백성이 나라의 근본이라는 의미의 민본民本이라는 말은 『서경書經』의 '민유방본民惟邦本'에서 유래한다고 합니다. 이 말은 하夏나라 태강太康이 국정을 게을리하다가 쫓겨날 때 다섯 형제들이 이를 탄식하면서 읊은 노래의 일부입니다.[32] 말의 유래는 이렇지만 우리에게는 보통 『맹자』에 나오는 "민이 (가장) 귀하고, 사직은 그다음이며, 군주는 가볍다(民爲貴 社稷次之 君爲輕)"라는 구절로 그 내용이 알려져 있습니다.[33] 그리고 이러한 『맹자』를 신봉했다고 하는 정도전鄭道傳은 조선 건국기에 국가의 기본 이데올로기로 민본사상을 채택합니다. 이렇게 백성을 먹이고 가르치는 어버이로서 임금이라는 이미지가 구축됩니다. 그리고 이 사상과 이미지는 민주주의 체제를 채택한 대한민국에서도 독재정치 시대에 '애민愛民' 혹은 '위민爲民'이라는 용어로 이어져왔습니다. 현대적인 용어로 말하자면 국가와 시민, 국가와 시민사회의 관계를 상당히 가부장적 관계로 보는, 시민과 공익의 보호자로서 국가와 엘리트를 보는 관점입니다.

민본사상을 요약하여 백성이 우선이라는 사상이라고 보면 상당히 민주적이라 생각될 수도 있습니다. 하지만 민본사상은 그리 단순하지 않습니다. 민본사상의 연구자들은 민본의 핵심으로 양민養民과 교민敎民을 꼽습니다.[34] 양민은 민의 (경제적) 욕구를 채워주는 것을 의미합니다. 교민은 민을 가르치는 것을 의미합니다. 모름지기 군주의 역할은 한편으로는 백성들이 먹고살 수 있도록 하고,[35] 다른 한편으로는 그들을 도덕적으로 교화해야 한다는 것입니다. 흥미롭게도 양민과 교민이라는 민본사상의 두 축은 현대 민주주의 국가인 한국에서도 개발연대 시기에 여전히 유효했습니다. 정부는 '잘살아보세'라는 구호로 경제개발에 진력했고, 한편으로는 국민교육헌장, 가정의례준칙, 사회정화운동 등 국민을 '계몽'하는 사업들을 전략적으로 추진했습니다. 실제로 역대 대통령들의 국회 시정연설을 보면 공통적으로 경제개발이 최우선이며, 그다음으로 통일과 복지, 반부패, 시민정신 등이 시대에 따라 순위를 달리하여 강조되는 것을 알 수 있습니다. 특히 1963년 박정희 대통령의 대통령 취임사는 현대 발전국가식 양민과 교민의 이데올로기가 정치적 언어로 어떻게 표현되는지를 잘 보여줍니다.

> 정치적 자주와 경제적 자립, 사회적 융화, 안정을 목표로 대혁신운동을 추진함에 있어서 우리는 먼저 개개인의 정신적 혁명을 전개하여야 하겠습니다.[36]

서양의 최소국가론이 국가의 사회질서 유지 기능에 초점을 두었다면, 우리의 기본국가론은 바로 양민과 교민을 중심으로 하는 민본국가론이라고까지 할 수 있을 것 같습니다.

민본사상의 매력

이러한 민본사상은 현대 민주주의와 묘한 관계에 있습니다. "민주주의가 별거냐, 다 먹고살자고 하는 일이지"라거나 "(주위에 있는) 저 인간들이 뭘 알아"라고 생각한다면 민본사상과 민주주의의 거리가 그리 멀지 않게 느껴지거나 아예 민본사상이 더 낫다고 생각할 수도 있습니다. 이유를 찾기는 그리 어렵지 않습니다. 현실의 무거운 삶을 지고 살아가는 이들에게 민주주의는 혼란을 수반한 정치적 사치일 수 있기 때문입니다. 여기서 우리는 민주주의 나름의 역설을 생각해보아야 합니다.

민본사상이 아무래도 왕조시대를 배경으로 한 사상이다보니 백성이 인간으로서, 자유로운 시민으로서 제대로 인정받지 못하는 부분이 있음에도 불구하고, 민주주의보다 민본적 리더에 의한 정치를 그리워하거나 심지어 선호하는 정치적 심리의 배경에는 공허한 국민주권 개념이 우선 자리하고 있습니다. 경제발전을 최우선의 국가적 과제로 삼았던 동아시아 유교 국가들에 대한 해석[37] 가운데는 이 나라의 국민들이 정치적 자유를 기꺼이 희생하면서 경제적 풍요를 택했다는 유교자본주의적 관점이 있습니다.

이러한 관점의 타당성은 별론으로 하더라도 일반 시민이 일단 경제적 풍요를 최우선시하는 부분에 대해 도덕적 평가를 하는 것은 주의해야 합니다. 아마르티아 센Amartya Sen이 『자유로서의 발전』에서 지적했듯이,[38] 기본적인 경제적 기반 없이 한 사람이 정치의 세계로 나아가는 것은 어렵기 때문입니다. 유사한 견해의 다른 버전은 경제발전으로 인한 중산층의 형성이 민주화를 가져왔다는 '1987년 체제' 성립에 대한 해석입니다. 보통의 시민들에게 경제적 궁핍은 마음 안에서부터 정치적 자유를 앗아갑니다. 정치적 자유를 위한 경제적 기반이 필요한 것이 현실이라면 정치적 리더가 경제적 기반을 돌아봐야 하는 의무를 제1원리로 하는 민본사상은 매력있어 보입니다. 반면 추상적인 국민주권을 앞세우는 민주주의는 참 세상 모르는 이야기 같아 보입니다.

민본사상의 호소력은 또 있습니다. 오늘날과 같이 복잡한 사회문제들이 수없이 등장하는 상황에서 우리는 이러한 문제들에 개인적으로 대응하는 데 있어 좌절을 느낄 수밖에 없습니다. 이렇게 문제에 대한 대응 효능감이 부족할 경우 우리는 추상적 주권자로 머무는 데에 만족하고, 실제 구체적인 정책 형성에 있어서는 (부패했든 아니든) 정치인들과 기술관료들에게 맡겨버립니다. 우리는 정치에 관심이 많고 적극적으로 참여하는 것 같아도 통계를 보면 사실 대부분은 최소한의 참여만 하고 있습니다.[39] 그렇다면 나머지는 정치인과 기술관료들의 몫입니다. 이들은 (제도적으로는 그렇지 않지만) 현실적으로 오늘날의 민본 군주와 다를 바 없습니다. 그리고 이 배경에서 작동하는 능력주의 역시 앞서 언급했습니다.

민본사상의 호소력, 어쩌면 가장 강력한 호소력은 영웅적 리더에 대한 갈망에서 나오는지도 모릅니다. 세계 곳곳에서 독재적 스타일의 정치 리더들이 등장하는 배경에는 지금 우리가 겪고 있는 많은 난제들을 팔까지 들어올리며 자신을 믿어달라고 목청껏 외치는 저 리더가 한방에 해결해줄 것이라는 정치적 심리가 있습니다. 대화를 통해 해결하겠다고 신중하게 접근하는 리더보다는 문제를 단순하고 명쾌하게 정의하고(이것부터가 잘못된 출발선에 선 것일 수 있습니다) 그보다도 단순한 해법을 일방적으로 집행하겠다고 주장하고 실행하는 리더들은 시원시원한 청량감을 제공합니다. 심지어 이런 리더의 태도에는 위약효과placebo effect마저 있습니다. 따져보면 해법이 될 수 없는 태도인데 어쨌든 우리는 문제가 해결될 것 같다는 기대감에 충만해지고, 그것으로 만족하게 되는 것입니다. 여전히 문제가 해결되지 않았다는 것을 깨닫게 될 때, 혹은 인정해야만 할 때쯤 되면, 그 리더는 이미 임기 말이거나 퇴임 후일 것입니다. 나아가 어떤 정책이 실패했는지에 대한 결론이 나오는 시간은 그 리더의 임기보다 훨씬 깁니다. 게다가 우리 현대사에서 이른바 '영욕'의 리더들에 대한 뜨거운 논쟁이 지속되는 것을 보면 사회적으로 합의된 결론 자체가 불가능해 보이기도 합니다. 그럼에도 불구하고 우리는 여전히 뭔가 문제만큼이나 머리가 복잡해 보이는 리더보다는, 앞서 논의했듯이 내가 이해할 수 있는 만큼 세상과 문제를 단순하게 정리해서 보여주는 리더를 선호합니다. 이런 상황에서 과장된 정치적 약속을 하는 것은 리더 입장에서도 손해볼 것이 없는 거래입니다.

우리에게 지식과 정보와 자원이 부족한 경우에 우리는 우리가 진정 원하는 것이 무엇인지, 어느 쪽을 택하는 것이 유리한지 알 수가 없습니다. 우리는 우리가 원하는 것을 얻기 위해 정치인들처럼 이합집산하여 승자연합을 구성할 줄도 모릅니다. 하루하루 살기 바쁜 우리에게 이런 정치는 모두 사치이지요. 이때 우리의 '마음을 어루만지고' '필요를 채워주는' 것을 리더의 덕목으로 내세우는 민본사상은 말할 수 없는 매력을 지니고 있습니다. 사실 우리보다 자원도 많고 똑똑해 보이고 열심도 있어 보이는 철인왕적 리더에게 우리의 문제를 맡기는 것은 합리적이기까지 합니다. 모든 공약을 다 이행하지 않으리라는 것을 우리는 사실 잘 알지요. 그것을 기대하는 것도 아니고요. 그저 그것들 가운데 몇 가지만 이행되어도 삶이 조금은 더 나아질 것 같다는 기대, 게다가 '백성을 사랑해야 한다'는 도덕적 자물쇠까지 걸어놓은 민본적 리더는 분명 홉스식의 리바이어던 군주보다 나아 보이고, 심지어 돋보기안경 쓴 철학자가 다스려야 한다는 플라톤식 사고보다도 나아 보입니다.

민본사상의 한계

이런 상황에서 민주주의는 얼마나 초라한가요. 당장 주가는 폭락하고 있고, 감염병은 번지고 있고, 피곤한 퇴근길에 얌체처럼 끼어드는 차량은 얼마나 많은지 말입니다("경찰은 뭐하는거야!"). 그뿐인가요. 왜 국회에서는 늘 그렇게들 싸우고 있고, 왜 거리에서는 이 어려운 시기에 파업을 하면서 교통을 방해하고, 왜 좁은 소방도로에 불법주차를 하는지 말입니다. 그냥 좀 강력한 리더가 나와서 세상을 정리해주었으면 싶습니다. 그러나 민본사상이 대안이라고 하기에는 민본사상 역시 사상으로서의 내재적 한계와 실천적 한계들을 안고 있습니다.

우선 양민, 즉 백성의 경제적 상황에 과연 군주가 어느 정도까지 관심을 가지는지, 어느 정도까지 풍요를 허용하는지는 확실하지 않습니다. 유교적 대동사회라는 표현이 함축하듯 생산력이 낮은 상황에서 양민의 개념에는 상당히 공유경제적이고 금욕적인 요소들이 많아서 현재 우리 헌법이 보장하는 경제활동의 자유보다는 제한된 자유만이 가능할 것입니다. 심지어 맑스주의적 관점에서 양민 개념은 국가의 경제적 생산체계를 안정적으로 재생산하기 위한 이데올로기라고 비판할 수도 있습니다.[40] 사실 이러한 양민 관념의 이해는 생태론적·급진적 자본주의 비판론의 관점에서는 지속가능한 경제관념과 연결시켜 오히려 흥미로운 재해석이 될 수도 있는 이해입니다. 다만 이러한 이해의 정치적 인프라가 과연 어떤 모습일 것이냐는 분명하지 않은 것입니다.

나아가 교민의 개념은 현대 민주주의 관점에서 보면 상당히 위험합니다. 정부, 국가 혹은 '나라님'께서 백성을 가르칠 수 있다는 관념은 자유주의적 시민을 상정하는 오늘날 성립할 수 있는 개념은 아닙니다. 오늘날 전문가주의에 대한 거부감이 바로 이 문제와 맞닿아 있습니다. 자유주의자들은 "나[의 이익]를 가장 잘 아는 것은 나 자신"이라는 교의를 받아들입니다. 반면 '넛지'nudge를 주장하는 이들은 복잡하고 어려운 의사결정이나 드물게 발생하는 의사결정 상황에서 시민들은 전문가의 조언에 의존하는 것이 더 나은 결과를 낳을 수 있다고 봅니다.[41] 예를 들어 퇴직연금을 유지할 것인지에 대해 개인 입장에서는 판단하기가 반드시 쉽지는 않습니다. 반면 수많은 노동자들의 생애주기 데이터를 알고 있는 전문가 입장에서는 퇴직연금을 유지하는 것이 평균적으로 훨씬 나은 후생을 보장한다는 것을 알고 있다고 합시다. 그렇다면 다양한 형태의 연금 상품을 제시하여 개인의 사정에 맞는 자유로운 선택권을 부여하는 대신, 어쨌든 연금을 유지하도록 하는 정책을 시행한다면 자유주의에 부합하면서도 사회적 후생을 증대시킬 수 있지 않겠는가 하는 아이디어입니다.

'넛지'를 주장하는 이들이 매우 조심스럽게 전문가의 조언을 활용하자는 이야기를 하는데도 자유주의자들이 맹렬한 비판을 가하는 모습을 보면 교민이라는 아이디어는 자유주의 관점에서 위험해 보인다는 것을 알 수 있습니다. 실제로 교민의 개념은 경험적으로 이러한 미국식 자유주의 논쟁을 넘어 집단주의적인 사회윤리, 문화 함양, 궁극적으로 민족국가 건설을 지향하는 형태로 우리나라에서 나타났습니다. 사실 개발연대 시기 정부의 주된 정책에는 이러한 교민 개념으로 이해할 수 있는 것들이 많습니다. 역대 정부는 시정연설에서 한결같이 사회기풍, 민족문화, 반부패, 사정, 공직기강 등을 강조해왔습니다. 앞서 언급한 1963년의 취임사뿐 아니라, 1968년 선포되어 오랜 세월 교과서에 수록되었다가 사실상 1993년 폐지된 국민교육헌장은 아래와 같이 당시 국민들을 독려했습니다.

> 우리는 민족중흥의 역사적 사명을 띠고 이 땅에 태어났다. (…) 길이 후손에 물려줄 영광된 통일 조국의 앞날을 내다보며, 신념과 긍지를 지닌 근면한 국민으로서, 민족의 슬기를 모아 줄기찬 노력으로, 새 역사를 창조하자.

전문을 찾아서 읽어보면 사실 앞서 말한, 집단의 목표를 유려한 표현으로 정의하는 리더의 역할에 충실한 결과물로 볼 수도 있습니다. 민본사상의 맥락에서 이런 '교민'은 자연스럽게 받아들여질 리더의 역할입니다. 오늘날의 자유주의적 관점에서 조심스러운 역할이지만 말입니다.

마지막으로 양민이든 교민이든 '민', 즉 백성 혹은 시민을 바라보는 관점에서 민주주의와 양립하기 어려운 부분들이 있습니다. 민본사상은 미국의 에이브러햄 링컨 대통령이 게티즈버그 연설에서 언급한 구절인 "국민의, 국민에 의한, 국민을 위한 정부"에서 '국민을 위한 정부'에 해당하는 것으로 볼 수 있습니다. 사실 편리하게 '국민을 위한' 민주정치를 강조하기 위해 민본사상을 원용할 수도 있습니다. 이런 해석이 곧 위민이나 애민이라는 관념과 연결되는 것이지요. 대신 국민의, 국민에 의한 통치는 필수적 요소는 아닙니다.

다만 민본사상에 대한 이해도 워낙 다양하고, 민본사상 자체가 시대에 따라 달리 구현되었기 때문에 이렇게 일률적으로 말하는 것은 조심스럽습니다. 예를 들어 조선 초기 세종은 "하늘을 대신하여 다스린다(代天理物)"고 말했지만, 조선 말기 동학의 사상에서는 '사람이 곧 하늘(人乃天)'이 되었습니다. 즉 민본사상 이해의 기본인 '민'의 관념은 시대를 지나면서 달라졌고, 오늘날의 민주주의적 색채를 강하게 띠게 되었습니다.[42] 또한 유교사상에 대해서는 역사적 발현과는 별개로 그 현대적 가치를 발견하기 위해 끊임없는 재해석이 시도되고 있습니다. 예를 들어 맹자의 민본사상에 대해서도 배병삼은 맹자가 위민爲民이 아니라 여민與民, 즉 백성과 함께함을 설파한 것이라고 주장합니다.

> 위민정치가 자기 목적을 위해서 군주가 인민을 도구로 삼는 것이라면 (…) 여민정치는 인민과 군주가 상호적으로 대응하면서 함께 더불어 정치를 구성해 나간다.[43]

그럼에도 불구하고 민본사상의 한계는 '민'을 총체적으로, 수동적인 존재로 이해한다는 점입니다. "국민의 뜻을 따른다"는 말이 그럴듯해 보여도, '국민'이라는 존재는 동질적인 인격체가 아닙니다. 국민의 뜻을 따른다는 말은 정확히 누구의 뜻을 따른다는 것인지, 예를 들면 다수결에 의해 드러난 다수의견을 따른다는 것인지, 신문이나 SNS에서 가장 강하게 표출되는 의견을 따른다는 것인지, 국민의 의견이 이렇다고 하는 일부 장관들의 의견을 따른다는 것인지, 그동안 소외된 소수집단의 의견을 따른다는 것인지, 이성적 사고에 근거한 어떤 일반이익에 따른다는 것인지 알 수가 없습니다. 나아가 백성의 뜻을 따른다고 하지만 왕조국가에서 실제로 백성의 뜻을 민주주의 국가에서처럼 적극적으로 물었다고 할 수도 없습니다. 오히려 백성의 뜻이 군주에게 전달되는 것은 체계적으로 차단되었습니다. 백성들이 억압을 당해도 지방 수령을 고소할 수 없도록 규정한 부민고소금지법部民告訴禁止法이 대표적입니다.[44] 애초에 백성은 민본사상에서도 자발적이고 적극적인 존재, 즉 노심자勞心者가 아니라 윤리적으로 열등한 존재, 즉 노력자勞力者이기 때문입니다.[45]

요컨대 민본사상은 정치적 리더로 하여금 피지배계층에 관심을 가지도록 하는 측면에서 호소력이 있습니다. 정치적 리더에게도 자신들의 너그러움을 과시할 수 있다는 호소력이 있습니다. 그러다보니 민주주의 시대에도 여전히 민본이라는 말이 유통될 수 있는 것입니다. 게다가 우리는 지속적인 재해석을 통해 민본사상의 현대적 의의를 모색해나가고 있습니다. 민본사상은 우리에게 민주주의의 지향을 환기해주는 역할을 하는 것은 분명합니다. 다만 민본사상의 의의는 그것이 구현되었던 우리 현대사를 돌아볼 때 현대 자유민주주의의 관점에서는 제한적일 수 있다는 점을 생각해보지 않을 수 없는 것입니다. 역설적으로 우리가 더 나은 민주주의를 할 수 있다면 민본사상의 긍정적 측면도 오히려 좀더 가벼운 마음으로 수용할 수 있을 것입니다.

부족한 민주주의

민본사상의 한계를 지적하기는 했지만, 여전히 우리 마음속에 민본사상의 호소력이 있음을 부인하지는 못할 것 같습니다. 더욱이 그 대안으로서 민주주의는 오늘날과 같은 어려운 시절에 참 여러모로 부족합니다. 일종의 '선택적 민주주의'로서 민본사상의 호소력이 재생산되는 상황은 아래와 같은 민주주의의 부족이 만들어내는 틈을 실리콘으로 메꾸려는 시도와도 같습니다.

첫째, 민주주의에서는 의사결정이 빠르지 않습니다. 전형적인 민주적 의사결정 절차는 먼저 문제와 관련된 여러 시민들의 의견을 수집하는 기간을 길게 둡니다. 예를 들어 우리나라에서 법정 입법예고 기간은 법률과 대통령령 모두 40~60일입니다. 이 기간 동안 의견을 듣는다는 것입니다. 그러고서는 의견을 모아서 대안을 수정하고, 이를 국회에서 소관 상임위원회 소위원회, 상임위원회, 법제사법위원회, 그리고 본회의라는 길고 복잡한 절차를 거쳐서 결정합니다. 사안에 따라서는 대통령이 최종 결정을 좌우하기도 합니다. 설령 어떤 법령이 시행되었다 하더라도 누군가가 권리 침해를 이유로 집행정지 가처분 신청을 하고 소송에 들어가면 법원의 판단에 따라 다시 정책의 집행은 정지될 수 있습니다. 마지막으로 무사히 정책집행 단계에 들어서더라도 지방정부의 공무원들이 자원과 시간의 부족을 이유로 사실상 손을 놓고 있으면 되는 일은 아무것도 없습니다. 이 과정에서 강력한 이해집단들이 존재하고 그들 간 정치적 갈등이 있는 경우 정책결정이 언제 이루어질지는 아무도 모릅니다.

사실 의사결정이 빠르지 않은 것 자체는 단점이라고 하기 어렵습니다. 신중한 의사결정은 그 자체로 의사결정의 질을 높이고, 의사결정 이후 관련 집단의 협조를 얻기에 유리하기 때문입니다. 우리에게는 성급한 구매결정 이후 취소 버튼을 누르고 싶은 경험이 얼마나 많습니까. 국가적 사안에 대한 신중한 의사결정은 오히려 필요한 일이지 한계라고 하기는 어렵습니다. 그러나 여전히 문제의 성격에 따라서는 시간 자체가 문제 해결의 핵심 변수인 경우도 있고, 공익이 명백한데도 공적 의사결정에 영향을 미치는 강력한 집단이 존재하여 무의사결정이 일어나는 경우도 있습니다. 의사결정에 걸리는 시간이 긴 것이 민주주의의 필연적 한계는 아니지만, 빠른 결정이 필요한데도 빠른 결정을 하지 못할 때와, 의사결정이 길어지는 것이 정치적 무의사결정에 기인할 때 한계가 되는 것입니다.

둘째, 앞서도 언급했지만 국민이 주권자라는 관념은 너무나 추상적입니다. 우리는 민주주의 체제를 살아가면서 우리가 주권자라는 사실을 내심 자랑스러워하는 것 같습니다. 영화 「변호인」에서 변호사로 나온 배우가 "대한민국의 주권은 국민에게 있고!"라고 외칠 때 우리는 전율하기도 합니다. 그러나 현실을 돌아보면 그게 다입니다. 내가 주권자라는 것이 무슨 의미가 있습니까? 수 년이 걸리도록 천천히 진행되는 권리구제 소송에서, 이동할 수단도 없고 이동해서 누릴 삶도 없는 장애인들의 처지에서, 홀로 아이를 낳아 아무도 보호해주지 못하는 환경 아래 아이를 키우는 이들의 삶 등에서 주권sovereignty이라는 개념은 실체가 없어서 허탈하기만 합니다.

더욱이 내가 주권자이기는 하지만 나만 주권자인 것도 아닙니다. 우리 모두가 주권자입니다. 그럼 우리가 서로 생각이 다를 경우 어떻게 조정해야 할까요? 근본적으로는 국민이 주권자라는 관념에는 개인이 없습니다. 개인의 추상적 집합으로서, 기존의 군주에 대응하는 어떤 추상적 인격체로서 '국민'이 있을 따름입니다. 앞에서 든 사례들은 개인적 권리의 문제이지 엄밀히 말해 주권이 부족한 문제는 아닙니다. 개개인에게는 주권이 부족하고 부족하지 않고의 문제 자체가 제기되지 않습니다.

셋째, 세습이 아니라 선거라는 경쟁적 검증 제도를 통해 주기적으로 리더를 교체하는 민주주의에서도 위대한 리더가 자주 출현하기를 기대하기는 어렵습니다. 미국의 오랜 민주주의의 역사에서 위대한 리더로 평가받는 대통령은 조지 워싱턴George Washington, 에이브러햄 링컨이나 프랭클린 루스벨트Franklin D. Roosevelt 정도라는 점을 생각하면 알 수 있습니다. 2000년대부터 시작된 우리나라 고위공직자 인사청문회는 과연 우리 사회에 도덕적 리더가 있는지에 대한 의문을 불러일으켰고, 오늘날에 이르니 그런 희망은 거의 사라진 것 같습니다. 민주주의에서 장기집권은 내

각제를 채택한 일부 국가에서나 가능한 일이지, 우리처럼 대통령제를 채택한 국가에서는 결국 4~5년, 길어야 8년이면 리더가 교체됩니다. 그 리더들은 전권을 행사할 수 있지도 않습니다. 삼권분립과 같은 헌법적으로 숱한 제도적 제약에 가로막혀 있습니다. 물론 한국은 그 특수한 맥락상 이른바 '제왕적 대통령제'라는 용어가 있기도 하지만, 오늘날의 대통령은 제왕적이라고 낙인을 찍을 수 있을지는 몰라도 정말로 제왕적이라고 보기는 어려워졌습니다.

가장 근본적으로 누구나 메시아를 기대하지만 민주주의에서 리더는 모두의 메시아가 될 수는 없습니다. 너와 내가 생각이 다르다는 것을 인정한다면 너의 메시아가 나의 메시아가 될 수는 없는 노릇입니다. 그것은 집단주의적 환상일 뿐입니다. 물론 개인주의보다 집단주의를 선호할 수도 있습니다. 다만 민생 해결과 통합을 강조한 집단주의의 극단적인 형태가 전체주의이며, 그 경험적인 형태는 독일의 나치즘과 이탈리아의 파시즘이었음을 돌아보아야 합니다.

문제 해결을 넘어

민본과 민주 사이에서 우리의 마음은 흔들립니다. 온갖 비리와 부패로 얼룩졌거나, 능력도 없이 권력을 탐하는 이들이 자기를 뽑아달라고 선거에 출마하여 덜컥 당선되고 4년 동안 국정을 헤집고 다니는 정치체제가 플라톤적 사고를 하는 이들에게 달가울 리 없습니다. 민주주의는 이상적 사고에 익숙한 사람들에게도 불편한 체제이고, 더욱이 문제 해결 중심의 실무적 사고를 하는 이들에게도 참으로 마음에 들지 않는 정치체제입니다. 우리나라는 독재체제와 관료제 아래에서 오늘과 같은 번영에까지 이르렀으니 통치자부터 관료, 시민에 이르기까지 민주주의가 우리의 마음속에 그리 큰 자리를 차지하고 있지 않은 것도 이해가 됩니다. 그러나 독재가 답이 될 수는 없습니다. 우리가 민주주의와 대조해 독재에 기대하는 그 '시원시원함'은 결국 우리 자신에게 시원시원하게 잘 드는 검으로 돌아오게 될 것입니다.

민주주의에 부족한 것이 있는 것은 사실입니다. 그러나 그것은 민주주의가 문제 해결보다 더 중요한 가치를 지향하기 때문입니다. 바로 우리의 자유입니다. 시원시원하지 않은 민주주의의 역설적 장점에 대해 프랑스의 사상가 알렉시 드 토크빌Alexis de Tocqueville은 『미국의 민주주의』에서 다음과 같이 말했습니다. 음미할 만한 부분이라 길게 인용합니다.

민주정치의 반대자들이 만인의 정부보다는 단 한 사람이 하려는 바를 더욱 훌륭하게 해낸다고 주장한다면 그들의 말은 옳은 것 같다. 양쪽의 어느 경우에나 지식에 차이가 없다고 상정할 경우, 한 사람이 움직이는 정부는 다수가 움직이는 정부보다는 더 일관성 있고 인내성 있고 통일적이며 세부사항에 있어서도 정확하다. 또한 그런 정부는 채용할 관리들을 더욱 엄격하게 선발한다. 어떤 사람이 이런 사실을 부인한다면, 그들은 민주정치를 한번도 보지 못했거나 일방적인 증거에 따라서 판단한 것이다. (…) 자유로운 민주정치는 능란한 기술을 가진 전제정치처럼 그 모든 계획을 말쑥하게 성취하지는 못한다. 민주정치는 결과가 나타나기도 전에 계획들을 포기하거나 위태로운 결과를 낳을지도 모를 경우 그 계획들을 내버려두는 일이 흔하다. 그러나 민주정치는 어떤 형태의 절대정치보다 많은 결실을 거둔다. 잘하는 것이 많지는 않아도 더 많은 일을 해내는 것이다. 민주정치 아래서는 정부가 하는 일에서보다는 정부가 개입하지 않거나 정부 밖에서 이루어진 일의 성과가 더욱 돋보이는 것이다. 민주정치는 국민에게 가장 능란한 정부를 제공해주지는 않지만 가장 유능한 정부라도 흔히 이루어놓을 수 없는 것을 만들어낸다. 다시 말하자면 잠시도 쉬지 않고 모든 부문에 걸치는 활동, 충만한 힘, 그리고 아무리 불리한 상황이라도 기적들을 낳을 수 있는 민주주의와는 뗄 수 없는 활력, 그런 것들이 민주정치의 진정한 장점들이다.[46]

토크빌이 주목한 것은 시원시원한 정부가 아니라 시민사회의 활력이고, 그것을 가능하게 하는 공적 인프라로서 민주정부입니다. 결국 우리 삶을 살 만한 삶으로 만드는 것은 정부가 아니라 우리 자신인 것입니다. 조선 건국을 주제로 한 드라마에 주로 나오는 '생생지락生生之樂'이라는 말은 『세종실록』에 세종의 치세를 평가한 사관의 다음과 같은 기록에서 나온 것입니다: "민락생생자 범삼십여년(民樂生生者 凡三十餘年)."[47] 즉 백성이 삶을 살아가는 기쁨을 누린 것이 무릇 30여년이었다는 것입니다. 한명의 리더에게 주어질 수 있는 찬사 중 이만한 찬사가 또 있을까 싶은 아름다운 구절입니다. 그러나 오늘날 민주주의 사회에서 사람들이 삶을 살아가는 기쁨을 누리게 하는 권리와 책임은 우리 자신에게 있습니다. 우리는 우리 각자의 방식으로 우리가 원하는 삶을 살아갈 권리가 있습니다. 우리는 우리가 원하지 않는 방식으로 우리가 원하지 않는 형태의 삶을, 그러나 물질적으로는 안정적이고 풍족한 삶을 사는 것에 만족하는 동물이 아닙니다. 비록 지난 발전국가 시대에 정부가 많은 기회를 창출한 것은 사실이지만, 그 시대는 역사의 뒤안길로 사라져가고 있습니다. 오늘날의 복잡한 문제는 거대한 한명의 철인왕, 즉 국가가 아니라 작은 수많은 시민들이 풀어가야 하는 것들입니다.

어떤 사람은 권력을 쥐고 다른 사람들은 그에 복종하기 마련입니다. 누군가가 영속적으로 권력을 쥔다면, 설령 그가 처음에는 아무리 자애롭다 하더라도 타락하기 마련입니다. 누군가에게 영속적으로 복종만이 허락된다면, 처음에는 자유로운 마음이 남아 있다 하더라도 타락하기 마련입니다. 일방적인 관계는 결국 정당성을 상실하고 자유를 앗아갑니다. 그리고 그런 권력에 순응할 때 우리의 마음은 타락합니다. 능란한 정부가 아니라 평범한 국민에게 잘할 기회를 주는 것이 민주주의의 가치입니다. 그래서 역설적으로 서툰 정부는 오히려 민주주의에는 축복인지도 모릅니다. 우리의 주체성을 강화하는 계기가 된다면 말입니다.

Democracy

for

the Least

민주주의의 마음

인간의 마음은 민주주의의 첫번째 집이다. 거기에서 우리는 묻는다. 우리는 공정할 수 있는가? 우리는 너그러울 수 있는가? 우리는 단지 생각만이 아니라 전 존재로 경청할 수 있는가? 그리고 의견보다는 관심을 줄 수 있는가? 살아 있는 민주주의를 추구하기 위해 용기있게, 끊임없이, 절대로 포기하지 않고, 동료 시민을 신뢰하겠다고 결심할 수 있는가?

— 테리 템페스트 윌리엄스 「관여」(Engagement)[1]

나는 사랑이란 인간에 대한 존중에 생명력을 불어넣는 것이라 생각한다.

— 마사 누스바움 『정치적 감정』

우리는 이 시대가 직면한 문제들을 함께 풀기 위해 민주주의라는 불완전한 정치체제에 의존하고 있습니다. 앞의 네 장에서 이야기 나누었듯이 민주주의는 참으로 많은 역설과 한계들을 안고 있습니다. 그것들을 생각하면 민주주의 체제가 역사 속에서 생각보다 오래간다고 보아도 이상하지 않을 지경입니다. 게다가 인류 역사 대부분은 왕조와 독재체제로 채워져 있습니다. 심지어 현재도 많은 국가들은 독재체제로 작동하고 있습니다. 민주주의는 통시적으로나 공시적으로나 참으로 예외적입니다. 그리고 이 예외성이 누군가에게는 소중함으로, 누군가에게는 불편함으로 다가오는 것 같습니다.

민주주의는 우리에게 많은 것을 요구합니다. 왜냐하면 민주주의는 이념적으로 볼 때 우리가 스스로 통치하는 체제이기 때문입니다. 민주주의에서 우리 한 사람 한 사람은 민본적 왕과 같은 통치의 부담을 스스로 져야 합니다. 때로는 그냥 포기하고 다시 백성으로 살고 싶어질 정도로 말입니다. 우리 한 사람 한 사람이 자유로운 시민이 될 마음이 없다면 민주주의는 한 세대가 지나기 전에 사라질 수도 있습니다.

그래서 테리 템페스트 윌리엄스가 "인간의 마음은 민주주의의 첫번째 집이다"라고 한 말은 적절합니다. 민주주의는 헌법과 법률, 대통령 집무실, 여의도 국회의사당, 다수결 원칙 같은 것으로 드러나 있지만, 그 근원은 우리의 마음입니다. 민주주의는 우리 각자의 마음에서 시작하여 우리의 집합적 행동에 의해 구현되는 체제입니다.

이 장에서는 윌리엄스가 우리에게 던진 질문을 통해 민주주의의 마음을 돌아보고자 합니다. 먼저 공정과 너그러움에 대해 이야기합니다. 이 안에는 윌리엄스가 강조한 경청과 관심, 그리고 용기가 함께 녹아 있습니다. 그런데 민주주의의 마음에는 어두운 부분도 있습니다. 그래서 우리는 마음의 부패에 대해서도 살펴볼 필요가 있습니다. 마지막으로 근대의 통제 욕구를 반영하는 공적 감정으로서 두려움과 혐오, 그 대척점에서 공존을 지향하는 사랑과 슬픔에 대해 이야기를 나누어봅니다. 특히 마지막 부분에서는 비통해하는 동료 시민과 우리가 무엇을 할 수 있는지에 대한 고민을 나누고자 합니다.

공정과 너그러움

충忠과 서恕

공정이란 개념은 합의되지 않은 여러 의미로 쓰이고, 더군다나 너그러움과 함께 논의될 수 있는 것인지에 대해서도 의문이 있을 수 있습니다. 그런데 이 둘을 함께 논의하는 것이 여러모로 유익합니다. 이 둘은 구분되면서도 이어져 있기 때문입니다.

문재인 대통령은 2017년 대통령 취임사에서 “기회는 평등할 것입니다. 과정은 공정할 것입니다. 결과는 정의로울 것입니다”라고 연설했습니다. 이 유명한 문구에 사용된 평등, 공정, 정의는 학문적으로 엄밀하게 구분해서 썼다기보다는 수사학적 차원에서 사용했다고 하겠습니다. 어쨌든 당시의 사회적 분위기를 통해 생각해보자면, 기회의 평등은 시민들이 어느 정도 양적으로나 질적으로 유사한 수준의 기회를 누릴 수 있음을 의미한다고 하겠습니다. 과정의 공정은 특정한 인물의 자의성이 아니라 누구나 예측 가능하고 표준적이며 투명한 기준과 절차에 따라 공적 의사결정이 진행됨을 의미한다고 하겠습니다. 결과가 정의롭다는 것은 아마도 모든 사람이 동일한 결과를 받아든다는 것이라기보다 이러한 기회와 과정의 결과를 사람들이 마음에 수용할 수 있는, 누군가가 부당하게 더 가지거나 덜 가졌다고 생각되지 않는 상태를 의미할 것입니다.

여기서 모두가 동의하지는 않을 다양한 공정의 개념을 굳이 이야기한 것은 이러한 개념들이 가리키는 하나의 공통된 방향이 있다고 생각되기 때문입니다. 그것은 바로 '바름'에 대한 것입니다. 우리가 기회가 평등하고, 과정이 공정하고, 결과가 정의롭기를 바라는 것은 그것이 우리에게 직접적 이익이 되고 안 되고를 떠나, 그 자체로 바르다고 생각하기 때문입니다. 비록 인간의 이성, 즉 논리로 이러한 정의론의 완벽한 구조를 세운 이는 지금까지 없지만, 우리는 우리의 이성과 감정을 모두 동원하여 대략 무엇이 바르다는 감각, 예컨대 애덤 스미스Adam Smith가 『도덕감정론』에서 내면의 '공정한 관찰자'라고 불렀던 그런 감각을 집단적으로 구성해왔습니다.[2] 이 바름에 대한 마음의 갈망이 서양에서는 '지혜에 대한 사랑'philosophy으로서 존재론과 윤리학의 형태로 이어져왔고, 동양에서는 '충忠'을 강조하는 형태로 이어져왔습니다. 특히 유학의 충 개념은 흥미롭습니다. 충은 한자의 구성에서 볼 수 있듯이 '마음'입니다. 성리학의 체계를 잡은 주자朱子는 진심진기盡心盡己, 즉 우선 진리를 궁구하여 자신의 수양을 지향하는 충을 강조했습니다.[3] 오늘날 우리는 충이라고 하면 대개 국가나 군주에 대한 충성을 떠올리지만, 학자들은 '군주에 대한 마음씀'으로 충 개념이 사용된 것은 전제군주국가에서 유교를 통치 원리로 삼았기 때문이라고 봅니다.[4] 그 마음이 어디로 향하든 충이란 기본적으로 자신을 다하는 것입니다. 그리고 이러한 충을 이루고서 다른 사람들에게 이를 적용하고 가르치는 등 미루어가는 것이 서恕라고 보았습니다. 요는 자신이 우선 바로 서야 한다는 것입니다. 그런데 공자孔子 자신은 충에 대해서는 별다른 언급이 없었고, 대신 "남에게 대접을 받고자 하는 대로 너희도 남에게 대접하라"라는 서양의 황금률과 유사하게 "자신이 원치 않는 일을 남에게도 강요해서는 안된다"[5]는 의미로 서恕를 언급했습니다. 그래서 서恕는 인仁과 긴밀히 연결된, 타인을 지향하는 관계의 마음입니다.

유학에서 충과 서는 함께 다루어집니다. 『논어』에서 공자는 자신의 도가 하나로 관통한다고 했는데, 증자曾子가 그것을 '충서忠恕'라고 말한 것입니다.[6] 따라서 본질적으로 충과 서는 별개로 이해하기보다는 상호 긴밀히 연관된 개념으로 보아야 합니다. 그럼에도 불구하고 충과 서 개념에는 공정과 너그러움이라는 논의에 비추어 긴장을 유발하는 지점이 있습니다. 특히 충서의 실천에 있어서 무엇이 먼저냐의 문제가 있습니다. 당연히 함께 가야 하는 것 아니냐고 하겠지만, 논리적으로는 그렇게 간단한 문제가 아닙니다.

성리학에서 마음에 대한 이론에는 인심도심설人心道心說이 있습니다. 말 그대로 사람의 마음(그 상태 혹은 지향)을 인심人心과 도심道心으로 대조하는 관점입니다. 인심은 개인의 욕구를 지향하는 마음이며, 도심은 진리를 지향하는 마음 혹은 그것을 깨달아 실천하는 마음입니다. 성리학의 기초는 개인의 수양이기에 사람은 도심을 지향하고 수양에 정진해야 합니다. 이것이 충입니다. 마음을 다하고 자신을 다하는 것, 그것이 윤리적 행동의 기초요 사람과 사람의 관계의 기초라는 것입니다. 일견 납득이 됩니다. 자신이 우선 바로 서야 다른 사람과의 관계를 올바르게 가져갈 수 있겠지요. 바로 서 있지 못하는 (주자의 논리를 그대로 빌리자면) 도적 같은 무리끼리 서로 너그러워봐야 도적질만 잘 하게 될 뿐이라는 식의 논리는 그럴듯합니다.[7] 문제는 이러한 사상이 낳은, 의도하지도 예상하지도 않았을 사회적 결과입니다. 이理(진리, 이치, 합리 등) 중심 철학은 보편성과 총체성을 추구합니다. 그러니 역설과 다양성을 담아내기에는 한계가 있습니다. 논리구조도 그러하지만 그것을 추구하는 인간의 마음이 그것을 담아내기 어려워 보입니다. 바로 이념적 교조화로 인해 오늘날 민주주의의 가장 중요한 가치 중 하나인 관용, 즉 사람들의 서로 다름을 수용하는 태도를 취하기 어려워진다는 점입니다. 주자의 후예들은 충하면 모두가 같은 깨달음, 즉 '이理'를 깨우칠 것이라고 가정했을지 모릅니다. 문제는 내가 깨달았다고 믿는 이理와 타인이 깨달았다고 믿는 이理가 다른 경우 무엇이 옳으냐는 것입니다.

자신이 깨달은 이치에 유달리 애착을 가지는 마음은 우리 모두가 지니고 있습니다. 그렇기에 그 이치를 반박당하면 강렬한 감정이 일어납니다. 이치로 사람을 죽인다는 '이리살인以理殺人' 혹은 '잔인각박殘忍刻薄'이라는 표현이 함축하듯이, 이理를 향한 충심은 나와 다른 이理를 주장하는 이들에 대한 분노와 혐오를 낳습니다. 혹은 다른 이유로 혐오하는 이들을 "다른 이理를 주장한다"는 명목으로 이단으로 만들어버릴 수도 있습니다. 이것은 반드시 성리학적 사회뿐 아니라 기독교가 지배한 중세와 근대, 이성을 극단적으로 숭앙했던 계몽주의의 시대, 심지어 오늘날의 종교적·정치적 근본주의 진영에서도 발견되는 일입니다. 모두 이理에 대한 충심이 서恕로 이어지지 못한 인간의 역사입니다.

근대 일본의 유학자 이토 진사이伊藤仁斉는 이러한 성리학적 충서忠恕 개념을 비판하면서 서를 기반으로 하는 철학을 제시했습니다.[8] 그는 "자신의 마음을 남김없이 다 쓰는 것을 충이라 하고 남의 마음을 헤아리고 생각하는 것을 서"라고 하면서 남의 마음을 헤아린다는 것이 무엇인지에 대해 다음과 같이 자세히 말했습니다. 결국 그 핵심은 각박해지지 않는 것입니다.

> 타인의 마음을 헤아릴 수 있으면 타인의 고통과 괴로움, 질병이 모두 자신에게 절실해진다. (…) 사람을 대할 때 반드시 그가 좋아하고 싫어하는 것이 무엇인지, 그들의 처지와 하는 일이 어떤지 헤아려 그 마음을 자기 마음으로 여기고, 그 몸을 자기 몸으로 여겨 구석구석 체득하려 살펴 생각하고 헤아리면, 사람들의 허물이 늘 어쩔 수 없는 데서 나오거나 혹은 감당할 수 없는 데서 생겨나기에, 심하게 미워하고 싫어해서는 안되는 게 있음을 알게 될 것이다. 너그럽고 포용하는 마음으로 매사에 관대하도록 꼭 힘써 각박한 태도로 대하는 데 이르지 않는다. (…) 훌륭한 관리가 옥사를 판결하듯이 죄를 지었을 때 분명 합당한 처벌을 내려야 하지. 하지만 깊이 그 마음을 체득해 살핀다면 오히려 얼마간 가련하게 여겨 용서하는 정을 갖게 되지. 하물며 사람들이 잘못했을 때, 그 죄에 확실히 용서할 점이 있음에랴.[9]

여기서 이토 진사이는 이해, 관용, 그리고 용서를 말하고 있습니다. 너그러움이란 일방적인 시혜나 마음의 '집행유예'가 아니라 타자를 인정하고 이해하고자 노력하며 그의 처지에서 나온 행동을 끝까지 존중하는 것을 의미합니다. 우리가 알고 있다고 믿는 부분적 진리로 이해되지도 설명되지도 않는 타자의 존재를 파괴하는 것이 아니라, 미움에 이르지 않고 각박함에 이르지 않는 것을 의미합니다. 힘든 일이겠지요. 그래서 여기서 충은 서와 흥미로운 모습으로 결합됩니다. 실천하기 힘든 서를 열심히 실천하는 모습이 바로 충인 것입니다.

우리가 살아가는 데는 진리도 중요하고 너그러움도 중요합니다. 진리를 모르고서는 일을 이루어내기도 어렵고 올바른 일을 하기도 어렵습니다. 너그러움을 모르고서는 부분적으로밖에 알지 못하는 진리를 앞세워 다른 사람들을 부당하게 핍박하는 마음을 가지게 됩니다. 너그러움이 없는 진리는 진리가 아니라 마음의 창검일 뿐입니다. 사실 이렇게 보면 너그러움이 없는 마음 자체가 진리를 깨닫지 못한 마음이라고도 할 수 있습니다. 우리가 "인간으로서는 진리를 온전히 알 수는 없다"는 진리를 알지 못하는 상태이기 때문입니다. 너그러움 역시 진리의 일부입니다. 예수의 사도 바울은 고린도교회에 보내는 편지에서 이렇게 강조했습니다.

> 내가 예언하는 능력을 가지고 있을지라도, 또 모든 비밀과 모든 지식을 가지고 있을지라도 (…) 사랑이 없으면 아무것도 아닙니다. (…) 온전한 것이 올 때에

는 부분적인 것은 사라집니다.[10]

민주주의는 소란스러운 정치체제입니다. 어떤 이들의 눈에는 '무지한 자들이 저마다 자기 목소리를 내는 한심한' 정치체제로 보일 것입니다. 여러분은 어떠십니까? 여러분 귀에는 여러분의 의견과 다른 의견을 참 열심을 내서 외치는 이들의 목소리가 들리십니까? 만일 그런 소리가 영 하찮고 한심하고 혐오스럽게 느껴진다면 민주주의가 서 있을 마음의 장소는 없을 것입니다. 법제도는 민주주의일지라도 우리는 민주주의 사회에 살고 있는 것이 아닐 것입니다. 반면 만일 그런 소리가 우리의 마음에 들려 우리의 마음을 조금이라도 움직인다면 그것이 민주주의의 마음이고 민주주의의 기초입니다. 그리고 그런 마음이 결국 우리의 공존을 가능하게 해줄 것입니다. 우리 자신의 목소리라고 해서 타인에게 별다르겠습니까. 다른 이들에게는 똑같이 하찮고 한심하고 혐오스러운 소리일 수 있는 것입니다. 서로가 먼저 '서恕'하지 않고서 그 목소리들을 들을 방법이 있을까요?

자격의 요구

우리 안에 자리 잡은 '공정'하지만 모진 마음 한가지를 언급하면서 논의를 확장해봅시다. 현대의 자유주의적 복지국가는 정부의 복지서비스를 원하는 이들에게 '지원을 받을 자격'을 요구합니다. 소득이 충분히 작은지, 혹시 다른 여유있는 가족은 없는지,

장애는 충분히 심각한지 등 몇가지 기준을 통과해야 합니다. 또한 도움은 한시적으로만 필요하다는 일종의 사회적 계약을 맺어야 합니다. 실업급여는 다시 직장을 구하겠다는 의지, 그 의지를 증명하는 재교육 등을 수반합니다. 기초생활보장 수급 역시 소득이 증가하면 그만큼 혜택이 줄어듭니다.

2022년 기준, 우리나라 복지제도의 근간 중 하나인 기초생활보장제도에서 기초생활수급자로 선정되기 위한 조건은 두가지입니다. 첫째, 부양의무자가 없거나, 있어도 부양능력이 없어야 합니다. 또는 부양을 받을 수 없음을 증빙해야 합니다. 둘째, 소득과 재산을 합하여 기준 중위소득 30% 이하여야 합니다. 장애인 지원을 받으려면 자신의 장애 정도를 측정받아야 하고,[11] 자신의 필요를 자세히 제시해야 합니다. 고용노동부는 "근로자가 실직했을 때 일정 기간 급여를 지급하여 생활의 안정 및 재취업을 도와주는 제도"인 고용보험의 실업급여 자격을 확인할 수 있는 모의 테스트를 제공하고 있습니다.[12] 여러분은 다음의 다섯가지 질문을 받게 됩니다.

(1) 귀하는 고용보험에 가입하신 적이 있으십니까? (2) 귀하의 피보험단위기간(실제 근무일수, 유급휴일 포함)은 180일 이상인가요? (3) 귀하의 퇴직사유가 아래의 정당한 사유에 해당되십니까? (4) 귀하는 구직신청 및 수급자격인정 신청을 하셨습니까? (5) 실업인정을 받기 위해서는 근로의 의사와 능력을 가지고 '적극적인 재취업활동'을 위한 노력에도 불구하고 취업을 하지 못한 상태에 있어야 합니다. 귀하는 아래와 같이 '적극적인 재취업활동'을 신고하고 실업인정

신청서를 통해 고용센터로부터 실업인정을 받았습니까?

여러분은 어떤 생각이 드십니까? 이런 조건들은 과연 무엇을 위해 존재하는 것일까요? 바로 언론에 자주 등장하는 '부정수급자'처럼, 자격을 갖추지 않은 사람을 걸러내는 데에 초점이 있습니다. 문제는 걸러내기에 초점을 두다보면 거르기는 잘할지 모르지만 선정되어야 할 사람까지도 거르는 잘못된 결정을 내릴 가능성이 높아진다는 점입니다.

이러한 역설은 통계학의 개념인 1종오류와 2종오류로 설명될 수 있습니다. 우리는 미국에서 벌어진 9·11테러 이후 공항 보안검색이 강화된 시대를 살고 있습니다. 혹시나 모를 테러범이 탑승하지 못하도록 수백, 수천만의 승객들이 강화된 보안검색을 감수하며 여행을 하고 있습니다. 여기서 1종오류란 테러범이 아닌데도 보안요원이 너무 민감하게 기준을 적용하여 테러범이라고 의심하는 것을 의미합니다. 반대로 2종오류란 보안요원이 기준을 느슨하게 적용하여 테러범인데도 테러범이 아니라고 들여보내는 것을 의미합니다.[13] 두 종의 오류 모두 좋지 않으니, 이들을 동시에 줄이면 되지 않겠는가라고 생각할 수 있지만, 개념적으로는 주어진 조건이 동일하다면 1종오류와 2종오류는 서로 상충하는 관계에 있습니다. 보안 기준을 엄격하게 적용하면 2종오류의 가능성은 줄어들지만 1종오류의 가능성은 증가합니다. 반대로 느슨하게 적용하면 우리가 억울한 일을 당할 1종오류의 가능성은 줄어들지만 어쩌면 아주 드문 확률로 테러범과 함께 비행기를 타게 될 수도 있습니다. 결국 여기서 우리의 정치적 선택은 어느 오류의 사회적 비용이 더 큰가, 어느 오류가 더 치명적인가, 어느 오류가 개인의 권익을 더 침해하는가, 어느 오류가 더 비윤리적인가, 그리고 (다소 이기적으로) 어느 오류가 나에게 발생할 가능성이 더 높은가 등 일반적인 윤리적 의사결정의 기준들에 따라 이루어집니다.

시민들이 정부의 복지정책에 참여하고자 할 때 적용되는 기준들은 1종오류와 2종오류의 역설 사이에 놓여 있습니다. 기초생활보장수급 지원자가 자격이 없는데 선정될 경우, 우리는 언론에서 자주 보듯이 임대주택 주차장에 고급 외제차가 즐비하다는 뉴스를 접하게 됩니다.[14] 거꾸로 지원 자격이 있는데 선정되지 않을 경우, 우리는 또 언론에서 좁은 월세방에 살던 일가족이 비극적인 죽음을 맞이했다는 슬픈 뉴스를 접하게 됩니다.[15] 우리는 복지정책에서 지원 자격을 정하고 적용할 때, 1종오류와 2종오류의 가능성 사이에서 선택을 하는 것입니다.

이제 여러분이라면 어떻게 하시겠습니까? 너무도 슬픈 역설이라 무엇을 생각해야 할지 확신하기 어렵습니다. 다만, 국민의 세금을 허투루 쓸 수 없고, 국민을 속인 거짓 신청자가 다수 나오는 것은 정치적으로도 감당할 수 없기에 기준을 엄격하게 적용한다는 논리는 잘 알려졌고 잘 이해가 되는 반면, 실제로 이러한 복지 프로그램이 필요한 이들의 처지는 상대적으로 잘 알려져 있지 않다는 점을 지적하고 싶습니다. 후자에 대해서 조금만 더 이야기해봅시다.

장혜영은 『어른이 되면』에서 발달장애인을 위한 활동지원서비스를 신청하기 위해 관공서에 갔던 경험을 기술하면서 당시의 심정을 아래와 같이 기술했습니다.

> 나는 깨달았다. 내가 이야기를 나누고 있는 상대는 사람이라기보다는 질문 몇가지가 가지런히 적힌 종잇장이었다. 아무리 우리의 상황을 입체적으로 설명한다 해도 그것은 의미 없는 몸짓이었다. 종잇장이 허용하는 대답은 예 혹은 아니오였다. 그러나 나는 이야기하지 않을 수 없었다. (…) 이 질문들이 얼마나 공허하게 느껴지는지 그가 깨닫기를 간절히 바라며 말했다.[16]

그리고 이어지는 다음 절차에 대한 (어쩌면 막막한) 느낌을 아래와 같이 담담히 기술했습니다.

> 이제 그가 작성한 심사기록은 관할 구청으로 넘어가 한달에 한번 열리는 심의위원회에서 열명 남짓한 심사위원들에게 다시 심사를 받게 될 것이다. 심사위원은 장애전문가(?), 의료전문가, 장애인단체 대표자들 등으로 구성되는데 그들은 이 심사를 바탕으로 (…) '활동지원등급'이라는 것을 결정하고 그에 따라 활동보조인을 이용할 수 있는 시간이 결정될 것이다. 심의 결과는 우편으로 통지한다고 했다. 이제 우리는 멀거니 기다리는 것 말고는 할 일이 없었다.[17]

여기서 우리는 심사담당자의 처지가 되었을 때 어떤 태도를 보일지, 법정 기준을 어떻게 판단하고 처리할지를 논하려는 것이 아닙니다. 우리 중 누구라도 이 심사담당자들이 자신들의 책무를 다해주기를 바랄 것입니다. 여기서 하고자 하는 이야기는 우리를 의심하도록 설계된 제도 앞에서, 그리고 그 의심조차 너무나 형식적인 형태로 설계된 제도 앞에서 갖게 되는 우리의 실존적·정치적 감정에 대한 것입니다. 주권자로서의 시민이 아니라, 헌법적 권리가 관료적 절차로 구현되었을 때 그 앞에서 인간으로서 가지게 되는 느낌에 대한 것입니다.

자격의 요구는 정부의 정책에서만 발생하는 것이 아닙니다. 우리는 평소에 동료 시민들을 바라보는 관점에서도 어떤 '~다움'을 요청하는 마음을 돌아볼 필요가 있습니다. 예를 들어 성남에서 노숙인 급식을 제공하는 안나의 집을 운영한 김하종 신부는 『순간의 두려움 매일의 기적』에서 '노숙인다움'에 대한 고민을 피력했습니다.[18] 이 책에는 정말 어려운 대다수의 방문자들 사이사이에 끼니를 때울 능력이 있는 사람들, '셀폰'을 사용하는 사람들, 거짓말하는 사람들, 폭력을 사용하는 사람들이 나옵니다. 신부님도 이들을 볼 때면 마음이 상하고 흔들린다고 고백합니다.[19]

노숙인의 경우만이 아니겠죠. 사람들은 본능적으로 자신이 무상으로 제공하는 재화나 서비스를 받는 사람에게 어떤 '약자다움'을 요구합니다. 약자에게 너그러운 마음을 가질 수는 있으나, 그 마음이 지향하는 존재는 어느 모로 보나 약자여야 하는 것입니다. 팀 켈러Timothy J. Keller는 『정의란 무엇인가』에서 한 일화를 보여줍니다.[20] 자신이 목회를 하던 교회에 남편 없이 네명의 자녀를 키우며 빚 때문에 어려움을 겪는 여성이 있었는데, 교회 사람들이 힘을 모아 우선 빚을 갚으라며 재정적 지원을 했습니다. 그런데 석달 뒤에 보니 그 여성이 그 돈으로 패스트푸드를 사고, 가족들과 레스토랑에 가고, 아이들에게 새 자전거를 한대씩 사주었다는 사실이 드러났습니다. 한 관련자의 분노가 마치 우리의 마음을 대변하는 것 같습니다.

> "무슨 일이 있어도 돈을 더 주어서는 안 됩니다. 그 양반이 가난하게 사는 데는 다 이유가 있었어요. 무책임하고 무절제하게 살잖아요. 하나님의 돈을 함부로 써버리다니, 그게 말이 됩니까!"

이 사례의 본질은 우리의 돈이 소기의 목적에 맞게 지출되지 못했다는 데 있는 것이 아닙니다. 우리의 세금이 소기의 목적과 다른 형태로 뿌려진 사례는 수도 없이 많습니다. 2000년대부터 중앙정부가 본격적으로 지출하기 시작한 저출생 정책 예산이나 지방자치단체들의 실패한 축제와 무리한 상징물 사업 등 허공에 흩어진 듯 사라진 정부 지출이 언론의 조롱을 받는 경우는 많습니다. 그럴 때면 우리는 끌끌 혀를 차며 '합리적 분노'를 표출합니다. 그런데 앞에서 인용한 분노가 유별난 것은 자신이 준 돈의 결과에 대한 합리적 분노가 아니라 약자답지 못한 자에 대한 '도덕적 분노'이기 때문입니다.

요컨대 '약자다움'을 요구하는 문화는 도움을 받는 이에게서 그 자격, 현 상황을 벗어나겠다는 의지, 약자임을 증명할 수 있는 정보, 그리고 도움을 주는 사람의 의도대로 살 것이라는 윤리적 순종 등을 기대합니다. 결정적으로 도움을 받는 사람이 도움을 주는 사람과 유사한 삶을 살고 있으면 안됩니다. 후원금을 모금하기 위해 지독한 빈곤을 보여주면서 눈물을 자아내는 영상 광고를 빈곤포르노라고 부릅니다. 빈곤포르노는 대상의 약자다움을 극대화함으로써 후원자의 자기만족을 극대화하는 심리적 기제에 기반하고 있습니다. 후원자의 입장에서는 자신의 후원금이 후원받을 자격 자체가 충분한, 약자스러움을 충족하는 이에게 향하고 있다는 확신이 들 때 효용감이 극대화됩니다. 『냉정한 이타주의자』를 쓴 윌리엄 맥어스킬William MacAskill은 기부의 효용을 생각해보라고 노골적으로 주장합니다.[21] 그러나 그 증명을, 즉 내 후원금이 효율적으로 쓰일 것이라는 증명을 후원의 대상에게 요구·전가하거나, 그들의 삶의 폭을 좁힐 것을 기대할 때 약자다움의 요구는 폭력이 됩니다.

여기서 정부가 아무 조건 없이 복지예산을 뿌리라는 의미가 아님은 말할 필요도 없지만 다시 말해야 하는 것이 현실입니다. 다시금 우리는 1종오류와 2종오류 사이에서 선택하는 것입니다. 말은 이리해도 우리는 결국 어떤 '~다움'을, 좀더 관료적 표현으로는 '자격요건'을 또 생각하고 생각할 것입니다. 마치 코끼리는 생각하지 말라고 말하면 오히려 생각하게 되는 역설처럼[22] 우리는 '~다움'을 잊으려 하면 할수록 계속 그것을 요구할 것입니다. 의심을 기본으로 해서 설계된 제도는 1종오류와 2종오류 사이를 방황하다가 그 의심을 통과하는 서류를 준비하기 버거워하는 이들, 이쪽일 수도 저쪽일 수도 있는 경계선상의 삶을 살아가는 이들을 절망으로 몰아넣는 오류는 감수하면서, 그 제도를 충분히 우회할 전략이 있는 이들이 선정되는 것은 막지 못하는, 역선택이라는 또다른 오류를 낳습니다.

마지막으로 앞에서 언급한 네 아이의 어머니 이야기의 후일담으로 논의를 마무리하고자 합니다. 팀 켈러는 아래와 같이 묘사합니다.

> 얼마쯤 시간이 흐르자, 그녀가 교회에서 제공한 돈으로 (…) 허비했던 까닭이 선명하게 드러났다. 그녀는 아이들에게까지 가난한 삶을 대물림했다는 사실에 이루 말할 수 없는 죄의식을 느꼈던 것이다. "아빠 없이 엄마 밑에서 자라는 아이들이 얼마나 힘들었겠어요. 온 동네 친구들이 다 가지고 있는 것들을 저는 하나도 사주지 못했어요." (…) 형편을 헤아리고 보기 시작하자 여인의 반응을 충분히 이해할 수 있었을뿐더러 다들 큰 감동을 받았다. (…) 그렇지만 약속을 어긴 것 역시 엄연한 사실이어서 (…) 장기적인 계획을 세울 수 있도록 돕자는 쪽으로 의견을 모았다.[23]

우리는 모두 서로를 먼저 이해할 필요가 있습니다. 그래서 우리는 시민적 상상력에 대한 논의로 넘어갑니다.

'서恕'와 시민적 상상력

'서恕'의 개념이 민주적 시민으로서 우리에게 일깨우는 중요한 것 한가지는 우리 사이에 경험의 공유가 민주주의의 기초가 된다는 점입니다. 경험의 차이는 배타성으로 이어집니다. 우리는 우리와 다른 존재를 잘 받아들이지 못하지요. 그런데 민주주의는 이 배타성과 끊임없이 씨름해야 하는 체제입니다. 대의민주주의의 시대를 지나 참여민주주의의 시대에 이르러 민주주의에서 '포괄성'inclusiveness이 강조되는 것은 자연스러운 현상입니다. 민주주의는 우리가 '민'이라고 부를 수 있는, 공적公的 공간空間을 공유共有하고 있는 모든 이들이 주인공으로 포괄되는 체제입니다.

이러한 사고는 특히 환경 및 지방자치 연구에서 주목하는 '주민주권' 개념에 잘 녹아 있습니다.[24] 주민주권의 개념에 따를 때 주민의 권리는 그 지역에 거주하는 '사람'이기 때문에 부여되는 것이지, 국적을 지닌 '국민'이기 때문에 부여되는 것이 아닙니다. 함께 지역에서 거주하고 있다면 누구라도 코로나19 같은 상황에서 정보를 제공받을 권리, 마스크를 지급받을 권리, 백신을 맞을 권리, 부당하게 격리되지 않을 권리가 있는 것입니다.

그런데 이렇게 내 주변의 타자들을 적극적으로 인정할 때, 우리는 그들과의 거리를 설정하는 문제에 직면합니다. 우리는 우리가 다른 사람들과 같아질 수는 없다는 사실을 잘 알고 있습니다. 범신론적 사고나 이성중심적 사고에는 이러한 동일성의 경향이 있습니다. 그러나 현실의 우리는 모두 다릅니다. 그렇기에 경험을 공유한다는 것이 나와 타인이 같아진다는 의미는 아닙니다. 오히려 그것은 나와 타인 간에 가깝지도 멀지도 않은 적절한 거리를 유지한다는 것을 의미합니다. 모리스 블랑쇼Maurice Blanchot는 『우정』에서 이러한 가까움과 거리의 역설을 아래와 같이 아름답게 묘사합니다.

> 그들이 우리와 본질적으로 이어져 있기에 그들을 알아야 하는 것이 아니다. 그렇게 아는 것을 차라리 포기해야 한다. 우리는 그들을 미지 속에서 환영해야 하고, 그들 역시나 우리와 떨어져 있기에 우리를 환영한다. 어떤 종속성도 어떤 일화성도 없는 우정. 지극히 단순한 삶의 원리만이 들어올 수 있는 우정. 우리의 친구들에게 대해 이렇다 저렇다 말하는 것이 허용되지 않고, 그저 서로 낯설지만 서로 알아보는 우정. (…) 우리는 서로 대화하면서 친숙함을 갖지만 그 친숙함 속에서 무한한 거리성을 확보해야 한다.[25]

거리의 역설을 생각하며 우리가 서로에게 다가서기 위해 필요한 것은 두가지입니다. 하나는 용기입니다. 낯선 존재에게 다가서는 것은 언제나 용기를 필요로 하는 일이지요. 우리는 거절당할 수도 있고, 상대의 보호본능 때문에 공격을 당할 수도 있습니다. 우리 역시 누군가에게 섣불리 접근했다가 상처받고 전보다 더 멀어지는 선택을 할지도 모릅니다. 그러나 우리 중 누군가가 먼저 한 걸음을 디디는 모습을 볼 때, 우리도 용기를 낼 수 있습니다. 디즈니의 애니메이션 「라야와 마지막 드래곤」은 사람들을 믿었던 아버지를 잃은 주인공 라야와, 그런 라야에게 신뢰의 가치를 알려주는 드래곤 시수, 그리고 비록 화해를 구축하는 데 실패한 듯 보이지만 여전히 라야의 마음속에 있는 아버지가 등장합니다.[26] 아래의 대사는 상호 신뢰의 역설과 먼저 용기를 보인 이의 유산을 간결하게 표현하고 있습니다.

라야: 네, 세상은 파괴되었어요. 누구도 믿을 수 없어요.

시수: 어쩌면, 아무도 믿지 않기 때문에 세상이 파괴된 것일지도 몰라.

라야: 꼭 아빠처럼 말하네요.

다른 하나는 상상력입니다. 우리가 직접 얼굴을 맞대고 다른 사람들을 만나 경험을 공유하는 데는 한계가 있습니다. 대신 우리는 우리의 동료가 알려주는 타자들에 대한 이야기를 통해서도 경험을 확장할 수 있습니다. 우리가 서로를 직접 만나든, 전해 듣든, 다양한 기록을 통해 접하든, 이러한 접촉들은 우리의 상상력을 넓혀줍니다. 나의 경험이 이들의 경험과 완전히 동일하지는 않을지라도, 이들의 이야기 혹은 전해 들은 이야기들에 진실이 있다는 신뢰, 그리고 그 이야기 속에서 이들의 삶과 내 삶의 공통점을 찾아내는 감각, 그래서 완전한 이해에 이르지는 못한다 해도 최소한 갈등을 줄여나가고 공존을 모색해볼 수 있을 것이라는 희망, 이 모든 것들의 기반을 저는 시민적 상상력이라 부르고 싶습니다.

민주주의 사회라고 하지만 우리가 TV를 켜거나 신문을 펼치거나 인터넷 뉴스 포털에 들어가면 이 사회는 각 분야의 '100명의 리더들'에 관심이 많음을 발견합니다. 반면 우리는 장애인들의 이동이 얼마나 불편한지, 서울역 인근 양동 쪽방촌의 거주자들의 삶은 어떠한지, 코로나19 상황에서 의료인들의 스트레스는 어느 정도인지, 대리운전자들은 어떻게 이동하고 쉬고 밥을 먹는지, 폐지가 가득 실린 손수레를 끌고 힘겹게 길을 건너는 허리 굽은 노인의 하루는 어떠한지, 남성 노동자들의 몸에 맞춰진 도구를 그대로 써야 하는 여성 노동자들의 몸은 어떻게 고통을 감내하는지 등에 대해서는 잘 모르기도 하고 별로 궁금해하지도 않습니다. 커다란 배가 침몰해가는 것을 지켜보다 하루아침에 자녀를 잃은 부모들의 마음에 대해서도 잘 이야기하지 않고, 어떻게든 그 상황에서의 책임을 피하려고 자신은 명령을 따랐을 뿐이라고 평생 자위하며 살아갈 일선 관료들의 마음에도 관심을 두지 않습니다.

여러분은 '용접 노동자의 하루'라는 견학 프로그램과 '국회의원의 하루'라는 견학 프로그램 중 하나를 선택해야 한다면 무엇을 선택하시겠습니까? 양자 모두 동료 시민이고, 그들의 활동이 우리의 삶과 연결되어 있고 우리의 삶에 영향을 미치는 삶을 살아가고 있는데, 우리의 관심과 우리의 정보는 편향되어 있습니다. 이는 서점에 나와 있는 책들만 보아도 알 수 있습니다. 정치인의 자서전은 지금껏 수도 없이 나왔습니다. 그러나 용접 노동자의 이야기는 책으로 접하기 참으로 어렵습니다. 실제 용접 노동자였던 저자의 이야기가 담긴 『쇳밥일지』[27]나 보호종료아동이었던 저자의 회고가 담긴 『나는 행복한 고아입니다』[28] 그리고 자신의 청소 노동으로부터 깊은 사색까지 나아간 『수없이 많은 바닥을 닦으며』[29] 같은 당사자의 서사를 담은 책은 더더욱 그러합니다. 혹은 이주여성에 대한 이야기는 어떻습니까?[30] 우리가 여성 청소원이나 상담원에게 혹독한 규제가 가해지는 노동환경과 그로 인한 그들의 스트레스, 정신 및 육체적 건강에 대해 통계적인 정보를 아무리 습득한다 해도, 그 한 사람 한 사람의 삶의 세세한 부분까지 알지 못한다면 우리는 상상력을 발휘할 수도, 그들을 이해할 수도 없습니다. 그런데 우리는 이런 이들의 이야기 자체를 접하기가 어렵습니다.[31] 이래서는 서恕를 이룰 수 없습니다. 이 세계의 일부를 모르기 때문입니다. 진정 가치있는 서는 나의 세계와 다른 세계에 발을 내딛는 마음일 것입니다.

우리가 다 경험하기에는 너무 크고 복잡해져버린 이 세계에서 시민적 상상력을 위해 중요한 장르가 바로 문학과 기술지 ethnography입니다. 먼저 문학입니다. 우리의 선조들은 시와 소설, 연극과 판소리를 통해 이러한 상상력을 키워갔으며, 우리 세대는 여기에 TV, 영화와 같은 한층 강렬한 시청각적 메시지로 무장한 매체를 통해 상상력을 키워갑니다. 우리 세대는 우리의 선조들보다 더 많이 여행할 수 있고, 이 세계에 대한 더 많은 뉴스들을 들을 수 있습니다. 시나리오 작가이자 연구자인 로버트 맥키Robert McKee는 사람들에게 호소력 있는 "원형적인" 이야기는 "현실의 구체성으로부터 보편적인 인간 경험을 들어올린 후 그 내부를 개성적이고 독특한 문화적 특성을 담고 있는 표현으로 감싼다"라고 말했습니다.[32] 미국 드라마 「왕좌의 게임」에서 티리온 라니스터는 다음과 같은 멋진 대사를 던집니다.

> 무엇이 사람들을 한데 묶는가? 군대? 황금? 깃발들? 이야기다. 세상에 좋은 이야기보다 강력한 것은 없다. 무엇도 그것을 멈춰세울 수 없다. 어떤 적도 그것을 물리칠 수 없다.

고등학생 청소년들의 '현장실습'의 현실을 고발한 2023년 영화 「다음 소희」의 서사가 보여주듯이, 이야기는 사실에 더하여 진실을 보여줍니다. 우리는 과학적 지식을 신봉하는 시대를 살고 있지만, 정작 우리가 시민으로서 소비하는 대부분의 정보는 이야기의 형태로 되어 있습니다. 거기에는 사실, 인과관계, 규범, 그리고 감정이 담겨 있어서, 우리의 머리뿐 아니라 우리의 마음에 다가와 우리의 시민적 상상력을 자극합니다. 우리는 이야기 속의 등장인물들을 이해하고 사랑하는 서恕의 마음처럼 동료 시민을 이해하고 사랑하는 데로 나아갈 수 있습니다.[33]

다음으로 기술지입니다. 앞에서 소개한 책들이 대부분 기술지에 해당합니다. 그런데 이러한 기술지는 지나치게 주관적인 이야기가 아니냐, 대상이 너무 좁지 않느냐는 비판을 받기도 합니다. 이에 대해 매슈 데즈먼드Matthew Desmond는 미국 밀워키의 빈민 거주지에 대한 자신의 기술지적 연구 결과를 정리한 『쫓겨난 사람들』에서 밀워키의 빈민들이 처한 상황이 다른 도시의 빈민들에게도 적용될 수 있겠느냐는 (다소 냉소적인) 반응에 대해 학자로서는 보기 드문 솔직한 어조로 다음과 같이 말했습니다.

> 위스콘신 최대의 도시 밀워키의 문제를 모든 도시의 문제로 일반화할 수는 없다. 하지만 미국의 도시 경험을 상징하는 아이콘과도 같긴 하나 한줌도 안되는 예외에 가까운 장소들에 비하면 그렇게 독특한 편이라고 할 수도 없다. (…) 나는 연구 결과가 다른 곳에도 적용되는지 물어올 때 실제로 뭐가 알고 싶은 건지 의아할 때가 있다. 피츠버그에서 일어났던 일이 앨버커키나 멤피스·더뷰

크에서는 절대 일어나지 않을 거라고 정말 믿는 걸까? (…) 어쩌면 이 연구를 '일반화'할 수 있는지 물어볼 때 진짜로 하고 싶은 말은, '정말 모든 곳에서 상황이 이렇게까지 나쁠까요?' 내지는 '내가 굳이 이 문제에 관심을 기울여야 할까요?'인지도 모른다.[34]

시민적 상상력의 가치는 우리의 서로 다른 경험을 이어줌으로써 상호 이해를 돕는 일을 넘어 정의의 기반이 될 감정을 불러일으킨다는 데에도 있습니다. 우리는 상상력을 동원해 우리 모두를 위해 지금보다 나은 경우는 무엇일지 생각해볼 수 있는 것입니다. 이러한 상상력이 우리의 정의 감각에 주는 영향력을 마사 누스바움은 『시적 정의』에서 역설했습니다. 누스바움은 "우리와 동떨어진 삶을 살아가는 타인의 좋음good에 관심을 갖도록 요청하는 윤리적 태도의 필수적인 요소"로 문학적 상상력을 제시하면서 헨리 제임스의 아름다운 구절을 인용합니다.

헨리 제임스Henry James가 말했듯, 공적인 삶에 있어서 문학적 상상력의 과제는 "그 어떠한 것보다 더 나은 기쁨이 없을 때, 최상의 것을 **창조**하는 것이다. 한마디로 말해, 고귀하고, 구현 가능한 **경우를 상상**하는 것이다.[35]

민주주의에는 우리의 상상력이 필요합니다. 서로의 삶에 대한 상상, 함께 살아갈 세상에 대한 상상을 할 수 있는 능력은 서로가 점점 더 낯설어지는 이 시대의 민주주의를 위해 필요합니다. 이 상상은 막연한 공상이 아니라 서로의 삶에 대한 진지한(忠) 이해

(恕)에 기반한 것이어야 합니다.

마음의 부패

지금껏 우리는 민주주의의 마음에 대해 이야기를 나눴지만 우리의 마음에는 민주주의도 들어올 수 있고 독재도 들어올 수 있습니다. 사람을 살리는 '서'의 마음도 들어올 수 있고, 인류의 진보라는 숭고한 목표를 위해 인종을 소탕하려는 왜곡된 '충'의 마음도 들어올 수 있습니다. 사람의 마음을 '밭'에 비유하는 예수의 표현은 그런 점에서 적절합니다. 뿌려진 씨앗이 그 모습대로 자라는 장소가 우리의 마음인 것입니다.

마르틴 하이데거Martin Heidegger가 세인das Man, 世人, 즉 뭇사람들이라 부른, 왕조의 사상가들이 백성이라 부른 우리는 사실 그리 대단한 마음을 가지고 있는 것 같지는 않습니다. 댄 애리얼리Dan Ariely가 『거짓말하는 착한 사람들』에서 주장한 것처럼 우리 대부분은 그저 적당히 착하고 적당히 부정을 저지르고, 제도가 잘되어 있으면 그에 따라 무난히 살아가고 제도가 왜곡되어 있으면 적당히 자기 이익을 챙기는 그런 사람들인 것 같습니다. 이 책에 인용된 열쇠공의 교훈은 흥미롭습니다.

> 세상 사람들 중 1퍼센트는 어떤 일이 있어도 절대 남의 물건을 훔치지 않지요. 또 1퍼센트는 어떻게든 자물쇠를 열어 남의 것을 훔치려 합니다. 나머지 98

> 퍼센트는 조건이 제대로 갖춰져 있는 동안에만 정직한 사람으로 남습니다. (…) 자물쇠는 문이 잠겨 있지 않았을 때 유혹을 느낄 수 있는, 대체로 정직한 사람들의 침입을 막아줄 뿐이지요.[36]

그럼에도 불구하고 우리의 마음이 어떤 씨앗이든 자라는 토양이 될 수 있다는 점에서 특별히 주의를 기울이며 살아갈 필요는 있습니다. 무엇이 심어지느냐에 따라 우리의 마음이 부패할 수도 있는 것입니다. 기독교에서는 그것을 죄라 하고, 불교에서는 욕심이나 번뇌라 하고, 성리학에서는 도심이 아닌 인심이라 하듯이, 그리고 한결같이 이러한 마음을 분투를 통해 극복할 것(그것이 믿음이든, 비움이든, 수양이든)을 강조하듯이, 우리의 마음은 힘써 지켜내지 않으면 부패해버리는 부분이 있습니다.

여기서는 마음의 부패를 가져오는 두가지 중요한 원천인 권력과 경제적 보상에 대해 우선 이야기를 나누고, 이어서 마음의 부패에 대한 사회적 반응인 처벌의 의미에 대해 이야기를 나누어보고자 합니다.

권력과 마음의 부패

우리는 제4장에서 조직이 우리의 마음을 어떻게 부패시킬 수 있는지, 그리고 제5장에서는 리더와 우리의 관계에서 우리의 마음이 어떻게 상처받을 수 있는지에 대해 이야기를 나누었습니다. 조직과 리더의 공통점은 우리에게 권력을 행사한다는 점입니다.

따라서 우리는 권력이 우리의 마음을 어떻게 부패시키는지 생각해볼 필요가 있습니다. 특히 우리가 받아들이고 싶지 않은 권력이 우리의 마음에 복종을 강요할 때 우리의 마음은 부패할 수 있습니다. 알렉시 드 토크빌은 『미국의 민주주의』에서 우리 마음의 부패에 대해 아래와 같이 말했습니다.

> 인간은 권력의 행사나 복종의 습관으로 타락하지는 않았다. 그러나 스스로 부정하다고 믿는 권력을 행사하거나, 부정하게 탈취되고 억압적이라고 스스로 여기는 통치에 복종하게 되면 타락하고 만다.[37]

토크빌의 통찰은 우리 마음의 부패에는 단순히 권력의 행사나 순종의 습관이 아닌 다른 무언가가 있다는 것입니다. 인간이 사회를 이루고 사는 이상 권력의 행사와 우리의 순응은 늘 있는, 있어야 하는 일이기 때문에, 그것만으로 사람이 부패한다면 우리는 모두 아무 희망도 없는 부패한 존재일 것입니다. 토크빌은 그것이 아니라 '우리가 부당하다고 믿는 권력의 행사'에 의해서, 그리고 '우리가 억압적이라고 생각하는 법에 대한 순종'에 의해서 부패한다고 보았습니다. 여기서 다시 중요한 것은 부당한 권력이나 억압적 법 그 자체가 아니라 '우리가' 부당하다고 믿고 억압적이라고 생각하는 그것에 순종할 때 부패한다는 것입니다. 결국 부패는 우리의 마음에서 시작하여 점점 퍼져나갑니다.

우리는 역사 속에서 마음의 부패와 씨름해야 했던 이들을 보아왔습니다. 세상의 많은 정치인이나 관료들, 집단과 조직에 충성했던 이들은 왜 이따금 자신이 '모시던 분'에게서 돌아설 때, 한때 자신의 리더였던 사람을 그리 증오하는 것일까요? 그 이유 중 하나는 그가 자신의 마음을 부패시켰기 때문일 것입니다. 그는 단순히 리더에게 순응한 것이 아니었습니다. 그 리더의 명령이 부당하다고 스스로 믿는데도 순응했던 기억이 그 마음에 분노를 일으킬 터입니다. 반대로 어두운 시절에 사람들을 억압하고 배제하는 정치체제에 순응했던 사람이 시대의 변화를 맞아 성찰하기보다는 오히려 자기의 선택을 정당화하고자 당시의 권력을, 자신을 부패시킨 세력을 오히려 더 강력하게 옹호하는 역설적 행동을 하기도 합니다. 그 길 말고는 자신의 역사적 삶을 정당화할 길이 없다고 느낀다면 말입니다. 과거를 사죄하는 일이 그토록 어려운 것은 이미 마음이 부패했기 때문입니다. 마음을 부패시킴으로써 살아남았고, 이제 또 살아가기 위해 그 부패한 마음을 끌어안고 갈 수밖에 없는 것입니다.

이는 어려운 이야기입니다. 권력은 남용되기 쉽고, 남용되기 시작한 시점부터는 누구라도 그 권력의 부당함을 인식하지 않을 수 없습니다. 그리고 그 상황을 빠져나올 길이 없다면 우리의 마음은 부패하기 시작합니다. 우리 모두가 이런 막다른 길에서 자유롭지 않습니다.

그래서 우리가 '작음'을 생각하는 것입니다. 집중된 권력은 남용되기 쉽지만, 애초에 권력이 집중되어 있지 않다면 어떨까요? 권력분립이니, 견제와 균형이니, 지방자치니 하는 개념에서 보듯이 민주주의는 권력을 흩어놓습니다. 하필 민주주의와 자본주의가 결합된 시대를 살다보니 민주주의가 과연 권력을 흩는지 의심이 가기도 하지만, 원리상 민주주의는 권력을 흩습니다. 우리의 마음을 부패시킬 수준의 부당한 권력이 형성되고 행사될 확률을 줄이는 것입니다. 우리가 더 많은 것들, 더 강력한 리더, 더 통제력 있는 체제를 바라면서 우리의 마음을 지킬 수 있다고 생각하는 것은 헛된 희망일 것입니다. 더 많은 것이 자본이든, 기술이든, 사회시스템이든, 심지어 기회이든 지금보다 더 강력하고 더 정교하고 더 촘촘한 시스템은 그것을 유지하기 위한 기반 권력을 필요로 하고, 그러한 권력은 마치 우라늄이 방사능을 뿜어내듯이 우리 마음을 천천히 부패시킵니다. 우리가 민주주의에서 희망을 발견하려는 것은 바로 권력에 대해 민주주의가 가진 본질적 속성에 기인합니다. 그런데 오늘날 과연 우리가 덜 효율적이고 느슨하여 더 작은 권력만을 가능케 하는 시스템을 선택할 수 있을까요?

경제적 보상과 마음의 부패

우리 마음의 부패는 또다른 이유로 발생합니다. 그것은 바로 유인incentive이라고 불리는 경제적 보상 중심의 사고와 제도로부터 생깁니다. 마이클 샌델은 『돈으로 살 수 없는 것들』에서 흥미로운 주장을 합니다. 예를 들어 체중이 건강에 부정적 영향을 미치는 상태에 있는 사람들이 운동을 통해 체중을 조절하도록 유도하기 위해 감량 목표치를 설정하고 그것을 달성했을 경우 금전적 보상reward을 주는 프로그램이 있다고 합시다. 여러분은 이에 대해 어떻게 생각하시나요? 일단 그런 프로그램이 우리 마음을 움직여 운동을 하게 할지, 단기적으로는 우리가 보상에 반응하겠지만 과연 장기적으로 보상이 없어졌을 때도 자발적으로 운동을 할지 등 금전적 유인의 효과에 대한 의문이 떠오를 것입니다. 정당한 질문입니다. 그런데 샌델은 여기서 한 걸음 더 나아갑니다. 이렇게 외재적 보상을 통해 우리의 마음에 영향을 미치려 할 때, 그 금전적 보상은 일종의 마음의 '뇌물'bribe이며, 그것은 우리의 마음을 부패시킨다는 것입니다.

> 명분이나 활동이나 사회적 관행은 적합한 수준보다 낮은 규범에 의해 다뤄질 때 부패된다. (…) 뇌물은 수령인을 설득하는 절차를 생략하고 내재적 이유를 외재적 이유로 대체한다.[38]

금전적 보상을 뇌물이라 하니, 거기 무슨 문제가 있나 하는 의문이 들 수 있습니다. 그러나 상황은 그리 간단하지 않습니다. 특히 공적 가치가 관련된 경우 금전적 보상은 그 공적 가치를 부패시킬 수 있습니다. 예를 들어 앞서 언급했던 적극행정과 같이 공무원의 성실의무 및 명예와 관련된 사안에서도 금전적 보상이 중요한 수단으로 자리하고 있습니다. 흥미롭게도 적극행정 우수사례로 꼽힌 공무원들은 한결같이 '보람, 긍지, 의무, 책임' 등을 언급하는데 말입니다. 물론 이것이 의례적인 대답일 수도 있겠지요. 그러나 이런 단어들이 의례적으로 정당한 것으로 받아들여지고 있다는 사실 자체가 중요합니다. 그것이 고귀한 공적 가치이기 때문입니다. 적극행정의 마음은 금전적 보상이 위치해 있는 규범보다 초월적입니다.

이와 유사한 맥락이면서 참으로 안타까운 현상 한가지는 사회적 피해자들에 대한 금전적 보상indemnification, compensation 논의가 가져오는 정치적·사회적 혐오입니다. 자연재해든, 인재든, 권력의 억압이든 공적 책임이 관련된 피해를 당한 이들에게 정부는 보통 두가지를 약속합니다. 진상 조사와 피해 보상입니다. 문제는 이들에 대한 금전적 보상이 일방적이고 정치적으로 언론에 선언됨으로써 피해자들에 대한 공적 여론을 악화시킬 때가 있다는 점입니다. 피해자들이 원하지도 않았는데, 피해자들과 논의하지도 않은 채 일방적으로 제안하는 금전적 형태의 보상은 피해자들의 상실과 슬픔을 그것이 위치해 있는 층위의 규범보다 낮은 규범에 의해 다루는 셈이 됩니다. 우리 모두의 마음을 부패시키는 정치적 뇌물인 것입니다.

마음의 처벌

이제 마음의 부패를 처벌하고자 하는 사회적 시도에 대해 생각해봅시다. 법으로 사람의 마음을 규제하려는 시도는 적지 않습니다. 법이 신호위반같이 사람의 행동을 가지고 판단하는 듯해도 사실은 우리 마음의 영역으로 파고드는 것들이 많습니다. 형법이 고의와 과실의 구분을 중요시하는 것은 물론이거니와, 청탁금지법의 선물, 차별금지법의 차별, 5·18특별법의 역사왜곡, 민법상 자녀징계권 조항에서 부모의 행위 등의 문제가 논란이 되는 것은 겉으로 보기에 동일한 행위를 이끈 마음이 반드시 단순한 것은 아니기 때문입니다.

바람직하지 않은 행위와 마음이 일치하기 때문에 행위를 처벌해도 정당하다고 인정되는 경우가 있습니다. 부정청탁, 노골적인 차별, 의도적 왜곡, 폭력적 체벌 등은 그리 복잡한 문제가 아닙니다. 다만 이 경우에도 행위를 처벌할 수는 있으나 마음을 벌하지는 못합니다. 즉 행위를 처벌해보았자 마음을 어찌할 수 없는 경우입니다. 이 경우 제도에 사회적 경종의 의미가 있음은 분명합니다. 그러나 특정한 집단에 대한 혐오가 뿌리깊게 박힌 사람을 처벌한다고 해서 그 마음에서 혐오가 사라지지는 않을 것입니다. 실제로 차별금지법에 벌칙조항을 두지 않으려는 경향은 바로 이러한 점을 고려한 측면도 있습니다.

이와 달리 행위와 마음이 반드시 일치하지 않는 경우가 있습니다. 이는 그 시대정신에 따라 논란이 될 사안이지만, '좋은 의도'와 '바람직하지 않은 행위'가 결합된 경우입니다. 청탁금지법의 금품수수 관련 부분은 이 점에서 논란의 여지가 있었습니다. 청탁금지법 위반 첫 사례가 조사 시간을 조정해준 것이 고마워 민원인이 보낸 45,000원 상당의 떡을 의도치 않게 수령하게 된 경찰관 사례라는 사실은 참으로 많은 것을 생각하게 합니다. 인간 마음의 선함을 믿고자 하는 입장에서는 당연히 안타까운 현실이지만, 부패하고 모호한 현실 앞에서 이러한 제도의 도구적 합리성은 긍정할 수 있는 부분입니다.[39]

한 걸음 더 나아가 마음을 직접 규제하는 법은 상상할 수 없습니다. 그것은 자유민주주의 사회에서는 불가한 법입니다. 그러나 어떤 마음이 행위로 발현되었을 경우는 매우 복잡합니다. 사회에 신뢰가 사라져가면 상대방의 개탄스러운 행동을 보고 그 '썩어빠진' 마음까지 처벌하고 싶어지는 것도 인지상정입니다. 혹은 어떤 애매한 행위를 보고 그 마음을 의심하고 싶어집니다. 그리고 이 사회를 보면 그것이 합리적 의심이라고 할 만한 사회인 것도 같습니다. '좋은 마음'을 가장하고 저질러진 많은 범죄들을 생각하면, 차라리 '좋은 마음' 같은 것은 없다고 단순하게 전제하는 것이 나을 수도 있겠다 싶어집니다.[40]

그러나 슬픈 것은, 그렇다면 우리는 도대체 뭐란 말인가라는 질문이 제기된다는 점입니다. 우리는 그저 악한 존재인가요? 서로를 그렇게 여기고 살아도 되는 걸까요? 더 슬픈 것은, 이런 질문에 "그래도 사람을 믿어야지" 하면서 '좋은 마음'을 인정하면 현재의 게임판에서는 작은 자들보다는 권력을 쥔 자들에게 유리해질 가능성이 높다는 것입니다. 제도의 맹점을 포착하고 이익을 취한 뒤, '좋은 마음'으로 그랬다는 주장을 누가 더 많이, 누가 더 효과적으로 할 만한 상황에 처하겠습니까? 우리는 마치 더블스틸 상황에 처한 포수처럼, 던져야 할 질문인데 던질 수가 없는 것입니다.

우리는 이런 역설적 상황을 받아들이기 쉬운 마음을 가지고 있지는 않은 것 같습니다. 어쨌든 명쾌한 해답을 얻고 싶어합니다. 그러나 중요한 것은 '어떻게 하자는 것이냐'라는 질문에 정답이 없음을, 우리가 불가피하게 안고 가야 하는 부분이 있음을 인정하는 것입니다. 저 질문에 대한 명쾌한 대답은 우리 속을 시원하게 할지는 몰라도, 그것은 그나마 그 답에 우리가 동의할 경우일 뿐이며, 결국 실제 현실에서 그것이 답이 되지 못한다는 것을 이내 발견하게 될 것입니다. 청탁금지법처럼 부분적으로는 답이 되는 경우가 있습니다. 그러나 질문은 여전히 남아 있습니다. 그 질문을 외면하지 않고, 안고 살아가는 것이 민주주의의 마음일 것입니다. 질문을 없애는 것은 그 질문을 던지는 사람의 마음을 억압하거나, 심지어 그 사람을 사회적으로 파괴하는 일로 곧장 이어질 수 있기 때문입니다.

두려움과 사랑

이 장 서두에 인용한 윌리엄스의 말대로 마음이 민주주의의 첫 번째 집이라면, 그 마음은 감정으로 가득 차 있습니다. 아울러 우리의 마음이 타인과 민주주의를 지향할 때 그 감정들은 공적 감정이 됩니다. 누스바움의 관찰대로 타고르R. Tagore가 벵골의 아름다움을 노래함으로써 애국심을 일깨우고, 모차르트W. A. Mozart가 「피가로의 결혼」에서 구체제의 경쟁적이고 과시적인 가치로부터 좀더 박애적이고 협력적인 가치로의 전환을 노래했듯이, 자유주의에는 그 가치를 사람들에게 고양하는 감정의 배양이 필요합니다.[41] 그러나 역시 누스바움의 지적처럼 자유주의 논쟁에서 감정은 적절한 주목을 받지 못했습니다.

처방적 학문에서도 감정은 거의 다루어지지 않습니다. 문제 해결은 오로지 이성에 의존할 뿐, 처방을 위해 감정은 오히려 배제되어야 할 방해물로 여겨졌습니다. 물론 공적 토론의 장에서 서로 말꼬리를 잡고 씩씩거리는 감정 표출이 문제 해결에 도움이 된다고 할 수는 없습니다. 그러나 우리 안에서 자연스럽게 우러나오는 감정은 인간의 속성 그 자체입니다. 우리는 우리 인간성의 절반(어쩌면 그 이상)을 부정해놓고서 우리의 문제를 다뤄온 것은 아닌가 생각해볼 필요가 있습니다.

인간의 감정은 복잡다단합니다. 성리학에서는 칠정七情, 즉 일곱가지 감정을 말했습니다. 그것은 기쁨, 노여움, 슬픔, 두려움, 사랑, 미움, 욕망입니다. 애덤 스미스의 고전적인 『도덕감정론』에서는 사랑, 증오, 동정심, 분노 등이 언급되었습니다.[42] 김왕배는 『감정과 사회』에서 분노, 불안, 고통, 혐오에 주목했습니다.[43] 잭 바바렛Jack M. Barbalet은 『감정의 거시사회학』에서 분노, 신뢰, 수치심, 동정심, 복수심, 공포 등을 다루었습니다.[44]

위에서 언급된 것들 정도가 인간의 기본 감정이라고 했을 때, 논의를 지나치게 넓히지 않기 위해 우리는 여기서 최소한 극명하게 대조되는 두 부류의 감정을 논해볼 수 있습니다. 전자는 두려움과 혐오(미움)이며, 후자는 사랑과 슬픔입니다.[45]

근대사회는 이성과 과학의 힘으로 자연을 지배하고 사회체계를 합리적으로 발전시켜 물질적·정신적·정치적 유토피아를 이루려는 꿈을 꾸었습니다. 근대적 세계관은 마치 인간이 더이상 자연의 부속물이 아니며 강력한 권력을 지닌 지배자인 것처럼 스스로를 틀짓게 만듭니다. 그러나 우리는 이러한 세계관의 이면에 존재하는 두려움이라는 역설적 감정을 돌아보아야 합니다.

근대의 두려움은 자신을 해할 가능성이 있는 존재(자연, 기성 종교, 이성이 아닌 감정, 여성이나 노예 같은 타자)에 대한 회피나 순응이 아니라 이들을 과도하게 지배하려는 형태로 나타났으나, 본질상 두려움인 것은 달라지지 않습니다. 타자와 공존하는 길을 모색하기보다 타자를 무력화하고 과도하게 자신의 통제 아래 두려는 태도의 이면에는 오히려 더욱 강력한 두려움이 있습니다.

시대를 불문하고 타자를 통제하고자 하는 욕구는 늘 존재했다는 반론은 있을 수 있습니다. 사실 고대인들이 우리보다 통제욕이 강했는지 약했는지를 검증하는 것은 어려운 일입니다. 중요한 것은 이 시대에 우리는 그 통제욕을 실현시킬 수 있는 다양하고 효과적인 대규모의 수단을 가졌다는 사실입니다. 근접 살인만이 가능했던 고대에 한 인종을 말살한다는 것은 육체적·정신적으로 상당히 제한된 행위였지만,[46] 20세기에는 불과 몇년 만에 수천만 명이 효율적인 행정이라는 사회적 기계에 의해 살해당했습니다. 20세기 초에 등장한 과학적 관리(테일러리즘) 개념은 노동자들의 생산성을 가장 기초적인 수준에서 통제하는 최적의 동작 같은 기법들을 발전시켰습니다.[47] 그것이 오늘날에는 업무시간 중 사적인 컴퓨터 사용을 감시하기 위해 무작위로 자동으로 화면이 캡처되거나 메신저 내용을 검열하는 등 몸의 통제로부터 정신의 통제까지 시스템의 '발전'으로 이어졌습니다.

혹자는 조직이 구성원들을 통제하는 것이 두려움 때문이라는 주장에 의문을 표할 수도 있겠습니다. 권력이 강한 쪽이 권력이 약한 쪽에 두려움을 느낀다는 것은 어폐가 있다고 할 수 있지요. 그러나 두려움은 권력으로 중화되지 않습니다. 두려움은 오히려 권력을 더 추구하게 만들고, 자기 손안에 놓인 권력을 맛보면 또 다른 두려움이 시작됩니다. 하나는 권력을 쥐자 비로소 보이기 시작한, 자기보다 더 강한 권력에 대한 두려움이며, 다른 하나는 그 권력을 잃음으로써 지금의 통제력을 잃을지 모른다는 두려움입니다. 스스로는 부정하겠지만 말입니다. 아울러 선량한 아흔아홉명의 시민들 대신 질서를 위협할지 모를 한명의 무법자를 어떻게든 솎아내겠다는 2종오류 회피 중심의 시스템에서 우리는 예외에 대한 두려움, 그것에서 파생된 집요한 통제의 욕구를 읽어낼 수 있습니다.

예를 들어 우리나라 정당법은 지역정당이 성립되기에는 까다로운 정당 창립 요건들을 규정하고 있습니다.[48] 정당법 제17조는 "정당은 5 이상의 시·도당을 가져야 한다"고 규정되어 있습니다. 지역정당이 성립되기 원천적으로 어려운 제도입니다. 이를 완화하려고 하면 군소정당들이 '난립亂立'할 것이 우려된다고 표현합니다. '난립'이라는 말을 국어사전에서 찾아보면 심지어 그 용례로 '정당의 난립'이 나올 정도입니다. 지방자치와 민주주의를 지향한다면 '활발한 설립'이라고 틀짓기할 수도 있는 현상을 난립이라고 표현하는 배경에 있는 마음이 무엇이겠습니까?

이런 모습들이 우리에게 말해주는 것은 우리 사회가 기본적으로 두려움이라는 감정 위에 쌓아올려진 시스템에 의해 작동되고 있다는 것입니다. 타자와 공존하기 위해서는 두려움보다 자신의 취약성을 인정하는 능력과 동시에 자신이 타자에게 완전히 통제되지 않을 것이라는 자신감이 필요합니다. 그리고 타자 역시 나와 유사하다는 느낌이 필요합니다. 여러분은 어떻습니까? 여러분은 타자와 공존할 자신감이 있나요?

다른 한편으로 이러한 두려움은 혐오와 뒤섞여 정치적 감정으로 나타납니다. 누스바움은 심리학자 폴 로진Paul Rozin을 인용하면서 혐오를 어린 시절의 경험이나 육체적인 측면에서 시작되는 감정이라고 보았습니다. 인간의 몸에서 나오는 분비물과 냄새에 대한 본능적인 거부감에서 혐오를 느끼고, 그것이 사회적 혐오로 옮겨가는 것입니다. 혐오는 내 외부의 무언가가 나를 오염시킬 것이라는 두려움에 기반하여 그 오염원을 멀리하고 거부하는 태도라고 할 수 있습니다.

> 혐오감에 대한 그[로진]의 핵심적 규정은 이렇다. 즉 "역겨운 물건을 (입을 통해) 체내화해야 할 생각에 대한 역겨움"이다. (…) 혐오감은 몸의 경계들과 관련된다. 즉 문제가 있는 물건이 자아 속에 통합될 수도 있을 전망에 초점을 맞

춘다. (…) 혐오감을 불러일으키는 산물은 우리가 부패해, 우리 자신이 폐기물이 되기 쉬운 취약성과 연관되어 있는 것들이다.[49]

혐오는 두려움에 비해 논의하기에 그리 낯설지 않습니다. 왜냐하면 우리 사회에서 혐오라는 감정은 충분히 가시화되어 있기 때문입니다. 난민이나 노동자 등의 형태로 입국한 외국인, 시끄럽게 자기 권리 주장을 하는 장애인, 도시의 거리와 지하도·광장을 더럽게 만드는 노숙인, 자기와 다른 세대나 성별의 익명의 시민 등 자신에게 반격을 가할 능력이 없지만 자신도 개인으로는 어찌할 수 없는 이들에게 혐오를 손쉽게 쏟아내는 현상이 불쑥불쑥 나타나는 것입니다. 어찌 보면 혐오는 그냥 일상적인 정치적 감정이 되어 있습니다. 다시금 누스바움은 이러한 현상을 잘 포착합니다. 그의 설명에 따르자면 혐오란 내 안의 취약성을 타자에게 투사하고 그와 자신을 분리함으로써 권력적 효능감을 생산해내는 감정입니다.

자기 자신이 혐오스럽다는 이러한 느낌에 대해 어디서나 찾아볼 수 있는 반응은 혐오 반응을 외부로 투사하는 것으로, 그리하여 불쾌하고 끈적거리는 것으로, 가까이 다가오지 못하도록 해야 하는 오염원으로 간주되는 것은 실제로는 자신이 아니라 모종의 다른 집단이나 사람이게 된다. (…) 자아를 혐오스러운 것으로부터 확실하게, 과도하게 일반화해 떼어놓는 것은 자아에게 자신의 견고함과 권력을 확신시켜주는 데 기여하는 것처럼 보인다.[50]

혐오라는 감정은 더 언급하기에도 안타까운 주제여서 여기서는 이렇게 지적하는 정도로 마무리하고 싶지만, 공적 감정이라는 관점에서 혐오당하는 집단의 복잡한 마음에 대해서는 조심스럽게 논의할 가치가 있는 것 같습니다. 바로 혐오라는 감정에서 가장 슬프고 역설적인 부분은 혐오 현상의 희생양이 되는 집단에서도 자신을 혐오하는 집단에 대한 혐오 감정이 일기도 한다는 점입니다. 혐오와 싸우는 이들 눈에 혐오를 조장하는 자들만큼 '혐오스러운' 존재도 없을 것이기 때문입니다. 데이브 그로스먼은 『살인의 심리학』에서 폭력적 타자에 의해 일깨워지는 내면의 악에 대해 아래와 같이 말했습니다.

> 그들이 [반복되는 사람 모양의 표적 사격 훈련을 통해 총을] 쏠 준비가 되어 있었고 쏠 수도 있었다는 바로 그 사실("정신적으로 나는 이미 그를 죽인 상태였다")로 인해 그들은 전장에서 가지고 돌아온 책임의 짐[사람을 죽였다는 죄책감]을 벗어던질 수 있는 중요한 수단 하나를 잃었다. [전투 중에] 사람을 [실제로] 죽인 것은 아니었지만, 그들은 [훈련 과정에서] 생각조차 할 수 없는 것을 생각하라는 가르침을 받았고, 따라서 보통 일반적인 상황에서는 오직 살인자들만이 아는 자기 안의 또다른 자아를 소개받기에 이르렀다.[51]

저 이론은 전투뿐 아니라 일상에서의 혐오나 폭력을 경험했을 때 우리의 반응에도 적용될 수 있습니다. 보통의 사람들은 상대방의 갑작스러운 혐오 발언이나 폭력에 대응할 준비가 전혀 되어 있지 않습니다. 그것은 누구에게도 호소하기 어려운 상처가 되어 우리를 지속적으로 괴롭힙니다. 그러나 채 다 삭이지 못한 상처는 어느 순간 우리 마음속에서도 대응책을 시뮬레이션하게 만들기 시작하면서, 일반적인 상황에서는 결코 하지 않을 말과 행동을 구사하는 자기 안의 또다른 자아를 배양하게 만듭니다. 그래서 혐오와 폭력은 그 순간으로 끝나는 것도 아니고, 그것이 가하는 고통만이 전부도 아닙니다. 혐오와 폭력의 가장 악한 본질은 그 일방적인 힘에 대응하고자 몸부림치는 과정에서 우리 안에 혐오와 폭력을 생각하게 만들고, 그것에 '효과적으로' 대응하는 2차적 자아를 자극하는 데 있습니다. 그리고 그러한 변화를 (혐오와 폭력을 겪어보기 전의) 우리는 결코 원치 않았을 것이라는 사실이 혐오와 폭력의 가장 폭력적인 부분입니다.

혐오를 당연시하는 사람에게는 이런 내적 역설이 존재하지조차 않습니다. 씁쓸하게도 오직 혐오에 저항하는 이에게만 이런 내적 역설이 발생합니다. 혐오받는 이들은 혐오에 대응하여 싸우기도 벅찬데, 자기 내면의 혐오와도 싸워야 하는 상황인 것입니다. 우리 사회가 혐오에 저항하는 이들에게 이런 내면의 짐까지 지울 권리는 없습니다. 처음부터 동료 시민의 내면에 혐오라는 감정을 일으키는 그런 혐오를 하지 말아야 합니다.

그것이 어떻게 가능하겠습니까? 마음은 공간입니다. 그것은 늘 무언가로 채워집니다. 두려움이나 혐오가 마음에 자리하지 않게 하려면 우리는 대신 우리의 마음을 다른 무언가로 적극적으로 채워야 합니다. 우리의 자유와 권리를 제한하지 않으면서도 우리를 묶어주는 어떤 따뜻한 공적 감정으로 말입니다. 여기서 주목하고 싶은 것 하나는 사랑이며, 다른 하나는 역설적이고 슬프게도 슬픔입니다.

사랑, 그리고 슬픔

사랑

이 책에서 우리는 사랑에 대한 이야기를 많이 나눕니다. 예를 들어 앞서 언급한 헤겔도 도덕의 최고봉으로 사랑을 꼽았습니다. 마지막 장에서 이야기할 키르케고르도 단독자니, 믿음으로의 도약이니 하는 개념으로 우리에게 알려졌지만, 키르케고르의 주된 관심 역시 사랑이었습니다. 예수가 사랑을, 석가가 자비를, 공자가 인仁(너그러움)을 말한 것은 익히 알려진 사실입니다. 우리가 이 장에서 논의한 너그러움, 서恕, 시민적 상상력 모두 타자와의 관계맺음에서 두려움에 기반한 통제보다는 사랑에 기반한 공존을 지향할 것을 요청하고 있습니다. 에바 페더 키테이Eva Feder Kittay처럼 돌봄care을 연구하는 연구자들은 사랑이라는 개념을 기꺼이 사용합니다.[52] 민주주의에서 사랑이란 사람과 사람 간의 거리를 없애는 에로스적인 합일의 욕구라기보다 이해, 대화, 상상, 용서, 포용, 돌봄, 상호 신뢰의 기반이 되는 감정이라 하겠습니다.

이렇듯 수많은 종교와 철학자들이 한결같이 사랑을 언급하는데도 처방적 논의에서는 사랑이 거의 언급되지 않는 것은 정말 흥미로운 현상입니다. 에이브러햄 매슬로Abraham Maslow는 인간의 욕구를 다섯가지로 나누고 자아실현 욕구를 가장 마지막에 발현되는 욕구로 보았습니다.[53] 인간의 자아실현에 사랑보다 중요한 것이 과연 무엇이 있을까요? 그런데 매슬로를 받아들인 동기이론의 후예들은 관리적 처방을 고안할 때 사랑을 거의 언급하지 않습니다. 기능주의적 사회과학에서 사랑은 논외의 주제입니다. 이는 사실 놀랍지 않습니다. 만일 우리가 근대적 처방의 본질적 감정이 두려움이라는 것을 생각한다면 말입니다. 처방이 대상에 대한 통제를, 좀더 정교한 처방이 대상에 대한 보다 전적인 통제를 지향한다고 할 때, 그 기저의 감정이 사랑일 수는 없는 것입니다.

반론은 가능합니다. 정책, 특히 복지정책이란 정부가 자원을 동원해서 사회적 취약계층을 지원하는 정책이므로 그 기저에는 사랑이 있다고 말입니다. 분명 그런 부분이 있음을 저도 부인하지 않습니다. 그러나 여전히 의심스러운 부분들이 남아 있습니다. 왜 복지정책은 한결같이 그리도 복잡한 자격심사 절차를 발전시켜온 것일까요? 왜 실업급여나 기초생활보장은 수급자의 시민적 성실성을 의심하는 방향으로, 사람들의 자긍심과 근로의욕을 꺾는 방식으로 제도화되어온 것일까요? 왜 중증장애인 활동지원 서비스의 삭감은 자동으로 이루어지는데 그 증가는 본인이 꼭 신청해야 하는 절차를 두었을까요? 왜 오늘의 복지제도는 시민들의 마음에 관심이 없는 것처럼 보일까요? 앞서 1종오류와 2종오류의 문제를 상기해볼 때, 도움이 필요한 이들을 지향하는 우리 사회의 제도에는 사랑이라는 감정보다는 오류와 오용에 대한 두려움이 더 강하게 깔려 있는 것 같습니다. 무엇보다 애초에 복지정책을 집행하는 수단인 관료제가 사랑이라는 감정을 허락하지 않는 제도입니다.

여기서 우리는 질문할 필요가 있습니다. 인간의 가장 기본적인 감정인 사랑을 외면하는 이론, 가설, 자료, 그리고 처방은 과연 우리에게 우리 자신과 삶과 사회의 본질에 대해 얼마나 정확한 지식을 알려줄 수 있는가 하는 것입니다. 잭 바바렛은 『감정과 사회학』에서 감정의 공적 성격에 천착하면서, 특히 '과학과 감정'을 주제로 본인이 작성한 장을 아래와 같이 도전적인 주장으로 열었습니다.

> 과학은 감정이 배제될 때에만 진척될 수 있다. 이 전통적인 견해는 널리 주장되고 있으나 거짓이다. 실제로는 사실상 무의미하다. 도리어 다음과 같은 것들이 쟁점이 되어야만 한다. 어떤 감정들이 문제인가? 그리고 그 감정들은 관련 활동과 구체적으로 어떻게 연결되어 있는가?[54]

유사하게 노동자들의 작업 환경과 조건을 통한 질병을 연구한 캐런 메싱Karen Messing은 『보이지 않는 고통』에서 다음과 같이 안타까운 심정을 강한 어조로 토로했습니다.

> 공감이란 과학자에게 높게 평가되는 특성은 아닌 것 같다 과학자들은 노동자에게 귀 기울이라고 배우지 않는다. 사실 과학자들은 노동자들에게 귀 기울이지 '말라'고 배운다는 편이 정확하다. 노동자에게 공감하는 과학자들은 물살을 거슬러 헤엄치는 셈이다.[55]

우리는 지금까지 사랑을 논하지 않아도, 혹은 차라리 사랑을 논하지 않는 것이 세상의 진실을 발견하는 데에 훨씬 유리하다고 집단적으로 침묵의 가정을 해온 것은 아닌지 돌아볼 필요가 있습니다.

최근 관심을 받고 있는 공적 의사결정에서 참여, 숙의, 협력 같은 개념들을 연구하는 이들은 상대적으로 경쟁보다는 상호 이해와 소통을 강조하지만, 그 기저에 어떤 감정이 작동하는지에 대해 우리는 아직 많은 이야기를 하지 않았습니다. 우리가 정치적·정책적으로 다른 견해를 지닌 이를 공개토론회에서 만나 이야기를 나누고 서로 이해를 증진했을 때, 우리에게는 과연 어떤 감정이 지나갈까요? 이해에는 분명 어떤 감정이 결부됩니다. 그것이 반드시 사랑일 필요는 없습니다. 우리가 일상적으로 쓰는 사랑이라는 말은 상당히 강한 감정에 해당하니까요. 아마도 연대감, 공감 정도가 적절한 강도의 개념일 것입니다. 그러나 그 본질은 사랑과 맞닿아 있습니다. 그렇기 때문에 사랑을 이야기해야 합니다. 그래야만 연대감이나 공감이라는 개념을 우리의 더 깊은 마음의 영역까지 밀어붙일 수 있습니다. 마흔일곱의 나이에 장애인야학을 통해 처음 집 밖으로 나와 활동을 하고, 그때 받은 사랑을 통해 장애인 권익운동의 장으로 나아갈 수 있었다고 고백하는 박명애의 이야기는 사랑이 어떻게 공적일 수 있는지를 아름답게 보여줍니다.

> 야학 가는 일이 나의 가장 신나는 일이 되었어요. [선생님들] 너무 신기하고 정말 너-어-무 좋아했어요. (…) [전동휠체어가 생긴 이후] 학교까지 두시간 걸

렸어요. 곧장 가면 그보단 빨랐을 텐데 길가에 가게며 꽃이며 구경하며 가느라 오래 걸렸죠 (웃음). (…) 바람에 머리가 날리는 것도 좋았고 비 올 때 우산 쓰고 가는 것도 너무 좋았어요. (…) 선생님들이 가는 곳마다 싸우는 모습을 보면서 '아! 저렇게 싸워서 바꿔야 하는구나!' 생각했죠. 뭔가를 하면 바꿀 수 있다는 걸 알아버렸어요.[56]

슬픔과 위로

사랑이라는 주제가 통제 중심의 현 사회시스템 아래에서는 너무 급진적인 사고처럼 보일 수도 있습니다. 그리고 처음부터 사랑을 현 사회시스템의 중심적 감정으로 놓기에는 아직 연구가 부족합니다. 다만 여기서 한가지 언급하고 싶은 것이 있습니다. 바로 공적 슬픔이라는 감정과, 동료 시민을 향한 몸짓으로서 위로라는 사랑의 다른 모습에 대한 것입니다.

어쩌면 앞서 논의한 서恕가 오늘날의 대한민국에서 발현되는 가장 극적인 형태의 감정은 아마도 슬픔, 정확히는 고통을 공유하는 가운데서 나오는 슬픔일 것입니다. 사회과학에서 사용되는 공감compassion이라는 개념 역시 고통의 공유를 함유하고 있습니다. 특히 21세기 한국 사회를 살아가는 시민으로서 우리는 에로스적 충동의 사랑이 아니라, 고통의 공유라는 경험을 통해 슬픔이라는 모습의 사랑을 배워나가고 있는지도 모릅니다. 양혜원은 박완서의 작품 세계를 돌아보며 고통을 통한 타자에 대한 이해, 고통과 치유의 관계를 다음과 같은 깊은 언어로 표현했습니다.

알면 더 고통스러울 것들을 파헤치게 되기도 한다. 그럼에도 알고자 하는 그 애씀을 멈출 수 없는 이유는 별개의 몸으로 존재하는 인간들이 서로 연결되기 위해서는 그 방법밖에 없기 때문이라 생각한다. 알고자 하는 호기심이 없으면 우리는 서로 만나지 못한다. 그리고 어쩐 일인지 서로의 고통을 알 때 우리는 더 깊이 만나는 것 같다.[57]

처방적 연구의 특징은 그 본질상 해법에 대해서는 많은 말을 하지만 정작 해결하기 어려운 일, 해결하더라도 누군가는 상처받게 되는 일들에 대해서는 말하기가 쉽지 않다는 것입니다. 실제로 모든 문제들, 특히 '장애를 지닌 여성 독거노인'이나 '저소득 조손 가정의 어린이'처럼 서로 다른 어려움이 중첩된, 즉 교차성intersectionality이 존재하는 이들의 문제들을 해결하는 것은 어려운 일입니다. 문제 자체가 특별히 더 어려워서가 아니라, 풀려는 시도가 많지 않아서 지식이 부족하거나, 의지가 부재하거나, 아예 인식이 부재하기 때문입니다. 그러면 결국 남는 것은 깨어진 약속과 상처받은 기대뿐입니다. 우리가 4년이나 5년 등의 선거 주기마다, 자연적·사회적 재해가 날 때마다, 누군가가 비극적 죽음을 당할 때마다 마주치는 현실인 것입니다. 모두에게 좋은 해피엔딩은 없습니다. 누군가는 아직 문제가 해결되지 않은 채, 혹은 악화된 채 삶을 살아가고 있습니다. 이런데도 불구하고 문제를 풀었다고 국가가 말하려면 방법은 하나입니다. 바로 이런 이들의 삶을 역사에서, 우리의 시야에서 감추는 것이지요.

처방적 연구의 관점에서 볼 때, 슬픔을 느끼는 일차적 원인은 문제 해결에 실패했기 때문이라고 할 것입니다. 공약이 지켜지지 않은 것입니다. 그러나 보통 우리는 이에 대해 실망 혹은 좌절감이라는 표현을 자주 씁니다. 공식적으로는 '유감'이라는 표현을 쓰지요. 그리고 근대인답게 '다시는 이런 일이 발생하지 않도록'이라거나 '포기하지 않는다'는 등의 표현도 자주 씁니다. 여기서도 슬픔 그 자체는 외면당합니다. 자신의 역량을 쏟아부은 정책이 실패했을 때의 자기 감정에 충실한 관료적 언어들일 뿐, 그 정책의 약속을 믿고 의지했던 이들과 그러한 약속의 부질없음을 이제 알아버린 이들이 느끼는 감정을 묘사하기에 적절한 언어들은 아닙니다. 그런 언어 자체를 우리가 그리 풍부하게 가지고 있지 않습니다. 그나마 여기서 출발선으로 삼고자 하는 것이 바로 슬픔입니다.

슬픔 역시 사랑만큼이나 보편적 감정입니다. 따라서 저는 공적 감정으로서, 즉 어떤 지점에서 사람들이 함께 동시에 느낀다는 의미에서 공적인 감정으로서 서로 다른 슬픔의 깊이를 구분하고 싶지는 않습니다. 하지만 우리의 시민적 경험에서 보면 누군가는 더 깊은 슬픔을 더 오래 안고 살아가는 것이 현실입니다. 마이클 프레임Michael Frame은 『수학의 위로』에서 돌이킬 수 없는 상실에 대해 느끼는 슬픔을 비탄grief이라고 불렀습니다.[58] 그리고 이 책에서 말하는 슬픔 가운데는 좀더 깊고 긴 비탄들이 있습니다.

2014년 4월 16일 차가운 진도 앞바다에 대다수의 고등학생을 포함한 304명의 승객들과 함께 가라앉은 세월호는 국가가 할 수 있는 일과 할 수 없는 일을 잘 대조하여 보여줍니다. 기술과 조직으로 무장한 국가는 우선 여러가지 납득하기 어려운 이유로 이들을 살릴 수 없었습니다. 다음으로 긴 시간과 비용을 치르고 나서야 희생자들의 시신을 겨우 수습할 수 있었습니다. 자녀들을 잃은 부모의 마음은 감히 짐작할 수도 없습니다.[59] 국가는 경제적 보상을 약속했지만 그것은 부모들에게 모욕적인 것이었고, 마뜩잖아하는 이들에게는 부당한 지원이었습니다. 경제적 보상의 규모에 대한 신중하지 못한 루머는 결국 그 누구에게도 도움되지 않는 '해법'들이었습니다. 위로와 애도의 사회적 시간과 공간이 필요했지만, "산 사람은 좀 살자"라는 표현이 함축하듯, 어떤 이들은 우리 사회가 빨리 이들을 '공식적으로' 잊기를 원했습니다.

가습기 살균제 사례도 돌아봅시다. 가습기 살균제의 등장은 가습기 위생이라는 문제를 해결한 기술로 보였습니다. 그러나 그 기술은 치명적인 결과를 낳았습니다. 한국환경산업기술원의 2022년 7월 30일자 통계에 따르면 피해신고 7,768명, 사망자 1,784명, 생존자 5,984명, 그리고 피해인정 4,408명의 관련 시민들이 집계되었습니다. 1,800명에 가까운 사람들이 아무것도 모른 채 희생당했습니다. 이들이 돌아올 수 없다는 점에서 슬픔은 근본적으로 치유될 수 없습니다. 가습기 살균제 피해자 가족들이 함께 엮은 『내 몸이 증거다』에서 이분들은 마음의 고통을 절절히 기술하고 있습니다.[60]

우리의 경험을 돌아볼 때, 정부가 실존적 차원에서 할 수 있는 일이 이 지점에서는 별로 없습니다. 정부는 그저 진상 조사, 경제적 보상, 사법적 처벌 등을 할 수 있을 따름이지만, 그마저도 여러 권력관계가 얽혀 있는 상황에서 너무도 복잡하고 지난한 절차를 거쳐야 하기 때문에 제대로 진행되었다고 말하기도 어렵습니다. 더욱이 '정부'는 사람이 아니기에, 결국은 조직 내 누군가가 '담당자'라는 형식으로 이 일을 처리해야 하는데, 완전히 처리되기 이전에 자연인으로서 담당자는 계속 순환 전보가 이루어집니다. 일이 효율적으로 이루어질 수가 없습니다. 또한 한 조직이 담당하는 것이 아니라 여러 부처와 그 부처의 여러 산하기관들에 분산되어 일이 진행됩니다. 이 조직들이 이 일만 하는 것도 아닙니다. 여론의 관심으로부터 멀어진 사안은 조직의 관심으로부터도 멀어집니다. 그 와중에 정권은 또 바뀝니다. 정부만 탓할 수도 없습니다. 시민의 기본권 수호의 최후 보루여야 할 사법부는 피해자 인정과 별개로 2016년 시작된 가습기 살균제 피해자 400명의 손해배상청구소송의 변론기일을 6년 동안 단 세번 잡았습니다.[61] 이것이 제도로서의 정부의 실체입니다.

과연 이런 상황의 해법은 무엇일까요? 이런 상황에서 "다시는 이런 일이 일어나지 않도록" 할 방법이나, "어떻게든 이 문제를 해결할 방도"를 찾아내겠다는 것이 일반적인 정치적 수사입니다. 그러나 여기서 묻습니다. 과연 그러한 방도가 약속한다고 찾아지는지, 약속한 만큼(보통 정치인들은 과도한 표현의 약속들을 하지요) 효과가 있는 방도가 찾아지는지, 과연 그런 조치들을 취하면 다시는 이런 일이 일어나지 않는지, 원인이 되는 행위를 금지하면 문제가 해결되는지, 금지할 수는 있는지, 대책을 집행할 의지는 있는지, 제도가 그 의지를 담아낼 수는 있는지 말입니다.

문제가 해결되지 않았을 때 우리가 느끼는 감정으로서 슬픔에 주목하는 것은 기대했던 상황이 오지 않은 데 대해 인간이 고통을 느끼게 되기 때문이기도 하지만, 더 중요한 이유는 따로 있습니다. 바로 우리가 이미 깊고 긴 슬픔을 느끼는 상태에 있었다는 사실입니다. 문제가 해결되지 못한 사실에도 슬프지만, 설령 문제가 해결되었어도 슬픔이 완전히 사라지지는 않습니다. 이미 슬픔은 정부의 개입 전에 우리 마음속에 오랜 시간 상처를 남겨놓았기 때문입니다. 희생된 이들은 돌아올 수 없고, 피해자들은 이미 고통스러운 삶을 이어가고 있습니다.

어쨌든 노력해야 하고 노력하고 있다고 할 수 있습니다. 그 누가 진상조사를 하고, 책임있는 자를 처벌하고, 대책을 마련하는 일에 동의하지 않겠습니까. 그러나 공적인 슬픔에 대해서는 우리가 여기서 한 걸음 더 나아가야 할 공적 행위가 있습니다.

그것은 바로 위로입니다. 회복할 수 없는 슬픔에 대한 공적 위로입니다.[62] 위로가 무슨 소용이냐고 할 일만은 아닙니다. 우리에게 동료 시민들에 대한 위로의 마음이 부재하고, 공적 위로의 노력이 부재할 때, 그 자리에는 이들에 대한 다른 감정, 예를 들면 냉정이나 심지어 혐오가 들어올 가능성이 있습니다. 많은 종교적 가르침은 우리의 마음이 감정적 전쟁터라고 일러줍니다. 그 전쟁터에서 사랑과 공감compassion 같은 공적 감정은 자연히 발생하는 것이 아니라 배양되어야 합니다. 그것도 혐오나 두려움 같은 다른 강력한 즉각적 감정을 극복하는 방식으로 배양되어야 하는 것입니다. 우리가 단지 동료 시민의 슬픔에 대해 위로하고자 하는 마음을 가지는 것만으로도 두려움과 혐오를 가라앉힐 수 있습니다. 위로를 멈추는 순간 다시 두려움과 혐오가 그 자리를 차지할 것입니다.

위로 자체는 문제의 해결 여부와 직접적인 관련이 없습니다. 그러나 단지 공감하는 것만으로도, 소통하는 몸짓만으로도 상처난 마음을 치유하는 것이 위로입니다. 직접적으로 위로를 의도하지 않아도 됩니다. 범죄피해자들에게 사건 수사가 어떻게 진행되고 있는지 중간중간 알려주기만 해도 막막하게 기다리던 그들의 마음에 힘이 됩니다.[63] 사실 인간이 위로를 받는다는 것은 합리적으로 이해하기 어려운 현상입니다. 상황이 변한 것이 없는데도 불구하고, 슬픔을 당한 동료 시민들에게 찾아가 노래로 함께하는 '416 합창단'처럼[64] 단지 몸짓과 목소리로 공감을 표시하는 것만으로 사람의 마음이 회복되는 현상은 설명하기 어렵습니다. 말하고 있는 저 자신조차 설명할 수 없지만 그동안 경험해온 인간 내면의 힘입니다.

위로는 사랑에 비해 적극적 개념은 아닙니다. 왜냐하면 위로는 슬픔이 있는 곳에 등장하고, 적극적인 행동을 내포하는 사랑에 비해 사후적이기 때문입니다. 비유적으로 표현하자면 사랑이 상처와 흉터투성이의 불굴의 투사 같은 관념이라면, 위로는 누구나 그 앞에서 스스로 무장을 해제하고 바라보게 되는 아름답고 신비한 얼굴의 아이와 같습니다. 우리의 공적 대화와 삶의 주인공은 대개 역동적 감정인 사랑이지만, 평범한 우리가 더 잘할 수 있는 것은 영웅적 행위인 사랑보다는 어쩌면 소극적이지만 보편적인 행위인 위로입니다. 동료 시민들을 조금씩 응원하고, 그들이 지쳤을 때 위로하고, 그들의 이야기를 들어주는 일은 우리도 할 수 있는, 해야만 하는 일입니다.

Democracy

for

the Least

제7장

공공성과 '작은 공'

> 만약 당신이 나를 도우러 여기에 오셨다면, 당신은 시간을 낭비하고 있는 겁니다. 그러나 만약 당신이 여기에 온 이유가 당신의 해방이 나의 해방과 긴밀하게 결합되어 있기 때문이라면, 그렇다면 함께 일해봅시다.
>
> **— 멕시코 치아파스의 어느 원주민 여성이 했다는 말**

앞장에서 이야기한 민주주의의 마음은 한 사람 한 사람의 경계를 넘어 '우리'의 공간으로 확장될 수 있습니다. 이제 이 장에서는 감춰진 세계와 작은 자들을 포괄하는 공적 공간의 구성에 대해 이야기해보고자 합니다. 우리가 생각하는 민주주의의 공간이 오로지 여의도나 광화문이라면 아마도 제2장 서두에 인용한 파커 파머의 표현처럼 우리는 민주주의를 '가지고는' 있지만 '하고' 있는 것은 아닐 것입니다. 우리가 가슴이 미어지는 참사들 앞에서 정부가 어디 있었는지를 물을 때, 우리는 그러한 질문이 던져질 수 있는, 그 목소리가 공명하는, 그리고 그 목소리에 반응하는 이들이 존재하는 공적 공간이 있는지부터 살펴볼 필요가 있습니다.

이 장에서는 공적 공간의 구성을 위한 출발선으로서 세가지를 이야기하고자 합니다. 첫째는 공공성입니다. 공공성은 우리가 개별적으로 존재하는 것이 아니라 함께 존재한다는 것을 일깨우는 가치이고, 함께 무엇을 하자는 것인지에 대한 대답을 담는 하나의 개념적 그릇입니다. 둘째는 '작은 공共'이라는 개념입니다.[1] 이는 '우리'란 과연 어떤 집단이어야 하는가에 대한 것입니다. 이 개념을 통해 개인으로 지나치게 쪼개지지 않고, 거대한 권력에도 흡수되지 않는, 참 좁고 아슬아슬한 중간지대에서 삶을 영위하는 작은 자들의 작은 모임들이 민주주의를 어떻게 만들어갈 수 있는지를 이야기하고자 합니다. 셋째는 우리의 말하기입니다. 공적 공간에서 우리가 함께 할 수 있는 일들은 많지만, 그 가운데 모든 행동의 출발선은 대화입니다. 대화가 평등할 때 우리는 서로를 알아가고, 자원을 공유하고, 삶을 살아갈 수 있습니다. 우리의 말하기는 민주주의의 이상이 적용되고, 그것을 지향하고 재생산하는 정치적 실천입니다.

공공성

평등: 지향과 공존

우리는 모두 다릅니다. 때로는 합리적 인간이나 사회적 원자로 취급되어 특정한 군집 현상을 설명하는 대상이 되기도 하지만,[2]

어쨌든 우리는 우리가 서로 다르다는 것을 압니다.

그런데 너와 내가 다르다는 것을 인정한다면, 그다음은 무엇일까요? 너와 내가 다르지만 우리는 동등하다고 할 수 있을까요? 오늘날의 민주주의 원리로 보면 그렇습니다. 우리는 모두 평등한 시민입니다. 한장씩의 투표권을 가지고 있는 동료 시민입니다. 다른 사유가 없다면 동일한 수준의 자유를 누릴 권리가 있고, 적절한 수준의 국가의 지원을 받을 권리가 있습니다. 특권은 인정되지 않으며,[3] 누구도 다른 사람 위에 군림하지 않습니다.

그러나 우리는 과연 평등합니까? 여러분은 정말 우리 모두가 평등하다고 생각하십니까? 이념이 아니라 현실에 대해 이야기해보자면, 우리가 평등하다는 것은 지향일 뿐 구현된 사실은 아닙니다. 무엇이 평등인지, 무엇을 두고 평등을 판단할 것인지, 그 모든 면에서 평등해야 하는 것인지 등에서 우리가 합의를 이루기 어렵다는 점도 한몫하지만, 합의가 이루어진다 해도 그것을 구현하는 일은 유토피아를 구축하는 일에 가까울 것입니다. 이 지면에서 정의론을 본격적으로 논하려는 것은 아니기 때문에, 요점을 말하자면 우리는 평등하다고 말하기보다는 평등하지 않다고 말하는 것이 더 자연스럽고 현실에 가깝다는 것입니다.

우리가 평등을 이념으로 삼고 평등을 지향하되 현실에서 우리가 반드시 평등하지는 않다고 한다면, 이제 우리는 무엇을 생각해보아야 할까요? 유사한 질문을 던지고 상당히 설득력 있는 대답을 제시한 이는 미국의 철학자 존 롤스John Rawls입니다. 『정의론』에 담긴 롤스의 입장을 요약하자면, 만일 우리가 사회적으로 어떤 처지에 처할지 알 수 없는 상황에 놓여 있다면 우리의 가장 합리적인 선택이자 정당화될 수 있는 불평등의 근거는 이 사회에서 가장 힘든 처지에 있게 될 이들의 처지를 가능한 한 좋게 만드는 제도라는 겁니다. 롤스는 다음과 같이 말합니다.

> 재산을 소유하는 민주주의에서, 기업가 계층의 일원으로 출발하는 사람들은 미숙련 노동자의 계층으로 출발하는 사람들보다 훨씬 나은 전망을 갖게 될 것이다. 이러한 사실은 현존하는 사회적 부정의가 제거된 경우에도 마찬가지일 것이다. 그렇다면 무엇이 이와 같은 생활 전망에 있어서 최초의 불평등을 정당화할 수 있을 것인가? 차등의 원칙에 따르면 그것이 정당화될 경우는 오직 기대치의 차등이 미숙련 노동자 대표의 경우와 같이 보다 불리한 처지에 있는 대표적인 사람에게 이득이 될 경우이다.[4]

이해가 됩니다. 우리는 때로 가장 안 좋은 상황을 가정하고 그 상황에서 피해를 최소화하는 전략을 개인 수준에서 사용합니다. 이를 사회 전체로 확장해보면 롤스의 대답이 설득력이 있다는 것을 알 수 있습니다. 사회 전체로 볼 때 가장 어려운 처지에 놓이게 될 사람들의 삶의 전망이 좀더 밝아질 수 있다면 자신이 그런 처지에 놓이게 될 확률을 너무 걱정하지 않아도 된다는 합리적 결론에 이를 수 있습니다.

롤스식 정의의 또다른 매력은 선택 자체는 이렇게 개인의 합리적 동기에서 출발하는 것인데, 이것이 분배적 정의도 가져올 수 있다는 점입니다. 마치 애덤 스미스가 '제빵사가 자신의 이익을 위해 열심히 빵을 만들 뿐인데 그것이 모든 이의 이익이 되는 제도'로서 시장을 정당화한 것처럼,[5] '그저 가장 나쁠 수 있는 가능성을 염두에 둔 선택'이 모두를 위해 정의로운 제도일 수 있다는 주장은 윤리적으로도 매력적입니다.

한편 우리 사회에는 롤스가 기반하는 자유주의적 문화 외에도 좀더 집단적이고 공동체주의적인 문화적 가치 역시 인정되고 있습니다. 개인이냐 집단이냐를 꼼꼼하게 따지는 논리의 세계와는 별개로 실제로 삶을 살아가는 우리는 한편으로는 개인주의적으로 생각하고 행동하면서도 다른 한편으로는 집단의 가치를 인정하고, 수용하고, 전달하고, 강요당하거나 강요하기도 하면서 살아가고 있습니다. 우리가 공동체의 일원으로서 정체성을 지니고 있고, 그것이 개인으로서의 우리만큼이나 중요하다는 것은 코로나19 팬데믹이 우리 삶에 전면적으로 가한 물리적·사회적 충격으로 말미암아 이제 생생한 사실로 다가옵니다. 이 감염병은 우리가 수많은 가닥의 관계들로 이어져 있다는 것을 보여주었습니다. 마치 혈관에 조영제를 주사했을 때 그것이 혈관을 타고 순식간에 몸 전체로 퍼져나가는 것이 느껴지듯이 감염병은 우리가 이어져 있는 사회적 혈관의 모습을 보여주었습니다. 우리는 홀로 존재할 수 없었습니다. 홀로 존재하기 위해서라도 우리는 이어져 있어야 한다는 것을 누구도 부정할 수 없게 되었습니다.

만일 우리가 죽을 때까지 함께 엮여 살아갈 존재들이라는 것을 인정한다면, 우리가 혹시 삶의 가능성에 있어서 서로 다른지, 우리의 삶은 충분히 평등한지를 점검하고, 혹시 누군가가 우리에 비해 "삶의 폭을 상실"한 채 살고 있는 것은 아닌지 살펴보고,[6] 필요한 행동을 생각해보는 태도가 정의에 부합한다고 자연스럽게 생각할 수 있습니다. 하지만 최근의 역사는 다른 생각의 손을 들어주었습니다. 바로 개인주의와 결합된 자유주의입니다.

자유주의의 역설

일반적으로 영미권 주요 국가들에서 1980년대 이후, 한국의 경우는 특히 1997년 외환위기 이후 국제통화기금IMF의 권고를 받아들이면서 신자유주의 혹은 시장자유주의의 시대가 열렸습니다. 프랜시스 후쿠야마Francis Fukuyama는 이에 대해 "역사의 종말"이라 말했던 것이죠.[7]

전통적으로 우리나라는 강력한 위계적 제도에 기반한 정치행정체제를 갖춰왔습니다. 대통령 직선제, 지방자치 부활, 언론의 자유 확대 등이 포함된 선거민주주의적 민주화가 1987년 6·29선언 이후 구현되었지만, 위계적 문화가 크게 달라질 만큼 충격적인 변화나 시간의 흐름은 없었습니다. 이 와중에 모든 국민의 삶을 책임져온(그렇게 주장된) 국가, 그러한 국가의 근대적 형태인 복지국가체제는 아직 완성되지 않은 상태였습니다. 우리가 잘 아는 현재의 국민기초생활보장제도가 도입된 것이 2000년이니 1990년대의 우리나라는 복지국가라고 하기에는 부족했습니다.

이러던 와중에 외환위기가 닥쳤고, 한국 정부는 국제통화기금으로부터 긴급 자금을 지원받으면서 '공공부문 4대 개혁'을 추진하여 우리에게 익숙하지 않은 시장자유주의적 제도를 대폭 도입하게 되었습니다. 노동정책이 변하면서 평생직장 개념은 축소되고 오늘날 우리에게 익숙한 '비정규직'이 확산되었습니다. 그리고 그 정치적 대가로 고용보험제도가 도입되었습니다. 1999년에 설립되고 2001년에 개항한 인천국제공항(공사)은 조직의 여러 기능(미화, 조경, 보안검색 등)을 외주화하는 등 당시의 신자유주의 원리가 적극적으로 조직에 도입된 공기업입니다. 2003년 기준 본사 인력은 730명인데 외주 인력은 3,821명이었습니다.[8] 정권 임기가 시작하자마자 당시 문재인 대통령이 하필 인천국제공항공사를 찾아가 "비정규직의 정규화"를 선언한 것은 이런 점에서 상당한 정치적 상징성을 지닌 이벤트였습니다.

스스로 시장을 받아들이고 시장의 영역을 넓혔기에 국가는 당황하지 않았고 시장 행위자들은 즐거웠지만, 국가와 시장과는 별개로 시민들의 공동체에게는 엄청난 도전이었습니다. 국가라는 거버넌스 기제에는 그나마 '국가공동체'라는 용어처럼 공동체적 흔적이 있지만, 시장에는 공동체가 아니라 계약적 관계로 맺어진 개인만이 있는 셈이기 때문입니다. 1980년대 신자유주의 흐름을 주도했던 영국의 마거릿 대처Margaret Hilda Thatcher 수상은 다음과 같은 정치적 수사를 남겼습니다: "사회 같은 건 없어요! 개개의 남자와 여자가 있고, 가족이 있지요."[9] 시장은 이런 선언을 반겼고, 국가는 이런 선언을 할 능력을 지니고 있었던 가운데, 부정된 것은 공동체였습니다. 시장의 확대는 우리를 개인으로 인식하게 유도하고, 국가는 여전히 공공재와 서비스 생산의 책임 주체로 간주되면서, 바우처나 출산장려금과 같이 시민을 파편화된 경제적 개인으로 취급하는 정책들이 늘어났습니다. 무엇을 원하는지 확실히 알고 있고, 원하는 것을 추구할 역량과 기회가 있으며, 생산자가 아니라 소비자로서 존재하는 개인들을 전제하는 시장적 자유주의가 확대되어온 것입니다.

이 개인들은 '연고적 자아'encumbered self와 다른 '무연고적 자아'로 불립니다.[10] 우리는 평소에 살면서 연고가 있다는 것을 자각하고 살아갑니다. 우리가 학연, 혈연, 지연이라는 표현을 보통 부정적으로 쓰긴 하지만, 어쨌든 그런 '연緣'들이 우리의 사회적 기원이며 우리를 규정하고 있음을 부정하지 못합니다. 그런데 자유주의 철학에서 우리는 갑자기 이런 사회적 연고가 없는 완전한 독립성을 지닌 시민이 됩니다. 신체적 자유와 불가침의 재산권을 지니고, 타인을 필요로 하지 않는, 완전한 정보에 기반하여 자신의 뚜렷한 선호를 지니고 있는 시민. 그것이 근대 자유주의 국가의 시민입니다. 이러한 시민들에게는 사회적 연고가 없습니다. 왜냐하면 사회 자체가 이러한 시민들 간의 계약에 의해 형성되는 것이기 때문입니다.

이러한 관념이 전제주의의 폭압으로부터 우리 시민 개개인의 자유와 존엄을 보호해주는 것은 사실입니다. 그러나 불행히도 이러한 관념이 우리 모두를 동일하게 보호해주지는 않았습니다. 누군가는 넉넉하게 가지고 있는 신체적 안전과 재산 그리고 문화자본을 다른 누군가는 그만큼 가지고 있지 못하다는 단순한 사실은 우리가 평등한 시민이 아니라는 것을 말해줍니다. 평등한 시민이 아니라면 누군가는 더 보호받고, 누군가는 덜 보호받는 것이 자연스럽게 됩니다. 우리가 애써 자유주의적 권리 관념을 추앙한다 하지만, 현실은 차별적 자유주의라고 하지 않을 수 없습니다. 조지 오웰George Orwell의 『동물농장』의 표현을 빌리자면, 모든 사람들은 평등하지만, 어떤 사람들은 좀더 평등합니다. 모든 사람들은 자유롭지만, 어떤 사람들은 좀더 자유롭습니다.

우리 모두가 현실에서는 동등하게 자유롭고 존엄한 이념적 시민이 아니라는 것을 받아들일 때, 그럼 우리는 어떤 존재로 살아가는가라는 질문을 던지게 됩니다. 대표에도, 정부에도, 조직에도, 리더에게도 역설과 한계가 있다면 민주주의는 어디에서 다시 시작해야 합니까? 공공성에 대한 논의는 바로 이 질문을 던지면서 풀려나옵니다. 우리는 함께 사는 존재이고, 이 사회에는 함께 살면서 생겨나는 어떤 열린 공간이 있습니다. 그 공간을 무슨 가치로 채울지, 어떤 절차로 구성할지의 문제를 우리는 해결해야 하는 것입니다.

공공성의 의미

공공성publicness이라는 개념은 학문 분야를 불문하고 2000년대 이후 한국 사회의 화두 중 하나로 자리 잡았습니다.[11] 공공성이 무엇을 의미하는지를 많은 학자들이 다루었지만 하나의 결론에 도달한 것은 아닙니다. 공공성이란 다양한 차원에서 접근할 수 있습니다. 우리 삶에 공공 영역이 얼마나 다양한지를 생각해보면 공공성이라는 개념을 단순하게 정의하는 것이 거의 불가능한 일이라는 점을 이해할 수 있습니다. 실제로 공공성의 의미에 대해 '청소년주거권네트워크 온'이나 '전쟁없는세상'과 같은 시민단체는 안전safety, security을 강조한 반면, '핫핑크돌핀스'는 정치적 가능성의 장에 접근 가능한 상태를 강조했습니다.[12] 사람과 이슈의 다양성만큼이나 공공성에 대한 정의가 다양한 채로 남아 있는 것은 오히려 반가운 일입니다.

공공성을 다면적으로 이해하는 데 유용한 틀 중 하나는 공공성을 주체의 차원, 내용의 차원, 절차의 차원으로 나누어 이해하는 것입니다.[13] 우선 주체의 차원에서 공공성은 직관적으로 이해됩니다. 공공기관, 공무원, 공조직과 같은 용어에서 보듯이 공공성 개념의 한 요소인 공公은 국가와 관련된 것으로 주로 이해되어왔습니다. 특히 이는 일본의 오야케公, おおやけ가 의미하는 바입니다. 미조구치 유조溝口雄三에 따르면 오야케는 국가라는 주체를 지칭할 뿐, 신자유주의를 비판하는 입장에서 강조하는 윤리적 의미의 공공성과는 거리가 있는 개념이라고 합니다.[14] 이렇게 공공성을 국가 중심으로 이해하는 것은 우리가 공공성의 구현 주체로 국가를 강조하는 이유이기도 합니다.

그런데 국가가 시장 혹은 공동체를 통해 공공서비스를 공급하는 거버넌스가 확산되면서 주체를 국가로 한정하는 공公 개념은 모호해졌습니다. 정부와 계약을 맺고 복지서비스를 공급하거나 쓰레기를 수거하는 민간조직은 단순히 사기업이라고 하기 어렵습니다. 그렇다고 공기업도 아니지만 말입니다. 더욱이 정부가 이렇게 계약, 즉 민간위탁을 통해 공급해도 좋은 서비스와 절대 그럴 수 없는 서비스 간의 구분도 모호해졌습니다. 실패로 끝났지만 미국에서는 교도소를 민간기업에 위탁하는 일도 벌어졌던 시대입니다. 또다른 예로 청탁금지법은 그 제정 과정에서 적용 대상의 문제로 홍역을 앓았습니다. 청탁금지법의 적용 대상은 결국 문구상으로는 '공직자 등'으로 결정되었고, 이 '등'이라는 표현에는 일단 사립학교 교원과 기자가 포함되었습니다. 그러나 여기에는 정부와 일하는 모든 계약당사자(공무수행사인)도 포함된다 하겠습니다. 주체로서의 공은 거버넌스의 시대에 특정하기가 점점 어려워지고 있는 것입니다.

내용의 차원에서 공공성 개념은 주체에 대한 논의보다는 구체적인 가치, 즉 개인 중심의 가치체계가 아니라 형평, 공정, 공유와 같은 공동체적 가치를 강조합니다. 유교에서는 전통적으로 인드을 강조했습니다. 종교적 자비와 사랑도 개인의 감정을 가리키는 것 같지만 공공성의 내용이라 할 수 있겠습니다. 심지어 우리가 그냥 함께하고 있다는 느낌, 어느 '맑은 날'의 저녁노을, '여러 사람'들이 뛰노는 '공'원 벤치에 노부부 '둘'이 한가로이 앉아 서로 기대고 있는 동안 느끼는 행복감조차 공공성의 내용을 구성한다고 말할 수도 있겠습니다. 개인의 권리 보장도 그 개인이 아니라 누구의 권리도 부정되어서는 안된다는 의미에서 공공성의 내용을 구성합니다.

이렇게 내용으로서 공공성은 특정하기 어렵습니다. 우리가 함께 어울리면서 창출되는 가치는 무한한 것입니다. 이중 어떤 것이 공공성의 가치라고 특정하는 것은 열려 있는 개념으로서 공공성의 매력을 죽이는 셈이 될 것입니다. 또한 그 무한한 가치들 가운데 어떤 것들이 어느 사회의 어느 시대에 적실한 것인지에 대한 질문도 던져야 합니다. 우리 시대의 가치들과 조선 시대의 가치들이 동일할 수는 없기 때문입니다. 자유와 같이 이 시대에 보편적이라 받아들여지는 가치조차 헌법이 그 한계를 예정해놓은 데서 보듯이, 어떤 가치든 공공성의 관념을 통해 지속적으로 재해석될 가능성을 품고 있습니다.

이렇게 공공성의 내용을 특정하기 어렵다는 사실은 공공성의 세번째 차원, 즉 절차적 차원으로 우리를 인도합니다. 공공성의 본질상 그 내용을 특정하기 어렵다면 그것은 특정하기 어려운 채로 남아 있는 것이 바람직합니다. 즉 우리는 동료 시민들을 신뢰하고 공공성의 실체를 우리의 담론을 통해 채우는 데 동의해야 하는 것입니다. 만일 누군가—철인왕을 자처하는 존재겠죠—가 공공성이 무엇을 의미해야 하는지 규정할 수 있다면 공공성은 더이상 공적인 개념이 아닙니다. 공공성은 열려 있어야 하고, 그 의미를 규정하는 절차 역시 모두에게 모든 가능성에 열려 있어야 합니다. 그것이 공공성의 의미에 부합하는 일입니다.

이렇게 볼 때 공공성은 단순히 공조직에서 구현되는 것이 아닙니다. 공조직에서 공공성의 내용에 해당하는 가치는 열린 절차가 아니라 위계적 관료제라는 닫힌 절차에 의해 규정되기 때문입니다. 공공성은 공조직을 포함하는 시민사회의 전과정, 그것이 생성해내는 공적 공간에서 우리의 활동을 통해 구현될 수 있습니다.

최소한 이념적으로는 가능한 한 많고 다양한 사람들의 목소리가 서로에게 가닿고, 가능한 대안들이 진지하게 고려되며, 함께 의사 결정이 이루어져야 하는 것입니다.

공公과 공共

흥미로운 것은 우리말의 공공성公共性은 공公과 공共으로 구성된 개념이라는 점입니다. 이 두 공은 개념적으로 구분됩니다. 우리 문화권에서 보통 앞의 공은 사私와 대립되고, 뒤의 공은 개個와 대립되는 것으로 사용됩니다.[15] 영어권의 용례에서도 공公과 공共이 구분되기는 하지만 상당 수준 서로 교환 가능한 개념으로 사용되어왔습니다.

우리가 공공성이라고 하는 것은 영어의 퍼블릭public의 명사형 publicness을 번역한 것입니다. 그 라틴어 어원 publicus는 사람들, 국가 혹은 공동체(그리고 거기에 속해 있음), 국가의 이름으로 행해진 일 등을 의미한다고 합니다.[16] 우리가 주체로서의 공공성을 말할 때 보통 국가나 정부를 의미하듯, 영어에서도 퍼블릭은 자주 국가나 정부를 의미하는 것입니다. 한편 우리가 쓰는 공화국共和國이라는 개념은 영어로 리퍼블릭republic 혹은 커먼웰스commonwealth를 번역한 말입니다. 커먼웰스는 '모두의 일'common business을 의미하기도 하고, '주민에게 일반적으로 허용되는 소유res publica'를 의미하기도 합니다.[17] 결국 보통 퍼블릭public을 '公'으로, 커먼common을 '共'으로 번역하지만, 어원을 살펴보면 양자는 긴밀하게 엮여 있는 상호교차적 개념인 것입니다.

서구에서 근대적 공공성 개념의 형성 과정을 살펴보는 것도 흥미롭습니다. 특히 이는 오늘날 공론장이라는 개념을 제시한 위르겐 하버마스Jürgen Habermas에게서 찾아볼 수 있습니다. 하버마스는 『공론장의 구조변동』에서 18세기 근대 자본주의의 성장 과정 중 유력한 시민들이 사적 공간—살롱이나 카페라 불리는—에 모여 국가와 정부의 공적인 문제들에 대한 의견을 교환하는 장의 등장에 주목하여 이를 공공성 혹은 공론장Öffentlichkeit이라고 불렀습니다.[18] 즉 사적 모임에서 공적인 이슈에 대한 의견을 교환하는데 그것이 실제로 정부에 영향을 미치는 과정이 작동한 18세기경 근대 부르주아의 새로운 경험을 지칭하기 위한 개념입니다. 의사소통을 중시하는 하버마스에게 공론장은 군주에게 귀속되었던 과시적 공공성이 아닌 부르주아들의 '共'有(공유)된 '公'的(공적) 공간으로서 공공성의 원천이 되는 것입니다.

이렇듯 공공성 개념을 깊이 들여다보면 사람과 사람이, 즉 인간이 함께 하는 활동, 함께 함으로써 구현되는 가치, 함께 하는 공간, 그리고 그것의 제도적 형태로서 국가와 정부 등 공公과 공共이 긴밀하게 엮여 있음을 알 수 있습니다. 달리 말해 공공성이란 "동료 시민을 인정함으로써 나오는 행동의 속성이자 그 행동이 빚어낸 물리적·사회적·관념적 결과물의 속성"입니다. 공공성에서 공公은 나와 다른 존재들에 열려 있음을, 공共은 나와 다른 존재들과 어울림을 의미합니다. 공公적인 것은 국가나 정부와 같은 우리와 동떨어진 제도에 처음부터 귀속되어 있는 것이 아니라, 오히려 우리가 국가나 정부에 무엇을 맡겼는가에 달린 것입니다. 국가나 정부도 우리가 함께 구성하는 것이고, 우리가 함께 (세금이나 노역을 통해) 지원하는 것이고, 그 결과를 우리가 함께 책임집니다. 따라서 공共할 때 공公한 것이고, 공公한 것이 공共한 것입니다.[19]

이렇게 볼 때 기존의 공공성 논의에서 특히 주의할 것은 국가를 중심으로 하여 공공성을 배타적으로 이해하는 경향입니다. 우리는 오랜 역사 가운데 '국가=公'이라는 암묵적 전제에 따라 사고해왔습니다. 국가가 아닌 공동체라고 하면 주로 혈연, 지연, 학연, 이익집단 등을 떠올리게 됩니다. 이들은 모두 '사私'에 불과하고, 오로지 국가만이 이들이 생산할 수 없는 공적 가치를 생산할 수 있는 것처럼 생각해왔습니다. 그러나 국가 역시 때로는 그리고 관점에 따라 사적 행위자일 수 있습니다. 국가를 하나의 파당으로 보는 관점, 특히 국가를 부르주아 계급의 이익을 보장해주는 도구 정도로 보는 일부 맑스주의자들[20]이나 공무원들의 사익추구 동기에 주목하는 시장주의자들[21]에게 국가는 사적 파당에 불과합니다.

공적 가치는 더 광범위한 공共들로부터 생산될 수 있습니다. 복지국가를 생각해봅시다. 지금까지 시민적 복지는 '복지국가'라는 개념 아래 주로 국가가 담당해야 하는 것으로 생각해왔습니다. 특히 공공성 논의가 신자유주의에 반발하면서 공공복지의 확보를 강조하다보니 국가와 공공성의 결합은 당연시되기도 했습니다. 하지만 실제로 공공성은 여러 주체들 간의 협력으로 구현됩니다. 장애인들의 활동지원이나 빈곤의 해소를 위해 이를 구현할 일차적 책임 주체로 국가를 강조하지만, 동시에 장애인들의 자조적 삶은 열려 있는 '지역사회'에서 영위되어야 합니다. 시민단체 '홈리스행동'은 홈리스 당사자들을 중심으로 자조적 모임을 통해 주거권 개념을 스스로 다듬고 주거정책에 대한 공적 담론을 형성하는 한편 공공임대주택의 확대 도입을 국가에 요구합니다.[22] 요는 공公을 만들어내는 것은 국가만이 아니라 국가를 포함한 공적 공간의 행위자들이라는 점입니다. 국가도 공적 가치를 생산하지만, 우리가 함께 살아가는 삶의 장에서도 공적 가치가 생산됩니다. 공공임대주택처럼 국가가 생산하기에 유리한 공적 가치가 있고, 장애인야학처럼 당사자들의 작은 모임이 생산하기에 유리한 공적 가치가 있고, 탈가정 청소년들의 안전한 주거처럼 모두가 협력할 때 올바르게 생산할 수 있는 공적 가치가 있을 따름입니다.[23]

이렇게 '함께 함共'과 그것으로부터의 '공公'에 주목할 때 우리는 공적 문제를 국가에 맡겨버리는 것이 아니라, 오히려 국가를 시민이 주도하는 더 넓은 공적 공간으로 끌어냅니다. 무엇이 공公인지, 혹은 누가 공적 행위자인지 국가가 독점적으로 규정하면 공 개념은 그 '열려 있음'의 관념을 상실하면서 그 자체로 더이상 공적이지 않게 되는 역설을 야기합니다. 우리는 그 경험적 결말이 멀게는 프랑스혁명 이후 언론의 자유를 제한한 르샤플리에법Loi de Le Chapelier과 같은 이성중심주의적 독재, 가까이는 2차 세계대전 시기의 전체주의로 이어질 수 있음을 이미 알고 있습니다. 한편으로는 여전히 공공성을 실현할 강력한 자원과 권위를 지닌 국가를 인정하고 협력자로 이해하되 국가에 의해 독점된 공공성을 되찾고[24] 민주적인 공적 공간을 구성하려면, 마치 강물의 발원지를 찾듯 공공성의 새로운 출발점을 생각해보아야 합니다. 바로 공公을 생산해낼 수 있는 공共을 모색해보아야 한다는 것입니다. 그 공共에 대해 이제 좀더 자세히 이야기를 나누어봅시다.

작은 공共

'작은 공共'의 의미

공동체는 우리 삶에 의미를 제공해줍니다. 시장에서 개인은 말 그대로 개별적인 존재입니다. 자신의 필요에 따른 계약이라는 형태의 관계 외에 특별한 인격적 관계는 필수적으로 요구되는 것이 아닙니다. 관료제 안에서 개인은 기능적 존재에 머뭅니다. 이 역시 인격적 관계를 필요로 하지 않습니다. 반면 공동체 안에서 인간은 자신의 위치를 다른 사람들과의 관계 및 역사 속에서 파악하는 '연고적 자아'입니다. 공동체에서 인간의 의미는 자기 자신뿐 아니라 동료들과의 관계 속에도 있습니다. 공동체는 삶의 의미를 어디에서 찾을 수 있는지, 우리 각자는 누구인지, 우리는 무엇을 해야 하는지에 대해 선택할 수 있는 길들을 제공해줍니다.

때로는 공동체가 선택지가 없는 규범을 부여하기도 하여 근대 자유주의 이념과 긴장관계에 놓이기도 합니다. 오늘날 우리는 폐쇄적인 공동체의 위험을 잘 알고 있습니다. '마을'은 진보적 관점에서는 재생과 참여, 민주주의의 공간이지만[25] 자유주의적 관점에서는 묘한 거부감을 야기하는 공간이기도 합니다. 또한 기존 공동체 연구는 관습, 혈연, 지역, 계약 등 사람들을 묶어주는 매개에 초점이 있었습니다.[26] 이러한 묶임을 강조하다보니 공동체의 경계, 공동체 규범의 내면화와 순응, 그 결과 공동체의 폐쇄성과 억압성 등에 대한 비판이 제기되었습니다. 사회적 공동체는 앞에서 본 바와 같이 구성원들의 삶과 직결되어 있고 삶의 기반을 제공하지만 거기에는 억압성이라는 대가가 있습니다.

이에 공동체에 대한 정치적 논의는 개인의 자유를 강조하는 공적 공간에 초점을 둡니다. 전체주의의 문제와 씨름했던 해나 아렌트는 『인간의 조건』에서 공동체가 개인에게 제공하는 정체성과 친밀감이 오히려 개인의 차이를 없앰으로써 '다양성'plurality에 기반한 공적 공간 형성에 부정적 영향을 미칠 가능성을 조심스럽게 검토했습니다.[27] 앤서니 코언Anthony P. Cohen은 아예 공동체 자체가 상징에 의해 구성되는 상상의 산물이라고 말합니다.[28]

이런 맥락에서 자유주의적 비판을 수용하면서도 공共의 가치를 담을 수 있는 다른 개념이 있다면 소통에 도움이 될 것입니다. 여기서는 이를 '작은 공共'으로 부르고자 합니다.[29] '작은 공'은 "국가 단위가 아닌 상대적으로 좁은 범위의 사람들이 '함께 하지만 그 이름으로 인해 억압되지 않는' 삶의 단위"로 정의될 수 있습니다.[30] 이러한 정의는 어떤 공共의 특성을 지칭할 뿐, 사람들이 연합하게 되는 매개, 즉 혈연이나 지연, 학연, 국적 등을 특정하지 않습니다. 따라서 마을 단위의 자조집단도 작은 공일 수 있고, 도시의 임의집단도, 직장의 소그룹도, 조합도, 환우회도 작은 공일 수 있습니다. 중요한 것은 사람들의 구체적·일상적 삶에 착근되어 구성된 관계의 집합이라는 것입니다.

'작은 공'이라는 개념에는 두 요소가 있습니다. 하나는 당연히 공共입니다. 작은 공 역시 크게 보면 공동체를 일컫는 개념입니다. 그러나 작은 공이라는 개념이 공동체 개념과 구분되는 지점은 우리말의 공동체 개념을 구성하는 '공共'과 '동同'을 절연시킨다는 점입니다. '화이부동和而不同'이라는 말이 제시하듯 우리는 함께 하지만 반드시 완전히 '동同'해야 하는 것은 아닙니다. 물론 공동체 개념에서 '동同'의 의미에 대해서도 해석이 분분할 수 있습니다. 여기서는 이 개념 요소가 자유주의적 관점에서 불편할 수밖에 없다는 점을 지적하는 것으로 충분하겠습니다. 작은 공 개념은 무엇으로 묶인 공동체인지에 관심의 초점이 있기보다는 그렇게 묶인 공동체가 어떻게 공적 공간을 구성하고, 거기서 개인의 가능성을 확장하면서 억압적 권력을 최소화하느냐에 초점이 있습니다.

다른 하나는 사람들의 모임, 즉 공共의 어떤 규범적 상태를 지칭하는 것으로서 '작은'이라는 수식어입니다. 제1장에서 언급한 작은 자들의 작음과 연장선상에 있다고 하겠습니다. 작다는 것은 공을 구성하는 개인의 수가 적다는 의미는 아닙니다.[31] 그보다는 다음과 같은 세가지 의미를 담고 있습니다. 첫째, 국가가 아니라는 의미입니다. 작음과 국가가 아님을 연결시키는 이유는 우리가 앞서 보았듯이 공公의 궁극적 단위를 국가로 생각하는 경향을 극복하기 위함입니다. 국가보다 작은 공共들도 공공성을 만들어낼 수 있습니다. 그리고 어떤 공共들, 예를 들어 전지구적 빈곤이나 기후에 대응하려는 지역적 모임들은 규모는 국가보다 작다 해도 그 이념으로 보면 오히려 국가보다 넓습니다. 둘째, 거시적 사회구조보다는 미시적이고 실존적인 삶에 주목하고자 하는 의도입니다. 셋째, 권력을 주도적으로 행사하기보다는 권력으로부터 자유로운 상태를 강조하는 의미입니다. 공동체 개념의 비판점인 구성원들에 대한 억압적 지배권을 행사하지 않고, 공동체의 이름으로 외부의 시민들에게 억압적 지배권을 행사하지도 않는 공동체(의 상태)를 작은 공이라 부르고자 합니다.

삶의 단위로서 작은 공

사회적 측면에서 작은 공은 삶의 단위로서 의미가 있습니다. 작은 공 안에서 우리는 생생한 우리의 일상으로부터 공공성의 단초를 발견할 수 있습니다.

해나 아렌트나 조르조 아감벤은 인간의 삶을 '조에'zoe와 '비오스'bios로 구분한 그리스 전통에 주목했습니다. 이들에게 조에는 생물학적 삶, 육체적 필요에 종속된 노동하는 삶을 의미하는 반면, 비오스는 자신을 다른 사람들과 구분되는 존재로서 정치적 공간에 드러내는 '행위'action의 주체를 의미합니다. 여기서 중시되는 것은 비오스입니다. 자유주의나 공화주의적 전통의 일부에서는 세계시민으로서의 개인들을 상정하고, 그들이 자신들의 자유를 구현하는 공간, 해나 아렌트의 용어를 빌리자면 매일매일 노동을 해야 하는 상황에 묶여 있는 인간의 필연성이 극복되고 개개인의 고유함, 그래서 전체적으로는 인간의 다양성plurality이 구현되는 행위인 '정치'가 이루어지는 공간을 중요시합니다.

확실히 비오스라는 관념에는 흔들리고 고뇌하고 굴복하는 우리의 자아보다 훨씬 독립적이고 자율적이며 멋진 자아가 있습니다. 자유주의 정치체제가 지향할 만한 시민상인 것입니다. 이런 자아의 궁극적 형태는 아마도 헌법재판관의 모습일 것입니다. 신성한 법복을 입은 한 사람 한 사람이 독립적으로 헌법의 의미를 새길 수 있는 권능을 지니며, 집단적 의사결정을 하되 소수의 의견마저도 역사에 공식적으로 기록되는, 가장 완성된 형태의 근대적 시민의 모습입니다.

아쉽지만 이러한 자아가 우리의 진실은 아닌 것 같습니다. 규범과 이상일 수는 있지만 진실은 아닙니다. 실제 인간들은 특정한 생산수단—그것이 토지이든 조직이든—과 강력하게 연결되어 살아가고, 이를 중심으로 사회적으로 구성된 경계 안에서 삶을 영위합니다. 대규모 사업장에서 다른 사람과 자신을 구분할 수 없고, 매일매일의 생물학적 삶을 영위하기 위해 고된 노동을 수행해야 합니다. 우리는 동료가 필요하고, 삶의 어느 시간에는 돌봄이 필요한 약한 존재들입니다. 질병으로 고통받고, 전쟁과 기근이라도 나면 난민이 되어 삶의 터전에서 뿌리뽑힙니다. 이러한 진실을 부정하는 것은 위선적입니다. 비오스적 삶의 가치를 부정하려는 것이 아니라 조에적 삶도 함께 돌아보아야 한다는 것입니다.

작은 공은 추상적 공간이 아니라 우리의 일상·노동·관계가 이루어지는 좀더 구체적인 공간에 초점을 둡니다. 우리의 비오스만이 아니라 우선 우리의 조에가 존재하는 공간이기에 그 규모가 작을 수밖에 없습니다. 소수의 당사자들이 모여서 함께 식사하고 활동하는 지역 장애인자립생활센터들, 탈가정 청소년들의 당사자 모임과 같이 작은 공은 물리적으로도 작습니다. 우리가 물리적으로, 육체적으로 존재하는 공간이기 때문입니다.

이러한 작은 공에 대해서는 그것이 과연 공公인지, 사私의 성격이 강한 것은 아닌지 염려하는 관점이 제기될 수 있습니다. 즉 서로 끈끈하게 조에적으로 묶인 관계는 공보다 사를 앞세우는 관계로 쉽게 전환될 수 있다고 보는 것입니다. 이에 대해 숙고해볼 단초를 제공하는 사례가 있습니다.

이승환은 조선 현종 때 김만균金萬均 사건에 주목했습니다. 현종 시기에 김만균이라는 관리가 있었는데 청나라 사신의 영접 업무를 맡게 되었습니다. 그런데 하필 김만균의 조모가 병자호란 때 순절을 한 사정이 있어 김만균은 효의 도리상 영접 업무를 할 수 없다고 사직소를 올렸습니다. 조정에서는 이에 대해 공적 업무를 수행할 책임이 중한지, 효를 행하는 것이 중한지 논쟁을 벌였고, 결국 사직소를 수락했습니다. 이에 대해 이승환은 다음과 같이 해석합니다.

> 혈친에 대한 의무는 비록 정치 영역상의 구분으로 보자면 '사'에 속하지만,

> 유교 윤리의 각도에서 보자면 '사'를 뛰어넘는 '보편적 윤리원칙' 즉 '천리'의 성격을 지니게 된다. (…) 유교 이념이라는 큰 틀에서 보았을 때는 '윤리적 공'과 '영역적 공' 사이의 충돌이라고도 볼 수 있는 것이다.[32]

여기서 중요한 지점은 '윤리적 공'의 차원과 '영역적 공'의 차원이 있고, 양자가 다른 경우가 있다는 것입니다. 그리고 관련 행위자들(아마도 임금)이 결국 영역적 공에 앞서 윤리적 공을 긍정했다는 것입니다. 김만균의 '윤리적 공'이 연원하는 공은 가족입니다. 즉 영역의 차원에서 보면 이는 '사'에 해당합니다. 이 장면은 '영역적 사'에서 '윤리적 공'을 구현·긍정할 수 있음을 보여주는 것입니다. 아렌트의 사상을 이어가면서도 이를 비판했던 사이토 준이치齋藤純一는 『민주적 공공성: 하버마스와 아렌트를 넘어서』에서 이러한 '영역적 사'가 제공하는 "구체적인 타자의 삶·생명에 대한 배려·관심"을 강조했습니다.[33] 작은 공은 이러한 배려와 관심이 생산되는 관계이며, 여기서 윤리적 차원의 공公이 생산되는 관계입니다.

정치적 삶의 출발점으로서 작은 공

다른 한편, 정치적 측면에서 작은 공은 개인이 정치적 삶을 살아가는 기반을 제공할 수 있습니다. 우리는 태어날 때부터 어느 농장에서 가족과 사유재산과 노예를 보유한 이성적 중년 남성으로 태어나는 것이 아닙니다. 우리는 아주 작은 존재로 이 땅에 태어나 주변 사람들의 돌봄을 받으면서 천천히 성장하고, 그 주변 사람들을 내면에 담으며 우리의 마음을 키워나갑니다. 우리는 우리 주변의 사람들을 닮은 존재입니다. 그들은 우리를 가능케 하고, 우리를 억누르기도 하고, 대부분 우리와 함께 합니다. 이들은 우리의 '연고'입니다. 우리의 '연고적 자아'를 형성하게 돕는 이들입니다. 우리가 어떤 자율적 개인으로서 정치적 정체성을 형성한다면, 그것은 바로 이 연고적 자아라는 뿌리로부터 뻗어나온 줄기입니다. 사이토 준이치는 완성된 정치적 개인이 아니라 그로의 출발점의 모습을 아래와 같이 잘 표현했습니다.

> 자기주장을 실행하고 이의를 제기하기 위해서는 자신이 어떤 장소에서는 긍정되고 있다는 감정이 반드시 있어야 한다.[34]

누가 당신의 이야기를 들어줍니까? 어떤 때는 가족이, 어떤 때는 식당에 모여 앉은 이들이, 어떤 때는 온라인에서 만난 이들이 우리의 이야기를 들어줍니다. 우리 삶에 착근된 작은 공이 바로 자신이 긍정되고 있다는 가장 강렬한 감정을 불러일으키는 이들의 모임입니다. 언어적 소통이 어려운 뇌병변 장애인으로서 장애인 이동권 운동을 촉발하고 그 현장을 지켜온 이규식은 '장애와 인권 발바닥행동'이라는 단체에 소속되어 느꼈던 이 감정을 아래와 같이 말합니다.

> 그곳의 분위기는 (…) 완전 딴판이었어요. 서로를 도와주고 지지해줬죠. 비장

애 여성 다섯명에 나만 장애인인데 마치 조직의 중심이 나인 것처럼 내가 한마디를 하면 다 귀를 기울였어요.[35]

이 가장 미시적인 삶의 공共에서 자신이 긍정되고 있다는 감정 없이는 형식적 자유만이 부여된 개인이 자신의 주장을 제시할 수 있으리라 보기 어렵습니다. 이러한 일차적 감정을 불러일으킴으로써 자신의 주장이 들리고 응답될 수 있는 공식적인 공간으로 나아갈 힘을 주는 기반으로서의 작은 공은 더이상 사적 공간이 아니라 정치적 측면에서 공공성을 창출하는 공적 공간의 성질 역시 지니게 됩니다.

더욱이 작은 공은 이렇게 자율적인 개인들의 정치적 공간으로 나아가는 구성원들을 홀로 보내지 않습니다. 추상적인 자율적 개인이 서로 다름plurality의 공간, 즉 공적 공간으로 나아가 자신의 의견을 표출하고 의사결정에 참여하는 데는 상당한 정치적 자원이 필요합니다. 자신의 선호를 형성할 만한 정보, 그 정보를 모으기 위한 자원, 공적 공간에 출석하기 위한 모든 시간과 비용, 그리고 애초부터 내가 공적 공간에 나아가 나의 의견을 표출하겠다는 의지, 내 목소리가 사람들에게 전달될 것이라는 기대, 이 모든 것이 필요합니다. 심지어 내가 내 의견을 표출한 후 어떤 결정이 내려지더라도 나의 자유는 침해되지 않을 것이라는, 나는 안전할 것이라는 믿음도 필요합니다. 이 모든 것들을 확보하기 위해서는 개인 차원에서나 사회 차원에서 엄청난 자원이 필요합니다.

작은 공은 한 개인에게 이런 자원을 집단적으로 제공해줄 수 있습니다. 특히 상당한 정치적 자산을 소유한 이들이 아니라 오로지 사회적 연대만이 자산인 이들에게 작은 공은, 그것이 마치 '계契'처럼 각자의 자원을 모아 자신들의 대표자에게 몰아주든, 작은 공의 관계적 속성 자체에서 새로운 정치적 자원을 창발시켜 공유하든, 개인에게서는 불가능한 정치적 자원을 제공할 수 있습니다. 그리고 작은 공 안에서의 활동을 통해 이러한 자원을 공동으로 키워갈 수 있습니다. 혼자일 때는 그저 혼자일 수밖에 없었던 많은 장애인들이 장애인운동의 최전방에 서 있을 수 있는 것은 그들이 함께이기 때문이라고밖에 말할 수 없습니다.

나아가 작은 공은 독특한 존재로서의 개개인이 모인 공적 공간의 특성인 다양성을 가능하게 하는 기반입니다. 작은 공을 하나의 공동체로 보면 논리적으로는 다양성을 해한다고 주장할 수도 있습니다. 그러나 앞서 이규식의 고백에서 보듯이 역설적으로 작은 공 안에서 개인은 비로소 구체적인 개인으로 존재할 수 있습니다. 한 사람의 삶이 인지되고 인정되는 공간은 가상공간인 정치적 공간에 앞서 삶의 공간인 작은 공이기 때문입니다. 즉 작은 공은 다양성이 구현되는 출발점입니다.

배타성과 억압의 문제

마지막으로 작은 공 개념 역시 공동체로서의 성격을 공유하기 때문에 공동체에 대한 비판의 두 축인 배타성과 억압의 문제를 다룸으로써 그 개념이 지향하는 바를 명확히 할 필요가 있습니다.

배타성

작은 공 개념에 대한 첫번째 가능한 비판으로 배타성을 논해봅시다. 작은 공의 정체성이 강하면 강할수록 내부적인 강한 연대와 친밀성이 외부를 향한 배타적 태도를 낳을 우려가 있는 것입니다. 특히 한국 사회의 고질적인 연고주의 문제와 결합될 때, "작은 공이라는 것이 결국 연고주의에 기반한 집단이기주의와 무엇이 다르냐"는 비판이 제기될 수 있습니다. 대표적으로 가족 질서가 국가로 확장되면서 발생하는 연고주의와 부패는 늘 유교적 질서에 대한 비판거리였습니다. 실제로 『중용』 제20장에는 우리가 일반적으로 생각하는 인仁이 친족이라는 단위에서 나타나는 가치로 등장합니다.

> 인仁이란 사람다움이니 친족과 가까이 지내는 것이 으뜸이고, 의義란 마땅함이니 어진 사람을 높이는 것이 으뜸이다.

임종진은 자칫 현대사회에서 연고주의로 변질될 수 있는 인에 의義 개념을 결합시켜 객관성을 확보할 수 있다고 보았습니다.

> 『중용』에서 인은 인간관계에서 가장 기본이 되는 가족 사이에 이루어지는 자연스런 배려와 관심에서 출발하는 주관적 측면이 강조되는 덕목으로 볼 수 있다. 의는 이러한 인과 비교한다면 더 객관적이고 합리적인 측면이 강조되는 덕목이다. 그렇기 때문에 '의란 마땅함이다'라고 말한 것이다.[36]

사실 국가를 공공성의 독점적 공간으로 이해하는 한, 다른 모든 하위 단위의 공共은 배타적이라는 비판에서 자유로울 수 없습니다. 이에 대하여 작은 공을 어떤 규범적 상태라고 정의할 때 의미는 이렇습니다.

우선 작은 공은 배타적 입장을 실행할 권력이 부재하거나 그 권력을 행사하지 않는 상태를 의미합니다. 즉 "권력과 연결되어 배제를 행하는 공共이 아니라 권력과 소극적 관계에 있는 공共"입니다.[37] 조선 후기의 실학자 심대윤沈大允은 "함께 이루는 것은 공이요, 홀로 취하는 것은 사(同濟者公也 獨取者私也)"라 했습니다.[38] 이런 점에서 전관예우와 같은 일종의 회색부패(사회 통념상 부패인지 아닌지 판단하기 애매하고 처벌에 대한 사회적 합의가 없는 이익 추구적 관행들[39])를 유발시키는 법조 및 정부의 인적 연결망은 작은 공과는 구별됩니다. 자기 부처에 근무하다가 퇴직한 공무원들에게 수의계약을 안겨주는 행태는 작은 공에 부합하는 모습이 아닙니다.[40] 개개인 입장에서는 법적으로 문제 없고 자신도 별 힘이 없다고 생각할 수도 있겠지만, 그가 그 공共에 속해 있는 한 그는 배타적 권력 자원을 공유합니다. 그리고 권력을 통해 타자를 의도적·적극적으로 배제하는 권력적 공共은 공公을 구현할 수 없기에 작은 공이 될 수 없습니다.

또한 공적 권위를 활용하여 사적 이익을 취하는 것이 부패라면, 부패행위에는 개념적으로 공적 권위에 대한 접근 가능성이 내포되어 있습니다. 이 접근 가능성이 바로 권력이고, 부패는 이러한 권력을 보유한 집단에서나 가능합니다. 우리가 단순히 '공共'이라 하지 않고 굳이 '작은 공'이라 할 때, 작음에는 권력과의 거리가 포함되어 있는 것입니다. 만일 권력을 통해 홀로 취하고자 하면서 스스로 공公하다 하고 스스로 작은 공으로 여긴다면 그 안에 수치를 아는 마음(羞惡之心)이 있다 하기 어렵습니다.

둘째, 작은 공이 드러내는 배타성은 때로 공공성을 침해하지 않는 소극적 형태로 나타날 수 있습니다. 정체성 정치 혹은 인정투쟁과 같은 관념들은 개인이 아닌 공동체 단위의 헌법적 긍정, 권리 보호, 자치권 인정을 요구합니다. 이렇게 정체성 발현의 일종의 역설로서 부수적으로 나타나는 소극적 배타성은 개인 대신 공동체가 단위일 뿐 정치적 공간의 자유와 다양성 개념에 부합한다고 볼 수 있습니다. 우리가 개개인의 정체성이라는 관념을 통해 너와 나의 다름을 인정할 때 그것을 배타적이라 부르지는 않습니다. 그것을 작은 공이라는 집단의 수준에도 적용하면 이 역시 관념적으로 배타적이라 보기 어렵거나, 소극적 배타성으로 보아야 할 것입니다. 타자가 나와 다르다고 하는 것을 인정하고 존재론적 거리를 인정하는 것은 한 집단을 소외시키고자 할 때의 모습과는 차이가 있습니다.

마지막으로 배타성은 의도한 것이 아니라 환경의 자극에 대한 반작용으로 나타날 가능성이 있습니다. 사람이 모인 집단은 그 바깥에 적대적 집단이 존재할 때 쉽게 과도하게 결집되고 극단적 입장을 취하는 리더가 부상하여 집단 전체가 권력 추구적이고 투쟁적이 되는 경향이 있습니다. 내 편과 네 편을 가르는 상황(이것이 배타성이지요)에서 작은 공이 머물 수 있는 자리는 없습니다. 이러한 투쟁적 환경에서는 작은 공 역시 절박한 상황에서 극단을 향해 결집하는 생존정치의 소용돌이에 휘말리게 됩니다.

중요한 것은 개별적 작은 공들에서 어떻게든 논리적 배타성을 찾아내어 비판하는 정치적·학문적 심술이 아니라 그러한 배타성을 자극하는 환경적 메커니즘, 즉 불평등, 폭력, 소외, 억압, 그리고 기회주의적 리더의 부상으로부터 자유로운 환경을 만들어가는 일일 것입니다. 이러한 메커니즘들은 환경의 특성, 즉 얼마나 많은 자원이 활용 가능한지, 그것의 분배 상태는 어떠한지, 배타적 이익이 존재하는지 등에 따라 집단의 배타성을 자극하고, 공共들을 부패시키고, 부패한 공共들이 오히려 생존에 더 유리한 자연선택적 상황을 만들어낼 수 있습니다. 이런 관점에서 어쩌면 작은 공들은 일급수에만 사는 산천어처럼 그 존재 자체로 민주주의의 척도라 하겠습니다.

억압

이제 작은 공이 공동체이기 때문에 생기는 억압의 우려에 대해 논의해봅시다. 이는 작은 공 안에서 개인의 자유를 확보할 수 있느냐 하는 문제입니다.

우선 우리의 정신세계의 강력한 구성요소인 유교적 가치관에서 사회는 하나의 윤리적 공동체입니다. 유교 질서에서 공동체와 공공성은 앞서 김만균의 사례에서 보듯이 영역적 공과 윤리적 공으로 균열할 가능성이 있었으나, 기본적으로 '효'에서 출발하여 그것이 '국가'로 확장된 동심원적 윤리 구조 안에서 충분히 양립 가능합니다. 공을 지향하는 것은 개인에게 부여되는 윤리적 요청이며, 그 공은 대부분의 경우 국가가 담지하는 구조입니다.

오늘날의 관점에서 유교의 문제는 공동체와 공공성의 양립 가능성보다는 오히려 양자가 결합하면서 발생하는 개체성의 상실이라고 하겠습니다. '대동사회'라는 표현은 이상적 질서를 나타내지만, 오늘날 자유주의적 관점에서 보면 철학적 차원에서 위험해 보이는 요소를 담고 있음을 부인하기 어렵습니다.

서구 이론에 근거한 공동체 연구 내에서도 의견은 분분합니다. 앞서 짚었듯이 최근의 흐름은 공동체의 '동同' 관념에 비판적 입장을 취하면서, 자유주의와 공동체주의를 결합하려는 노력이 특히 1980년대 이른바 현대적 공동체주의 등장 이후 이루어져왔습니다.[41] 그러나 여전히 공동체의 억압 가능성에 대한 우려는 논쟁의 대상입니다. 자유주의가 현실에서 벗어난 이상적 개인을 상정하는 한계가 있듯이, 공동체주의는 어떤 식으로 구성해도 개인이 매몰될 가능성이 있다는 한계에서 벗어나기 어려운 것입니다.[42]

그러나 이러한 논의는 주로 '무엇으로부터의 자유'에 초점을 두는 전통적 자유주의 관점에서의 비판입니다. 공동체 역시 '그것'으로부터의 자유라는 감각을 불러일으킵니다. 반대로 최근의 공동체 연구자들은 공동체의 지향성을 강조합니다. 즉 전통적 자유주의가 개인을 속박하는 것들로부터의 자유를 강조한 반면, 공동체를 바라보는 새로운 시도는 이제 공동체를 통해 할 수 있는 일, 그것을 실현함으로써 구현되는 적극적 의미의 개인적 자유를 강조합니다.[43] 유사하게 기존의 전통적 공동체, 즉 개인의 선택지가 거의 없는 공동체가 아닌, 그 경계 형성이 좀더 자율적인 현대적 공동체에서는 이제 '어디로 갈 것인가' 하는 지향이 중요하다고 봅니다.[44]

작은 공 역시 개인의 자유, 좀더 정확히 말해 '무엇으로부터의 자유'를 침해할 가능성은 있습니다. 즉 작은 공 내에서 개인은 외부로부터 안전을 어느 정도 확보할 수 있지만, 작은 공 자체로부터의 자유를 완전히 확보하는 것은 어렵습니다. 그러나 그럼으로써 작은 공이 가능케 하는 자유가 있습니다. 바로 앞서 말한 삶과 정치 참여를 가능케 하는 자유입니다. 우리가 합창단원으로서 합창을 할 때 옆 사람의 목소리에 귀 기울여가며 기꺼이 자신이 맡은 선율을 노래하면서 공共을 통한 더 깊은 자유를 맛보듯이, 우리는 서로 얽혀 배타성과 억압의 가능성이라는 역설을 품은 채 우리의 공적 삶의 모습을 그려낼 것입니다.

지역사회

이제 작은 공에 대한 논의를 하나의 사례로 마무리하고자 합니다. 바로 장애인 탈시설 운동이 지향하는 '지역사회'라는 개념입니다. 2018년 정부가 발표한 '지역사회 통합 돌봄(커뮤니티 케어) 기본계획'과 같이 노인돌봄서비스 공급체계에서도 지역사회라는 용어를 씁니다. 정확한 개념 정의가 있는 것은 아니지만, 여기서의 지역사회는 우리가 일반적으로 지역사회라고 할 때 지칭하는 어떤 마을이나 지방과 같은 행정구역의 의미와는 다릅니다. 말하자면 장애인이든 노인이든 사람다운 삶을 살 수 있는 공간, 즉 기존의 가족도 시설도 아닌 대안적 생활공간을 의미합니다. 이것은 임대형 자립적 주거공간과 의료, 교육, 인적 교류, 일상적 쇼핑 및 여가 지점들을 포함하는 하나의 '거주지역'일 것입니다. 나아가 지역사회는 사람과 사람이 모여서 삶을 중첩적으로 공유하는 사회적 공간입니다. 오로지 당사자-가족, 당사자-시설, 당사자-국가 관계로 맺어졌던 제한을 넘어 다소 개인주의적이면서도 공동체주의적인 사회적 관계맺음이 이루어지는 공간인 것입니다. 장애인자립생활센터인 '피플퍼스트서울센터'의 박경인 활동가는 자립이란 (혼자 서는 것이 아니라) 함께 하는 것이라고 말했습니다.[45] 그렇듯 지역사회는 아마도 사람과 사람들이 서로 이해하고 기꺼이 서로 의지하며, 안전과 안정, 그리고 사랑이라는 감정을 나누는 공간을 의미할 것입니다. 아이리스 영Iris M. Young이 제시한 쿨한 이미지의 이상적 '도시 생활'보다는 좀더 가까운 관계로 연결되어 있는 뉘앙스입니다.[46] 장애인들이 이 지역사회에 모여 권력을 탐하지 않는 이상, 작은 공의 이상형에 가까운 삶의 공간이라고 조심스레 말할 수 있겠습니다.

존 돈반과 캐런 저커의 『자폐의 거의 모든 역사』에는 자폐인에게 지역사회가 무엇인지를 잘 보여주는 문장이 있습니다. 아마도 탈시설 장애인을 위한 지역사회도 크게 다르지 않으리라 생각됩니다.[47] 아래의 묘사에는 지역사회의 평온함과 묘한 긴장감이 공존하고 있는 듯합니다.

자폐인으로서 미시시피주의 작은 지역공동체에서 산다는 것은 많은 점에서 축복이었다. 모든 것이 친숙하고, 예측 가능하며, 조용하고, 안전했다. 포레스트[지역명]는 삶의 속도가 느리고, 시끄러운 소음이 거의 없으며, 오늘의 삶이 어제와 별로 다르지 않으리라 확신할 수 있는 곳이었다. 또한 소도시의 삶이 그렇듯 포근한 인간관계가 촘촘히 얽혀 있었다. 모든 사람이 서로를 그저 아는 정도 이상으로 잘 알았다.[48]

그[피트 게르하르트: 성인 자폐증 전문 심리학자]가 제시하는 이상적인 세계에서는 개인의 자폐증적 차이를 받아들인다는 것이 너무도 당연하고 자연스러워 직장에서든, 토요일 오전에 브런치를 즐기는 동네 식당에서든, 오후의 그늘이 드리워진 공원 벤치에서든, 사람들이 흔히 마주치는 어떤 장소에서도, 심지어 낯선 사람들 사이에서도 모든 사람이 어딘가 다른 누군가를 금방 알아보고 반갑게 맞아들이며 보호할 조치를 취할 것이다.[49]

이러한 작은 공이라면 이야기 속 주인공뿐 아니라 우리에게도 절실히 필요한, 어쩌면 이미 잃어버린 작은 공이라 하지 않을 수 없습니다.

정치적 행위로서 말하기

제도로서의 시민참여는 이념적 논쟁의 대상이 되어왔습니다.

그러나 참여가 반드시 시청에 가서 주민참여예산을 심의하는 것이 아니라 우리의 일상에서 우리가 하고 있는 것이라면, 민주주의에서 제도화된 시민참여보다 더 기본적인 주제는 시민으로서 우리의 말하기에 대한 성찰일 것입니다. 말하기란 공식적 참여에서든 비공식적 참여에서든 가장 기본적인 정치적 행위이기 때문입니다.

말하기는 전복적입니다. 역사적으로 시민은 스스로 말하는 존재가 아니라고 해도 과언이 아닙니다. 시민이 말한다는 것은 왕조시대라면 국가가 무너질 전조로 여겨졌을 것입니다. 민주주의 사회에서도 시민이 말한다는 것은 대의민주주의가 잘 작동하고 있지 않다는 반증일 가능성이 높습니다. 노자老子가 (의도하지는 않았겠지만) 잘 지적했듯이, 우리는 먹고살 만하기만 하다면 굳이 정치 참여보다는 안락한 의자에서 보내는 시간을 더 선호할 것이기 때문입니다. 시민이 스스로 말한다는 것은 전복적 정치의 전조입니다.

말하기가 정치이기에 거기에는 권력의 작용이 있습니다. 우리의 말하기 방식이 다 다르고 지역마다 방언이 있듯이 공적 담론의 장들에도 서로 다른 언어들이 있습니다. 그리고 서로 다른 언어들은 서로 다른 권력들과 연결되어 있습니다. 하버마스류의 의사소통 합리성 개념과 제도의 모색이 우리에게 희망을 던져주는 듯했지만, 현실의 숙의의 장은 그러한 소통 합리성이 작동하기 어려운 여러가지 모습으로 기울어져 있습니다. 우리의 마음도 마찬가지입니다.

기존의 논의는 주로 제도적 설계에 치중하고, 제도 설계가 잘 이루어지면 정치적으로 순전한 대화authentic dialogue가 가능할 것으로 암묵적으로 가정했습니다. 예를 들어 참여자들 간 권력의 균형, 외적인 정치적 압력의 배제, 참여자 스스로 의견을 표명하고 상호 신뢰를 구축하도록 돕는 리더십, 그리고 집단 토의 기술 등을 성공 요인으로 꼽는 것입니다. 그러나 우리는 공적 담론을 위한 제도적 설계에 더하여, 과연 누가 말하고 누가 말하지 못하는지, 그리고 우리는 어떤 마음으로 말하기에 참여하는지에 대해 돌아볼 필요가 있습니다. 다시금 강조하고자 합니다. 말하기는 변화의 시작이며, 대화는 공적 영역 구축의 기초입니다.

말하지 못하는 사람들

우리는 공론의 장마다 정당한 것으로 인정되는 공적 언어가 있다는 것을 명시적이든 어렴풋이든 알고 있습니다. 학술대회에는 학술대회에 맞는 규칙과 언어가 있고, 국회의사당에는 그에 맞는 규칙과 언어가 있고, 외교무대에는 또 그에 맞는 규칙과 언어가 있게 마련입니다. 특히 정부의 언어라 할 법령과 공문의 문구들은 하나의 장르를 형성하고 있습니다. 예를 들어 2022년 10월 12일자로 법제처 국민참여입법센터에 올라온 '고용보험법 시행규칙 일부 개정령안' 입법예고에 나타난 개정 이유는 다음과 같습니다: "그간 1주간 총 근로시간이 동일한 경우에도 근로계약서에 소정근로시간을 정한 단위에 따라 1일 소정근로시간이 달라지는 불합리가 발생함에 따라 소정근로시간이 주 또는 월 단위 경우에 따라 비례하여 인정하도록 개선."[50] 전형적인 관료적 언어의 스타일이 잘 드러납니다.

이러한 언어구사력이 부족할 때 그는 주위 사람들에게 초심자이거나 능력이 부족한 사람이라고 인식됩니다. 물론 특정한 영역에서 어떤 스타일의 언어가 사용되는 데는 그 나름의 전통과 정당한 이유가 있습니다. 그러한 차원에서 언어는 집단의 기능적 요구에 봉사합니다. 그러나 언어의 스타일이 하나의 문턱이 되어 공적 영역의 지배자들의 배타적 특권을 보호하는 방식으로 활용될 때, 정당성을 인정받은 공적 언어의 불평등은 민주주의를 위협합니다. 언어의 스타일이 정치적 참여의 자격증 혹은 문턱으로 작용하는 곳에서 그러한 스타일의 말하기가 필요하지 않았던 시민들은 발언하기 어려워합니다. 이것이 공공성과 민주주의를 해치는 공적 언어의 문제입니다.

아이리스 영은 오늘날의 공적 담론의 규범이 서구적 규준, 즉 감정이 배제된 이성적 논리에 치중되어 있다고 지적했습니다.

> 보편적 시민은 육체가 배제된, 감정이 배제된 (남성의) 이성이다. 보편적 시민은 또한 백인이고 부르주아이다. (…) 백인 남성 부르주아 계급은 공화주의적 덕성이란 '품위 있는' 덕목이라고 보았다. '품위 있는' 남성은 이성적이고, 절제되고, 순결하며, 감정과 감성적 애착이나 사치의 욕망에 굴복하지 않는 존재였다. 품위 있는 남성은 올곧고, 감정에 좌우되지 않고, 규칙을 준수하는 존재여야 했다.[51]

그러나 실제 우리가 어떤 공적 문제를 해결하기 위해 대화를 할 때 우리는 감정을 담기도 하고, 논리보다는 그저 열린 마음이 필요하기도 합니다. 무엇보다 우리는 우리가 대화하고 있는 사람에게 관심care을 가집니다. 숙의민주주의 연구자들은 오늘날 숙의 연구에서 감정이 어떻게 이성 및 인지와 관계를 맺는지에 대해 잘 모른다는 점을 지적했습니다.[52] 그러나 이후 감정과 이성에 대해서는 최근에 상당한 연구가 진행되어왔고, 대부분 양자의 긴밀한 관계를 긍정합니다. 남은 일은 우리가 감정과 이성의 관계에 대한 다양한 가설 가운데 무엇을 채택하여 우리의 실천을 형성할 것인가 하는 질문입니다. 예를 들어 대표represent되지 못한 이들이 스스로를 직접 나타낼present, demonstrate 때, 이들은 보통 뉴스 화면에 투쟁적이고, 감정에 가득 차 있고, 비이성적인 것처럼 보입니다. 이것은 그들이 어떠한 사람인지를 보여주는 것이 아닙니다. 그들이 직접 그런 방식으로 스스로를 나타내야 할 만큼 그동안 얼마나 정치적으로 소외되어왔는가를 보여주는 것입니다. 대표의 실패를 의미하는 것입니다. 사익 추구를 긍정하는 이 사회가 그동안 대표되지 못한 이들이 자기-대표를 실행하는 과정에서 나타나는 발화와 행동 스타일을 조롱하면서 거부감을 표하는 모습을 접할 때 우리는 말하기의 치열한 정치성을 다시금 발견할 수 있습니다.

가야트리 스피박Gayatri C. Spivak은 서발턴subaltern이라는 개념을 제시하면서 "서발턴은 말할 수 있는가"라는 질문을 제기했습니다.[53] 안토니오 그람시Antonio Gramsci가 사회의 하위 계층을 지칭하는 말로 썼던 서발턴은 스피박에게는 식민지의 여성, 역사에 기록되지 못한 존재나 스스로 말할 수 없는 존재를 의미합니다. 우리가 지금까지 이야기해온 개념으로 재기술하자면 '대표되지 못하는 작은 자들'이라고 할 수도 있겠습니다. 대표는 그 대표되는 것의 존재를 전제합니다. 서발턴이 대표되지 못하는 이유는 처음부터 '사회적으로' 존재하지 않기 때문입니다. 완전히 억압되고 지워져 있기 때문입니다.

한가지 예를 생각해봅시다. 2022년 4월에는 의미있는 정치적 이벤트가 있었습니다. 장애인 권익투쟁을 오랜 세월 전개해온 전국장애인차별철폐연대의 공동대표와 당시 국민의힘 정당 대표가 방송에서 생중계로 대담을 벌인 것입니다.[54] 관점에 따라 다를 수 있지만, 장애인들은 우리 사회에서 오랫동안 서발턴으로 존재했다고 해도 지나치지 않을 것입니다. 그래서 이날의 대담은 "서발턴은 말할 수 있는가?"라는 스피박의 오래된 질문을 조심스레 우리 사회에 던져볼 수 있었던 사건이었습니다. 물론 이 대담에서 두 대표의 언어는 달랐습니다. 그리고 TV 방송이라는 공론장에서 우리에게 익숙한 언어는 기성 정치인의 것이었습니다. 반면 장애당사자로서 시민단체 대표의 언어는 서발턴의 말할 수 있음이 과연 이 사회에서 어떻게 발현될 수 있을까 하는 질문에 하나의 실마리를 세가지로 제시했습니다.

첫째, 논리가 아니라 역사에 의존했습니다. 장애인 이동권 투쟁사 '21년'을 몇번이나 강조하는 장면은 서발턴의 발화가 가능하기 위한 첫번째 조건으로서 그 존재의 역사를 긍정해달라는 요청이었습니다. 둘째, 감정도, 논리가 아닌 다른 발화 형식도 배제하지 않았습니다. 오랜 세월의 억압과 소외를 말하는 데 있어서 감정이 실리지 않는다면 그것은 서발턴의 언어가 아닐 것입니다. 박경석 대표는 모두발언에서 아래와 같이 말했습니다.

> 저는 [저희의 주장과 행동이] 정당한 **것 같아** 매번 유죄판결이 난 것이 **너무 억울해서** 재판 선고 날 마지막 피고인 진술 때 판사님 바라보며 **진술 대신 노래**를 불렀습니다. "내 모습 **지옥 같은 세상**에 갇혀버린 **내 모습** (…)"[55]

셋째, 그의 언어에서는 '잃을 것이 없다'는 역설적 여유가 발견됩니다. 상대의 논리에 주저없이 "그 말이 맞다"고 하면서 자신의 이야기를 풀어나가는 모습은 전문가라 불리는 사람들의 태도에서는 쉽게 발견하기는 어려운 모습이었고, 설득이나 의사결정이라는 가시적인 공적 토론의 성과를 기대하지 않는, 오로지 누군가의 마음에 가닿는 것이 목적인 정치적 발화의 모습이었습니다.

이 대담의 역설은, 결국 당시 요구했던 장애인 이동권의 이슈는 특별히 진척되지 못했음에도 불구하고 장애인들은 더이상 서발턴이 아닌, 앤 슈나이더와 헬렌 잉그럼이 말한 "권리주장자들"로 간주되기 시작했다는 것입니다. 대담 이후 정책 상황은 한동안 변한 것이 없었고,[56] 장애인들은 그동안 전개해온 출근길 지하철 탑승을 계속했습니다. 이들은 지하철 바닥에서 오체투지를 하는 처절함을 보였지만, 일부 시민들은 이제 '발화한' 서발턴을 더

이상 서발턴으로 보지 않았습니다. 서발턴은 말할 수 있게 된 듯했지만, 결국 말할 수 없었습니다.

대화

공적 담론의 목적에는 두가지 차원이 있습니다. 하나는 우리가 일반적으로 생각하듯 문제 해결을 지향하는 도구적 차원입니다. 여기서의 대화(라고 할 만한 것이 있다면)는 상대를 지향하는 것이라기보다는 어떤 목표를 지향합니다. 상대가 무언가를 나에게 말하고 있다는 사실이 중요한 것이 아니라, 상대가 전달하는 정보가 중요합니다. 따라서 상대는 나와 같이 독자적인 인간으로 존재하고 있지 않습니다. 그가 진리를 말한다면 그 사람보다는 그 말해지는 진리가 주인공이고, 그가 진리를 말하지 않는다면 그는 그 대화에 존재할 가치가 없는 것처럼 취급됩니다.

그러나 우리가 간과해온 공적 담론의 또 하나의 차원은 문제 해결 이전에 우리가 이 세계를 공유하고 함께 살아가는 인간임을 인식하는 관계적 차원입니다. 여기서는 대화가 이루어져야 합니다.

대화란 무엇일까요? 대니얼 얀켈로비치Daniel Yankelovich는 『CEO의 대화법』에서 대화를 관계 형성의 과정이라고 보았습니다.[57] 담론적 거버넌스 연구자인 낸시 로버츠Nancy C. Roberts는 대화를 상호이해의 과정으로 보았습니다.[58] 이 과정에는 공감과 평등에 대한 감각, 그리고 우리가 각자 가진 근본적인 가정과 세계관에 대한 경청이 포함됩니다. 대화는 일상적 대화이든 정치적 대화이든 우리가 일반적으로 생각하듯이 서로의 논리를 펴는 과정뿐 아니라 서로를 인간으로 인식해가는 과정, 즉 합리적 측면과 관계적 측면이 공존하는 과정입니다. 따라서 우리는 공적 대화를 "공유된 공적 문제에 직면한 사람들 사이에 상호 이해와 관계 형성을 이끄는 지적이고 감정적인 정보처리 과정"이라 정의할 수 있습니다. 주목할 지점은 우리의 정보처리는 다양한 동기에서 이루어지고, 이 동기들 간에도 상호작용의 역설이 발생한다는 점입니다.[59]

지적 동기

우선 지적 동기epistemic motivation는 당면한 문제나 과업을 포함하여 이 세계에 대한 풍부하고 정확한 이해를 추구하기 위해 노력을 기울일 용의를 의미합니다.[60] 말 그대로 이 세계에 대한 지적 탐구심의 정도를 의미한다고 하겠습니다. 우리가 대화를 한다고 할 때, 우리 외부의 세계에 대한 지적 호기심이 없다면 그 대화에는 공적이라 할 만한 요소가 없을 것입니다. 우리가 만일 집단 내에서 대화를 하고 있다면, 지적 동기가 부재한 대화에서는 집단의 다수 의견(그러한 것이 있다면)을 무비판적으로 받아들이거나, 그저 서둘러 아무 결정이나 내리려 할 것입니다. 이때 공적 토론의 장에서는 지적 동기가 부족한 채 사회적 합의에 우선을 두는 경우도 있습니다. 어차피 누구도 진정으로 문제를 풀 의지와 기대가 없는 경우 그럴듯한 행사를 진행하여 양해각서MOU를 맺으면서 '최소한의 합의'least common denominator를 정치적으로 선언합니다. 마치 문제를 풀고 있는 듯한 인상을 주는데는 성공적이지만 거기에 결과가 있을 리 만무합니다. 지적 동기는 우리의 대화가 의미를 가지기 위한 기초입니다.

동시에 왕성한 지적 동기는 대화에 하나의 도전이기도 합니다. 우리가 보통 순전한 대화authentic dialogue라고 하면 상대방에게 귀 기울이고 인정하는 것으로 생각하기 쉽지만, 지적 동기 개념이 우리에게 주는 함의는 우리가 공유하는 지식을 먼저 비판적으로 대해야 한다는 것입니다. 사람이 아니라 그 지식 말입니다. 물론 우리는 그 사람으로부터 그 지식을 분리하여 생각하기 쉽지 않습니다. 그러니 지적 동기에도 불구하고 상대를 비판하기도 쉽지 않고, 상대의 비판을 개인적인 반응으로 받아들이지 않기도 쉽지 않습니다. 지적 동기는 사교가 아닌 공적 문제의 해결을 지향하는 대화의 필수적 요소이면서, 인간인 우리의 대화를 위험하게 만드는 동기입니다.

사회적 동기

다음으로 사회적 동기social motivation는 자기 자신과 주변의 사람들 사이에 가치가 분배되는 방식에 대한 선호를 의미합니다.[61] 어떤 가치의 배분을 자기를 중심으로 접근한다면 그 사람은 이기적 동기proself motivation에 의해 추동되는 것이며, 자기가 속한 집단을 중심으로 접근한다면 친사회적 동기prosocial motivation에 의해 추동되는 것이라 하겠습니다. 이렇게 사회적 동기는 동기의 강약보다는 그 방향에 초점이 두어집니다.

누군가가 이기적 동기에 의해 움직일 때 순전한 대화는 어려울 것이라 예상할 수 있습니다. 자신에게 더 많은 가치가 배분되도록 유도하기 위해 자신에게 유리한 정보만 선별하여 공유하거나, 불리한 정보를 감추거나 왜곡하고, 타인에게 유리한 정보를 들으려 하지 않는 행동으로 나타날 수 있기 때문입니다. 특히 이기적 동기가 강한 지적 동기와 결합될 경우 지적 동기는 다소 왜곡된 행태를 낳게 됩니다. 즉 우리가 법정에서 자신의 논리를 제시하듯이 타인의 정보가치를 깎아내리고 자신의 정보가치를 과장하는 등 전략적 소통을 통해 더욱 왜곡된 의사결정을 유도할 가능성이 있는 것입니다.

더욱이 이기적 동기는 친사회적 동기를 밀어내버립니다. 즉 한 사람이 이기적 동기, 다른 사람들이 친사회적 동기에 따라 행동하는 상황에서는 이기적 동기를 가진 사람이 친사회적 동기를 가지게 되기보다는 그 사람에게 영향을 받아 다른 사람들이 이기적 동기를 가지게 될 가능성이 높다는 것입니다. 실제로 공공재 게임과 같은 협조 게임에서 무임승차자의 존재는 집단 전체의 무임승차 행위를 조장하는 것이 발견되었습니다.[62] 우리는 이런 식으로 조직의 협력적 분위기가 붕괴되는 경험을 심심찮게 하기도 합니다.

그렇다고 친사회적 동기만이 대화에 도움이 되는 것은 아닙니다. 친사회적 동기는 앞서 논의한 대표성의 문제와 결합되기도 합니다. 어떤 집단을 대표하는 사람들이 모인 경우, 그 대표자들의 집단 역시 하나의 집단입니다. 이 대표집단 안에서 어느 대표자가 친사회적 동기에 의해 움직인다는 것은 자기가 대표하는 집단의 입장을 어느 정도 내려놓고 모두가 혜택을 입을 수 있는 대안을 모색해보려는 열린 자세를 취함을 의미합니다. 그런데 대표자라는 존재는 아무래도 이기적 동기에 의해 추동될 가능성이 높습니다. 그렇게 위임받았기 때문입니다. 따라서 이런 상황에서 대표자들은 어려운 과제에 직면합니다. 즉 기본적으로는 이기적 동기에 따라 행동해야 하지만, 동시에 친사회적 동기에 따라 행동하지 않으면 판 자체가 깨지는 역설적 상황에 직면하는 것입니다.

특히 협력이 성공하려면 가치의 주장claiming values과 가치의 생산creating values이 동시에 일어나야 한다는 사실은 매우 흥미롭습니다.[63] 대표자들이 각자의 가치를 주장하지 않는다면 그들은 자신의 책무를 수행하지 않는 것이거나, 완전히 다른 무언가를 대표하는 셈이 됩니다. 이뿐 아니라 각자가 자신의 가치를 주장하는 절차가 없다면 이 사회에 어떤 이해를 지닌 집단들이 있는지 우리가 알 수 없게 되어버립니다. 분쟁의 당사자가 포럼에 나와서 다른 집단의 가치를 주장하는 것은 우리가 그들의 문제를 더 잘 이해하는 데에 도움이 되지 않는 상황일 것입니다. 오히려 그들이 자신들의 이야기를 해주는 것이 공적 대화에 더 도움이 됩니다. 이것이 이기적 동기에 의해 추동되는 '가치의 주장'이 우선 필요한 이유입니다. 그런데 또 해당 대표집단이 가치의 주장에만 멈추어 있으면 결국 어떤 가치도 실현될 수 없습니다. 모두의 가치가 균형있게 실현될 수 있는 대안을 모색하는 일, 즉 '가치의 생산'이 가능하려면 친사회적 동기가 필요한 것입니다.

여기에 대화의 역설이 있습니다. 정보처리 관점에서 순전한 대화는 우리가 일반적으로 규범화하는 것과는 달리, 다른 사람을 전적으로 배려하기만 하는 대화가 아닙니다. 오히려 자신의 입장을 충분히 드러내면서 다른 사람을 배려하는 대화입니다. 이런 대화는 상대에 전적으로 수용적인 대화보다 오히려 훨씬 어렵습니다.

공감적 동기

세번째로 공감적 동기compassionate motivation는 다른 사람의 고통에 자신을 결부시키고 감정적으로 기꺼이 반응하려는 의지를 의미합니다.[64] 앞서 말한 지적 동기가 기존의 이성 중심의 대화 이해와 관련되어 있다면, 공감적 동기는 감정 중심의 대화 이해와 관련됩니다.[65]

공감compassion은 "다른 사람의 고통을 덜어주고자 하는 감정적 행동"으로 보통 이해됩니다.[66] 다른 사람의 고통에 어떤 감정이 일고 그것을 덜어주고자 하는 것은 인간 본연의 성품입니다.[67] 우리가 공적 담론에 참여하는 것은 다른 사람들의 일상적인 감정에 우리를 맞춰주려는 것이 아닙니다. 공적 담론에서 감정의 가치는 타자의 고통이나 결핍, 불평등 등으로부터 자신이 유사한 '마음의 통증'을 느낀다는 데 있습니다. 나아가 공감은 이렇게 느낀 고통을 안타까워하는 것을 넘어 그것을 덜고자 행동하는 것까지 포함합니다.

이러한 공감이 대화의 한 차원이라는 것은 윤리적 관점에서 매우 중요합니다. 우리가 대화를 할 때 불러일으키는 지적 동기는 과연 무엇을 위함입니까? 우스꽝스러운 예시가 제2차 세계대전을 배경으로 한 영화「인생은 아름다워」에 등장합니다. 주인공이 유대인 수용소에 끌려가기 전 식당에서 웨이터로 일할 때 수수께끼 풀이를 즐겨 하는 한 나치 장교를 만나 그를 도운 적이 있었습니다. 그런데 주인공이 수용소에 끌려들어간 후 이 장교를 수용소 내 간부들의 연회장에서 우연히 마주칩니다. 반가운 마음에 조용히 도움을 요청했을 때 장교는 연회장에서 주인공을 조용히 불러냅니다. 기대에 가득한 주인공에게 이 장교는 너무도 진지한 표정과 말투로, 자신이 들은 수수께끼를 풀 수가 없다고 고통스러워합니다. 주인공은 절망과 황당함에 돌아섭니다. 강한 지적 동기는 이렇게 몰감정적인 수수께끼 풀이에 지나지 않을 수 있습니다. 무엇을 왜 풀 것인지에 대한 판단은 또다른 동기를 필요로 합니다.

사회적 동기 역시 마찬가지입니다. 이기적 동기보다 친사회적 동기가 더 낫다고 일반적으로 말할 수 있지만 그 친사회적 동기가 지지하는 집단이 공공선의 차원에서 어떠한지에 대해서도 물어야 합니다. 그 집단이 범죄조직이라면요? 그 집단이 결국 자아의 확장에 불과한 폐쇄된 집단이라면요? 그것은 확장된 이기적 동기에 불과합니다.

공감적 동기는 우리가 무엇을 왜 풀어내려 하는지에 대한 방향을 제시해줍니다. 그것은 바로 내가 이해할 수 있는 타인의 고통을 덜기 위함입니다. 왜냐하면 공감 안에서 그 고통은 현재의 고통이든, 혹시 모를 미래의 고통이든 나의 고통이기 때문입니다.

이런 이유로 공감을 이기적인 동기라고 볼 수도 있지만, 이런 공감이 이기심이라면 모든 사람이 그렇게 이기적이어도 상관없을 것입니다. 또한 공감적 동기는 우리가 지향해야 할 사회적 동기의 윤리적 대상을 환기시킵니다. 그것은 바로 고통받는 타자라는 것입니다. 친사회적 동기가 지향하는 집단은 자아의 확장에 불과한 폐쇄된 집단이 아니라, 고통 가운데 있는 자들이어야 한다는 것입니다.

다만 공감적 동기에도 역설이 없을 수 없습니다. 마사 누스바움은 『정치적 감정』에서 공감은 보편적 시민을 향하기보다는 자신에게 공감의 감정을 불러일으킨 특정한 사람에게 배타적 혜택을 부여하고자 하는 방식으로 발현될 수 있음을 지적했습니다.[68] 예를 들어 의사가 우연히 자기가 만난 환자의 사정을 듣고 이에 공감하여 그를 수술 일정의 맨 위에 올려놓는 것은 치우친 공감이 된다는 것입니다. 특히 공감적 동기가 이기적 동기 및 높은 지적 동기와 결합될 경우 어려움에 처한 '내 사람'만을 위한 훌륭한 논리를 만들어내고 그것을 도덕적으로 정당하다고 믿는 데까지 이를 수 있습니다.

민주적 대화를 위하여

이 세가지 동기 각각의 역설을 극복한 대화를 우리가 현실에서 수행할 수 있을까요? 우리는 공적 발언이라고 하면 논리정연하고 무심하게 자신의 변론을 제시하는 법정의 변호사, 열정적이면서도 수사학적 기교를 섞어 논리적으로 말하는 정치인, 그리고 한치의 물러섬도 없이 진리를 추구하는 과학자들의 토론을 떠올리는 시대를 살고 있습니다. 그런데 사실 무심하다는 것도 하나의 감정이라 할 수 있습니다. 여러분은 무심할 수 없는 상황에서 무심하기 위해 어떤 의식적 노력을 기울인 경험이 있을 것입니다. 그 노력에 수반되는 감정은 과연 무엇일까요? 무심함이나 침착함이란 감정의 완전한 부재가 아닐 것입니다. 오히려 그 이면에는 목적의 달성을 위해 자신의 태도를 통제하려는 열정이 있습니다.

또한 우리가 말하는 방법에는 논리적 언변만 있는 것이 아닙니다. 사람들이 논리정연한 학술서보다 소설이나 영화를 즐기고 더 잘 기억하는 것에서 알 수 있듯이 우리는 감정을 충분히 녹여낼 수 있고 녹여도 좋고 녹여야 하는 이야기에 익숙합니다. 우리는 억울한 이들이 "아이고, 내 '얘기' 좀 들어보소"라고 말하는 데 익숙합니다. 우리는 보통 이야기를 하지, 논리를 전개하지 않는 것입니다. 앞서 제6장에서 인용한 티리온 라니스터의 드라마 대사를 한번 더 언급합시다: "무엇이 사람들을 한데 묶는가? (…) 이야기다. 세상에 좋은 이야기보다 강력한 것은 없다."

우리가 대화의 방식, 즉 서로 다른 말하기의 민주적 정당성을 인정할 수 있을 때 우리는 비로소 개방적인 민주주의를 실현하고 있는 셈입니다. 양식화된 말하기에 익숙하지 않은 이들을 그 말하기 능력 때문에 공적 담론의 장에서 배제한다면 그 장에 대표성과 개방성, 그리고 평등이 있다고 하기는 어려울 것입니다. 그리고 우리 사회에 존재하는 많은 집단들이 공유하는 특유의 말하기 방식을 수용하지 못한다면 그 집단들은 자연히 공적 담론의 장에서 배제되고, 자신들에게 익숙한 말하기 방식이 통하는 공간에 머물러 있을 것입니다. 이것은 민주주의의 손실입니다. 민주주의란 투표 몇번 해서 다수결로 합의에 도달한 것으로 간주하는 의사결정의 연속체가 아닙니다. 그러한 합의는 가장된 합의입니다. 진정한 합의는 우리의 총체적인 동기와 다양한 이야기 방식이 담긴 좀더 개방적인 대화를 통해서만 가능합니다.

Democracy

for

the Least

제8장

역설, 선택, 그리고 희망

미래에 누가 이 쇠창살 안에 갇혀서 살아가게 될 것인지, 그리고 이 끔찍하고 소름끼치는 발전이 끝나갈 무렵에 지금까지와는 완전히 새로운 예언자들이 출현하게 될 것인지, 아니면 옛 사상과 이상이 다시 부활하여 강력한 힘을 발휘하게 될 것인지, 또는 이것도 저것도 아니라면 자포자기 상태에서 극도의 자존감으로 장식된 기계적이고 화석화된 인류가 출현하게 될 것인지는 아무도 알 수 없다.

– 막스 베버 『프로테스탄트 윤리와 자본주의 정신』

내 심판의 날, 신 앞에 섰을 때, 그가 내게 왜 자신이 보낸 기적을 죽였느냐고 묻는다면, 나는 무어라 할 수 있을까? 그게 내 일이었다고? 내 업무였다고?

– 영화 「그린 마일」에서 폴 에지컴 교도관장의 말

우리는 지금까지 우리가 살아가고 있는 이 시대는 어떤 모습을 하고 있는지, 우리의 민주주의와 대표의 의미는 무엇이고, 정부의 한계는 무엇인지, 시민으로서 우리와 조직, 그리고 리더의 관계는 어떠한지, 우리는 어떻게 공적 공간을 구성하고, 우리의 마음을 던지며, 함께 대화할 수 있는지에 대해 이야기를 나누었습니다. 이 모든 것들의 기저에는 인간의 조건으로서 역설과 그에 따른 절망이 있다는 것에 대해서도 이야기를 나누었습니다. 그리고 이러한 모든 이야기의 계기를 주류적 세계의 공적 공간에서 감춰져왔던 이들이 던지는 메시지로부터 찾아보고자 했습니다.

이 책의 첫 장에서 저는 하나의 이야기를 절망으로 시작할 수 있을지 질문을 던졌습니다. 그리고 이곳에서 다시 질문을 던집니다. 하나의 이야기를 절망으로 끝낼 수 있을지 말입니다. 이 장에서는 이 질문에 대한 하나의 생각을 나누어보고자 합니다.

우리의 행위는 의미가 있는가

처방의 역설

근대 이후의 처방적 (사회)과학은 우리에게 더 나은 미래를 약속해왔습니다. 그리고 최소한 이 세계의 어떤 이들에게는, 어떤 물리적 공간에서는 그 약속을 현실로 만들었습니다. 그러나 이 책에서 강조했듯이 역설로 직조된 이 세계는 그 약속을 무한히 성취할 수는 없음을 말해줍니다. 그리고 이 성취는 어떤 세계의 어떤 이들의 절망을 감춤으로써 실제보다 더 그럴듯해 보이게 됩니다.

처방적 학문은 해법을 궁구하는 일도 중요하지만 절망에 대해서도 다루어야 합니다. 처방적 학문이 '이 종교를 믿으면 복을 받는다'는 식의 이른바 번영신학의 사회과학 버전이 되어서는 안됩니다. 좀더 솔직하고 인간적인, 개인과 집단과 사회의 절망을 성찰할 수 있는 논의가 있어야 합니다. 불안한 희망이 유통되는 이 시대에 사회문제의 해결을 본령으로 삼는다는 학문이 절망을 성찰하는 것이 터무니없어 보일 수 있지만, 우리가 이 세상에 테마파크를 지으려는 것이 아니라면, 차라리 절망에 대한 성찰이 희망의 시작이 되어야 합니다. 답이 없다고 생각된다면 답이 없는 것 같다고 말할 수 있어야 합니다. 그래야 시민들이 자신의 삶을 선택할 수 있습니다. 할리우드의 전형적 재난영화들의 모티프 가운데 하나는 정부 고위공직자들만이 알고 있는 임박한 재난을 과연 시민들에게 알려야 하는지를 두고 주인공과 악당(?)들이 벌이는 갈등입니다. 재난 영화 「2012」에 등장하는 가상의 토머스 윌슨 미국 대통령은 임박한 재난에 대한 공개 연설에서 다음과 같이 말했습니다. 우리의 처지는 과연 다를까요?

> 다가오는 파멸을 우리가 막을 수 있다고 제가 지금 말할 수 있기를 간절히 바라지만, 그럴 수 없습니다. 오늘, 누구도 이방인이 아닙니다. 오늘, 우리는 한 가족입니다. 함께 어둠을 향해 걸어 들어가는 한 가족입니다.

처방을 지향할수록 하나의 공동체로서 우리가 할 수 있는 것과 할 수 없는 것에 대해 이야기해야 합니다. 할 수 없는 것에 대한 성찰 없이는 '실용'은 반쪽일 뿐입니다. 할 수 없는 것에 대해 말하는 것이 책임 회피처럼 보일 수도 있으나(아마 이것이 일반적인 즉각적 반응이겠지요), 그것은 책임 회피라기보다 오히려 오늘날의 사회에서는 용기가 필요한 행동입니다. 2021년 도쿄 올림

픽에서 마지막 3·4위전을 앞둔 한국 여자배구 대표팀의 감독은 경기 전날 선수들을 모두 불러 승리의 확률이 낮다는 현실을 솔직하게 말했다고 합니다. 선수들은 모두 눈물을 흘렸고, 다음 날 선수들은 오히려 웃으며 경기를 마무리했습니다.[1] 한계의 직시와 책임 회피의 차이는 다가오는 현실에서 사람들을 돕기 위해 최선을 다했는지 그저 내버려두었던 것인지의 차이일 것입니다. 할 수 없는 것에 대해 말하는 것은 역설적으로 할 수 있는 것을 더 명확히 해줄 수 있습니다. 이 과정을 통해 오히려 그 일이 이루어질 수도 있고요.

절망과 역설에 대한 성찰이 대안의 가능성·불가능성에 대한 것만은 아닙니다. 그것은 '주권자' 혹은 '소비자'로 그럴듯하게 관념화되지만, 사실 상처받고 아파하는 이 시대의 인간들에 대한 새로운 이해와 명명을 하자는 것입니다. 우파는 인간에게서 도덕성과 자립심을 요구하고 좌파는 인간에게서 비판력과 행동을 요구합니다. 그러나 현실의 인간들은 그리 강하지 않습니다. 우리는 합리적 인간의 가정을 비판하고 싶은 것만큼이나 주권적 인간의 가정을 재고해야 합니다. 물론 시민은 주권자이지요. 그러나 지하철 계단 앞에서 돌아서야 했던 휠체어를 탄 이들이, 깃발이 찢어질 듯 강풍이 부는 팽목항에서 바다를 바라보던 이들이, 용어도 어렵고 서류도 복잡하여 복지서비스 신청을 포기했던 이들이, 원청에서 보낸 522만원 가운데 211만원을 받다가 사망한 이들[2]이 원했던 것은 추상적인 주권만은 아닐 것입니다.

관점을 바꾸어 우리는 한편에서 문제를 푼다고 하지만 다른 한편에서는 문제를 만들고 있는지도 모릅니다. 그것이 이 책 전반을 통해 강조했던 역설입니다. 제가 대학생 때 장애아동들이 생활하는 시설에 어린이날 활동을 하러 간 적이 있었습니다. 저는 아무것도 모른 채 제 나름 하루종일 최선을 다했습니다. 그런데 아이들과 헤어지기 직전 어느새 친해진 교사 한 분이 담담하게 남긴 말이 아직도 잊히지 않습니다. "여러분이 이렇게 와서 도와주는 거 너무 고마워요. 하지만 이러고 나면 아이들도 우리도 힘들어요. 여러분이 이렇게 하루 잘해주고 나면 아이들이 우리한테 더 기대하게 돼요. 여러분은 하루지만 우리는 매일 아이들과 같이 있어요." 오지 말라는 말도 아니고, 고맙지 않다는 말도 아니었습니다. 제가 대충 시간을 때우고 왔어야 하는 것도 아니었습니다. 그저 그것이 역설적 현실이었습니다.

코너 우드먼Conor Woodman은 『나는 세계일주로 자본주의를 만났다』에서 랍스터를 채취하는 혹독한 노동환경 때문에 우리가 인도주의적 차원에서 랍스터의 소비를 거부할 때 정작 가장 큰 어려움에 빠지는 것은 악덕 기업주가 아니라 랍스터가 팔려야만 그나마 먹고살 수 있는 니카라과 바닷가의 원주민들이라는 점을 지적했습니다.[3] 랍스터만이 아닐 것입니다. 불매운동의 직접적 대상인 기업들은 강력하고, 비용을 자신의 하청업체들이나 소비자에게 전가하는 데 어려움이 없습니다. 자본을 악마로 만드는 것만으로 바닷가 청년들의 삶이 더 나아지는 것은 아닙니다.

작업장에서 여성의 몸과 노동권에 대해 오랫동안 연구해온 캐런 메싱은 한 세미나에서 외부 전문가로서 직장 내 약자 집단의 구성원들에게 그들의 권익을 증진할 수 있는 전략적 조언을 해줄 때, 그들이 자신이 해준 조언을 행동에 옮기다가 직장에서 보복을 당하지 않을지 고민했던 경험을 고백했습니다.[4]

세상은 복잡합니다. 선의가 반드시 선을 낳지 않습니다. 도덕적 비난이 상대방을 변화시키지도 않습니다. 개인도 제도도 저마다의 유인 구조가 있습니다. 누군가가 새로 정치지도자가 되려 할 때 한결같이 하는 말이 "제가 앞장서서 이 조직(혹은 마을, 도시, 국가)을 바꾸겠습니다"입니다. 그 사람이 바꿀 수 있는 조직, 마을, 도시, 국가였다면 벌써 바뀌었을 겁니다. 세상이 바뀌는 것은 한두 사람에 의해 되는 일이 아닙니다. 만일 그런 일이 가능하다면 그 자체로 무서운 일입니다. 그 사람이 어떤 사람일지 모르는 일이기 때문입니다. 물론 한두 사람, 한두 사건이 계기가 될 수는 있습니다. 그러나 그런 계기가 될 만한 후보라 할 수 있는 수많은 사람들과 수많은 사건들도 별다른 영향을 미치지 못한 채 흘러갔습니다. 세상이 바뀌고 보니 "아 그 사람이, 아 그때 그 일이"라고 회고적으로 이해할 따름인 것입니다. 우리는 가용한 정보의 편향에 주의하고, 거대한 흐름 앞에 겸손함으로써 우리 자신의 역설을 품고 세상의 역설을 지나가야 합니다.

우리의 사고는 세상을 모두 담지 못합니다. 이런 상황에서 정책적 개입을 시도하는 사람은 이제 한 조각만 뽑으면 전체가 당장 무너져버릴 것 같은 젠가 게임을 하고 있는 심정으로 정책을 고안해야 할 것입니다. 중간에 게임에 들어와 "이제 내 차례야? 뽑는다!"라고 신나 할 일이 아닌 것입니다. 자기가 무엇을 할 수 있을 것처럼 주장하는 정치인들에게 우리의 일을 내어 맡기는 것은 마음 편한 일이긴 하지만 위험한 일이기도 합니다. 그것이 직업으로서 그들이 할 일인 것은 분명합니다. 희망을 주어야 하고 비전을 보여야 하고 방향을 제시해야 합니다. 그러나 자기가 그 방법을 확실히 알고 있다는 주장에서는 철인왕의 오류에 다가서게 됩니다. 여러분은 혹시 압도적인 비전을 제시하되, 반드시 자기를 지지할 필요는 없다고 하는 정치인을 본 기억이 있습니까?

운명과 행위

이렇게 역설로 직조된 세상 속에서 처방의 한계에 대해 생각하다보면 우리는 때때로 한가지 근원적 질문에 직면하게 됩니다. 고개를 들어 어두운 밤하늘을 바라보면, 이 모든 것이 그저 순환할 뿐이지 않을까 하는 생각을 떨쳐내기 어려워집니다. 정권이 바뀔 때마다 그간 필생의 노력을 기울여 정부의 약속을 받은 정책 아이디어가 뒷전으로 밀리는 모습을 보면서 씁쓸함을 느끼지 않을 수 있을까요? 흥망성쇠라는 말은 중력의 법칙만큼이나 강고한 이 사회의 법칙이 아니던가요? 운명을 거스르는 인간으로서 위버멘슈Übermensch(초인)를 강조했던 프리드리히 니체Friedrich Wilhelm Nietzsche 같은 세속적 철학자도 불교의 영겁회귀라는 종교적 관념에 이끌린 것을 보면 운명과 행위의 관계에 대한 철학적 고찰은 근대인들에게도 여전히 유효합니다.

한국 현대사에서 민주주의의 발전에 대해 이야기하다보면 말미에는 참여와 숙의민주주의 제도에 대해 이야기하고 마무리하게 됩니다. 이 마지막 부분에서 사람들에게 향후 우리나라의 민주주의는 어디로 가겠느냐고 물으면 "숙의제도를 활성화해야 한다" "지방자치를 강화해야 한다" "사회적 약자의 권익을 더 증진해야 한다" 등의 대답을 보통 듣습니다. 이러한 대답은 오늘날 우리가 누리고 있는 민주주의가 계속 발전할 것이라는 전제를 깔고 있는 희망적이고 전향적인 대답입니다. 그러나 민주주의가 계속 발전할 것인지 우리는 알 수 없습니다. 역사에는 늘 반동이 있어 왔습니다. 민주주의의 발전이 아니라 민주주의를 지켜내는 것 자체가 과제인 시대가 생각보다 빨리 올 수도 있습니다. 기후위기, 전쟁, 정치적 양극화 같은 도전적인 과제들에 직면하여 과연 민주주의는 계속 발전할까요, 아니면 독재에 자리를 내주며 순환할까요?

흥미롭게도 탈신비화된 오늘날에는 과학법칙화된 결정론이 유행합니다. 알튀세르Louis Althusser의 맑시즘이나 성장적 근대화론, 일부 형태의 기술결정론 등은 일종의 예정설로서 우리의 공적 담론을 인도하고 있습니다. 이들이 품고 있는 규칙적인 세계관, 즉 누가 무엇을 하든, 중간에 무슨 일이 있든, 그것은 국지적 상호작용일 뿐이며, 결국 올 것은 때가 되면 올 것이라는 '근대적 결정론'에는 좋은 세계에 대한 기대는 있지만 행위자가 반드시 존재하지는 않습니다. 진보는 사회시스템의 예측된 속성입니다. 이런 관점에서 사회가 어떤 상태에 도달할 가능성은 어느 정도 '결정적'이긴 하지만 반드시 '운명적'인 것은 아닙니다. 즉 일반적인 법칙과 대략의 추세에 따라 상당한 정도로 예측 가능한 미래로의 여정에 인간의 의지, 피, 땀, 눈물의 자리는 다소 모호한 것입니다.

사회가, 아니 어떤 억압받는 집단의 자유 증대가 어떤 소망했던 상태에 이르는 역사적 현상은 필연적으로 오는 것일까요? 그런 상태를 구현하려는 운명적 인간의 출현에 의해 오는 것일까요?[5] 과연 우리나라의 노동권이 증진된 것은 전태일이 있었기에 가능했던 걸까요? 아니면 그저 이제 그럴 법한 시대가 되었기 때문일까요? 아니면 전태일이라는 존재가 다른 운명적 인간들을 일깨웠기 때문일까요?

아니, 어쩌면 운명이란 사회 변화의 법칙 자체가 아니라, 그 변화를 추동하는 인간(들)의 출현을 의미하는 것은 아닐까요? 영화 「반지의 제왕」에서 끊임없이 자신을 유혹하는 반지를 운반하는 주인공 프로도 배긴스는 아래와 같이 장엄하게 말합니다.

> 그런 것 같아, 샘. 세상이 위험할 때면 누군가는 소중한 것들을 내려놓고, 상실하게 돼. 다른 이들만큼은 그 소중한 것들을 지킬 수 있도록 말이야.

결정론도 논리적으로는 그럴 법하지만 우리에게는 언제나 선구자라는, 시대를 거스르는 인물들을 떠올리고 그들에게 의존하는 경향이 있습니다. 그들이 실제로 어떤 영향을 미쳤는지 누구도 과학적으로 측정할 수는 없습니다. 그저 우리의 마음에 그들의 이름이 새겨져 있을 따름이지요.

이렇게 본다면 행위자는 운명의 핵심이라는 말로 행위론과 결정론을 조화시켜볼 수도 있습니다. '시대가 저절로 온다'는 식의 결정론적 관념에 의해 무력해지는 것이 아니라, '그 도래를 실현하는 운명을 지닌 자'로서 행위자는 강력해지는 것입니다. 사실, 둘 다 결정론적인 측면이 있습니다. 운명을 지닌 자는 어떻게 등장하는가라고 물으면 그런 성격이 바로 드러납니다. 흥미로운 것은 우리가 즐기는 서사들, 고대 이래의 수많은 영웅 서사들은 우리가 용기, 절제, 중용과 같은 재능을 우연히 지니고 태어나듯이, 운명도 그렇게 우연히 누군가에게 주어진다고 말하는 것 같습니다. 운명에 관심이 많았던 고대로부터(다양한 신화들, 중간에 마키아벨리도) 현대에 이르기까지 동료 인간들이 우리에게 한결같이 말해주는 것은 인간의 고귀함과 인간 행위의 역할입니다. 이렇게 본다면 노예해방도, 산업화도, 민주화도, 평등도, 노동권도, 심지어 육아휴직 제도를 활성화한 일도 누군가가 먼저 움직였기 때문에 가능했던 것입니다.

여기서 난데없이 운명에 대해 이야기한 것은 과연 인간을, 우리의 행동을 논하는 것이 미래의 희망에 있어서 의미가 있는 작업인지를 따져보아야 하기 때문입니다. 아무것도 보이지 않는 상황에서 여전히 사회운동에 헌신하는 이들은 역사 속에서 자신들의 역할은 무엇인지 고민하지 않을 수 없습니다. 감춰진 세계에 속한 시민들의 권익은 오늘 몸부림치지 않아도 민주주의가 성숙해가면 언젠가는 구현되는 것입니까? 아니면 아무리 몸부림쳐도 구현되지 않을 일입니까? 누군가 몸부림을 치든 말든 자연히 오는 것입니까? 이에 대해서는 과학적·철학적·정치적 차원의 질문과 답

모두가 필요합니다. 우리가 살아가는 세계의 내일이 오늘 우리의 행동이 아니라 오늘 이 세계의 상태에 의해 결정되는 것이라면 우리는 희망이 아니라 예측으로 충분합니다. 정말 그렇습니까? 우리의 행위가 아무런 의미가 없어도 우리는 살아갈 수 있습니까? 여기서 운명은 점치기가 아닙니다. 결정된 것과 결정될 것의 사이, 받아들일 것과 저항할 것의 사이, 그리고 그 결과 안에 우리 삶의 의미의 조각이 남아 있을 것이라는 믿음이 있을 때 우리는 희망을 말할 가치가 있습니다. 그래서 운명과 행위에 대한 질문은 호기심 어린 탁상공론이 아니라 우리의 실천의 의미에 대한 절실한 질문입니다. 다시금 영화 「반지의 제왕」에서 주인공 프로도의 고뇌에 대한 마법사 간달프의 지혜로운 대답을 인용합니다.

프로도: 이 반지가 내게 오지 않았다면 좋았을 텐데요. 이 모든 일이 일어나지 않았더라면.

간달프: 이런 어려운 시절을 살아서 지켜봐야 하는 누구라도 그러길 바랄 거야. 하지만 어쩔 수 없는 일이지. 우리가 결정해야 할 것은 우리에게 주어진 시대에 무엇을 할 것인지란다. 프로도, 세상에는 악한 의지 말고도 움직이고 있는 다른 힘들이 있단다.

운명이 있다면 있겠지요. 우리는 우리의 일을 생각하는 것입니다. 그래서 이제 우리 각자에게 주목해봅시다.

한국에서 2003년에 방영되고 이후 전세계적으로 히트를 친 드라마 「대장금」이 있습니다. 조선 시대를 배경으로 음모로 인해 궁궐 수라간에서 쫓겨나 죽음을 당한 어머니를 둔 서장금이라는 아이가 어머니의 명예를 회복하고자 혈혈단신 수라간 궁녀가 되고, 그 와중에 어머니를 죽인 존재들에 의해 모함을 당하고, 다시 절치부심하여 이번에는 의녀가 되어 궁궐에 다시 들어가고, 백성과 왕족들을 살리는 활약 끝에 결국 '대장금'의 칭호를 받게 되는 이야기입니다. 대장금은 탁월한 능력을 바탕으로 부당한 권력에 대해서는 침묵도 회피도 아니고 권력투쟁도 아닌, 임금이 좋아하는 음식을 올리고 임금이 아프면 병을 고치는 등 문제 해결 자체에 의지함으로써 저항하는 존재로 그려졌습니다. 대장금은 실력과 용기, 윤리까지 참으로 알래스데어 매킨타이어Alasdair C. MacIntyre가 말한 이상적인 윤리적 인간('캐릭터'character)이었습니다.[6]

이러한 가상적 인물의 이야기로부터 하고 싶은 말은 이것입니다. 우리가 어떤 이야기의 주인공으로부터 언제나 기대하는 모습은 제4장에서 언급했던 '실정성'에 굴복하는 것이 아니라 그것을 뚫고 나오는 용기, 결과를 보여주는 실력, 그리고 옳은 선택을 하는 윤리라는 것입니다. 때로 그런 모습은 관습을 깨는 이단아maverick 같이 그려지기도 하지만, 대중적인 서사에서 그들은 결국 우리가 원하지만 누구도 해낼 수 없었던 일들을 해내고 인간적 성숙에 이르는 모습으로도 나타납니다. 그는 자기 자신이 되는 것입니다.

운명과의 화해

헤겔은 '운명'이라는 긴장 가득한 개념, 마치 하이데거의 '불안'이나 불교의 '번뇌,' 기독교의 '죄의식'과 같은 개념을 제시했습니다.

> 운명은 분리에 대한 두려움, 자기 자신에 대한 공포감이다. (…) 운명의 경우 인간은 자기의 삶을 인정하며, 그가 그 운명에 간청하는 것은 주인에게 간청하는 것이 아니라, 자기 자신으로의 회귀이며, 자기 자신으로의 접근이다. 운명 속에서 인간은 상실된 것을 느끼는데, 이 운명은 상실된 삶에 대한 갈망을 불러일으킨다.[7]

이러한 운명 개념을 다른 말로 하자면 그것은 결국 자신이 자신이 되지 못하는 상황에 대한 자각, 그리고 그것이 불러오는 두려움, 공포감, 좌절감 같은 감정이라고 하겠습니다. 이러한 운명의 자각은 자기 자신을 조직과 권력의 대리인으로 여기는 사람에게서는 발견하기 어려운 것입니다. 아니, 정확히 말하자면 자기 자신을 조직과 권력의 대리인으로 여기는 이는 운명을 자각하지 못했거나, 자각했더라도 이를 의도적으로 외면한 사람일 것입니다. 대리인으로서의 자아와 운명적 자아의 공존은 우리의 마음을 한없이 불편한 공간으로 만듭니다. 그리고 그 불편함은 "상실된 삶에 대한 갈망"을 불러일으키겠지요. 그리고 헤겔의 말대로 이러한 갈망은 삶이 상처받는 곳에서 시작됩니다. 내가 나 자신이 되지 못하는 삶만큼 상실된 삶은 없을 테니까요.

> 삶이 상처받는 곳에서는, 비록 그것이 아무리 정당하고 또 아무리 만족스럽다고 하더라도, 운명이 출현한다.[8]

정당하고 만족스러운데 삶이 상처받는 상황이라니, 제4장에서 논의한 무심한 관료의 삶을 묘사하는 듯한 느낌을 받습니다. 우리 자신을 봅시다. 우리는 영혼 없음의 상황에 만족할 수 있습니까? 과연 그런 삶에서 아무런 상실감을 느끼지 않을 수 있습니까? 우리는 조직과 권력의 대리인이 되어 무사안일과 책임 회피로 일관하면서, 답답함에 가슴을 치는 이들을 향해 빈정대는 '정부의 얼굴들'을 볼 때, 과연 이런 이들에게도 삶에 대한 갈망이 있는 것인지 의문을 가지게 됩니다. 이 상황에서 징계의 위협은 이들이 성실하게 업무를 처리하는 자극제 역할을 할까요? 나아가 이런 경고 덕분에 그나마 업무를 처리하는 이들은 과연 운명을 자각한 상태에 이를 수 있을까요? 이 지점에서 헤겔은 다시 흥미로운 주장을 전개합니다.

> 형벌은 해체될 수 없는 삶의 과제들, 생생하게 통일되어 있는 삶의 여러 측면들을 넘어서면, 즉 덕의 한계를 넘어서면 아무런 위력을 행사하지 못한다.[9]

처벌로는 강요된, 마지못해 행하는 행동은 있을 수 있어도 삶에서 구원은 있을 수 없습니다. 처벌은 현실적으로는 필요한 제도이지만 인간의 마음이라는 차원에서는 그다지 효과적이지 않은 방법입니다. 징계라는 제도를 통해 외부적으로 행위를 통제하려는 장치는 권력자의 마음을 변화시키지는 못합니다. 결국 똑같은 마음과 행동을 하는 다른 권력자가 그 자리를 채우고, 그다음 권력자가 다시 그 자리를 또 채울 것입니다. 이 땅에서 똑같은 문제들이 또다시 반복되는 이유 중 하나가 여기에 있습니다.

우리는 지금 단지 역할행동에 대해서만 이야기하고 있는 것이 아닙니다. 삶에 대해 이야기하고 있습니다. 앞서 말한 탄식하는 이들을 향해 빈정대는 권력자들은 실존주의적 관점에서 보면 살아 있는 존재가 아닙니다. 이미 삶이 상실된, 죽은 존재입니다. 이런 말이 현실의 문제 해결에 무슨 도움이 되겠느냐고 할 수도 있지만, 우리는 지금 여기서 문제 해결 이상의 무엇인가에 대해 이야기하고 있습니다. 바로 사람의 사람됨에 대한 것입니다. 나의 나됨에 대한 것입니다.

단독자

나의 나됨 문제를 선구적으로 천착한 철학자는 덴마크의 쇠렌 키르케고르입니다.[10] 키르케고르에게 가장 심각한 절망은 내가 나 자신이 될 수 없고 오로지 되고자 하는 과정에 있을 뿐이라는 사실이었습니다.

자기가 자기 자신이 되지 못할 때 자기가 그것을 알고 있든 모르고 있든 자기는 절망 속에 있는 것이다. (…) 자기가 자신일 수 없다는 그것이 바로 절망이다.[11]

키르케고르는 상당히 흥미로우면서 다소 어려운 이야기를 꺼냅니다. 성경에는 아브라함과 이삭이라는 인물의 이야기가 등장합니다.[12] 신은 75세의 아브라함에게 아들 하나를 약속하면서 그 아들을 통해 큰 민족(이스라엘 민족)을 이룰 것이라고 말합니다. 그리고 아브라함은 100세에 그 아들을 얻고 이름을 이삭이라고 지었습니다. 그런데 어느 날 신은 아브라함에게 그 어린 이삭을 제물로 바치라는 명령을 내립니다. 아브라함은 어떻게 해야 할까요? 이 이야기의 윤리적 함의가 매혹적이라는 것은 칸트도, 헤겔도, 키르케고르도 이 이야기를 다루었고, 모두 다른 해석을 제시했다는 사실에서 드러납니다.

여러분이 아브라함이라면, 혹은 아브라함에게 조언할 입장에 있었다면, 혹은 저런 이야기 구조로 된 연극을 보고 있는 관객이라면 어떤 생각을 하시겠습니까? 칸트는 칸트답게 아브라함이 아들을 바치면 안되는 일이었다고 했고, 헤겔은 아브라함을 실정성에 굴복한 존재라고 비판했습니다. 키르케고르는 달랐습니다. 이 장면에 대한 키르케고르의 해석이 재미있는 점은 윤리적 선택과 초월적 선택을 구분했다는 점입니다.

키르케고르의 관점에서 신의 존재를 고려하지 않는다면 가장 영웅적이고 윤리적인 행동은 아브라함이 이삭을 죽이는 대신 자기 자신을 제물로 바치는 선택을 하는 것입니다.

> 만일 아브라함이 의심을 했더라면, 그렇다면 그는 뭔가 다른 것, 뭔가 위대하고 영광스러운 일을 했을 것인데, (…) 그는 칼로 자신의 가슴을 찔렀을 것이다.[13]

자신을 희생해서 대의를 이루는 것은 분명 윤리적 행위임을 누구도 부인할 수 없습니다. 그런데 이조차 완전하지는 않습니다. 저 아브라함의 이야기에서 보면, 신의 명령은 비윤리적이고 모순적입니다. 아들을 죽여 제물로 바치라는 명령은 어느 모로 보나 윤리적이라 하기 어렵습니다. 그리고 그 신은 후대에 스스로 인신공양을 하지 말라는 율법을 모세에게 주었던 신입니다. 그러니 모순적입니다. 게다가 이삭을 죽이면 신은 과연 누구를 통해 큰 민족을 이룰 수 있다는 말입니까. 이 역시 모순에 모순을 더합니다.

상황이 그렇게 단순하지 않다면 우리는 어떤 대의를 선택해야 합니까? 어떤 선택이면 역설로부터 자유로울까요? 이 세상의 역설을 우리는 벗어날 수 없습니다. 그저 살아낼 따름입니다. 시민단체 '장애와인권 발바닥행동'에서 장애인 탈시설을 주장하다가 그 실현을 위해 아예 장애인 거주시설의 운영법인 프리웰 대표이사가 되어 2021년 4월 법인 산하 시설을 폐쇄하고 일부는 고용승계 등의 쟁점으로 불가피하게 아직도 운영하는 바람에 비판받는 김정하 대표의 아래와 같은 고백은 우리가 말하는 이 모든 역설을 온몸으로 받아내야 하는 상황에서의 마음을 보여줍니다.

> 프리웰 법인 이사장이 된다는 건 그 울타리 안으로 들어가 아수라장 한가운데 서는 거예요. 거기선 당신들이 다 틀렸다고 혼자 총질해도 아무것도 해결되지 않아요. (…) 울타리 밖에서 구호를 외치는 게 아니라 그 안으로 들어가 그 어떤 공격에도 흔들리지 않고 버텨야 하는 그런 싸움을 하는 건 굉장히 다른 기분이었어요.[14]

키르케고르 이후 실존주의가 20세기 철학을 지배한 것은 놀랍지 않습니다. 세상이 질서정연하고 진보를 향해 나아가기만 했다면 우리는 헤겔과 콩트의 동상이 여기저기 서 있는 시대를 살았을 것입니다. 그러나 우리는 온갖 모순과 부조리가 가득한 시대, 한편에서는 눈부신 기술의 발전과 문명의 건설이 진행되고 다른 한편에서는 지난 수세기 전의 상황과 별반 다를 바 없는 낙후된 환경에서 살아가는 이들이 공존하는 세계, 한편에서는 믿을 수 없는 수준의 쾌락이 실현되고 다른 한편에서는 역시 믿을 수 없는 수준의 고통이 지속되는 세계, 한편에서는 영생을 꿈꾸고 다른 한편에서는 학살이 자행되는 세계, 내일의 희망조차 가물가물한 세계를 살아가고 있습니다.

키르케고르의 통찰은, 이런 상황 즉 그의 표현으로 "부조리한" 상황에서 자기 자신을 퇴장시키는 식의 선택이 위대한 것이기는 하지만, 우리를 우리 자신이 되게 하는 최종적 선택은 아니라는 것입니다. 결국 우리는 그 명령의 의미를 채 다 이해할 수는 없습니다. 신을 기준으로 말하니 '명령'이라는 표현을 썼지만, 일반적인 우리의 상황, 탈신비화된 오늘날의 세계에서 문서에 기록된 헌법이나 법률의 정신, 그리고 우리의 문화적 가치가 가리키는 지점 등을 우리가 모두 이해하고 행동하기는 어렵습니다. 그렇다면 그렇게 불완전한 이해, 대부분 부조리한 상황에서 내려진 윤리적 결단의 완전성을 우리가 어떻게 확신할 수 있습니까?

키르케고르는 여기서 "믿음으로의 도약"을 제시합니다. 아브라함의 이야기에서 아브라함은 놀랍게도 신의 명령에 순종합니다. 제단을 쌓고 모든 준비를 마친 후, 이삭을 제단에 올려놓고 칼로 내려치기 직전까지 갑니다. 그때 갑자기 신의 천사가 개입하여 모든 과정을 중단시키고 아브라함을 '인정'합니다. 키르케고르는 아브라함이 신의 계획을 전적으로 신뢰했다는 점을 강조했습니다. 누가 봐도 부조리한 신의 명령 이면에 있을—그러니까 인간인 자신으로서는 도저히 이해할 수 없고, 그렇기에 그저 믿을 수밖에 없는—의미를 믿었다는 것입니다. 이러한 인간을 키르케고르는 '단독자'der Einzelne라고 불렀습니다.

참으로 적절한 표현입니다. 무엇을 해야 할지 아무것도 확신할 수 없는 상황, 어떤 초월적 존재 혹은 초월적 가치의 '목소리'에 끌려 선택하는 상황에 놓여 있는 인간을 묘사하는 말로 '단독자'만 한 표현이 있을까 싶습니다. 역사적 판결을 내리기 전날 밤, 민주주의를 위해 세상에 외치기로 결심한 밤, 절차 규정을 어겨서라도 일을 추진해야 하겠다고 다짐하는 밤, 경영하는 회사의 이윤을 포기하더라도 공적 가치를 추구해야겠다는 마음과 씨름하는 밤, 모두가 잠든 그 밤에 혼자 조용히 앉아 그 목소리—그것이 외부에서 오든 내부에서 울려오든—에 귀 기울이는 자는 모두 단독자입니다.

신을 믿지 않는 우리 시대에도 여전히 초월성에 대한 관념은 남아 있습니다. 초월성이란 우리의 바깥에 있는 철저한 타자이거나, 우리 안에서 우리를 인도하는 철저한 자아의 형태를 띠고 있습니다. 어느 쪽이든 일상의 우리가 닿기 힘든 곳에서 우리를 인도하는 힘입니다. 예를 들어 '공적 가치' 혹은 '공공성'이라는 개념은 앞서 검토했듯이 한마디로 정의하기 어렵습니다. 비록 우리가 절차를 강조하긴 했지만 좀더 민주적이고 열린 과정을 통한 논의가 반드시 최선의 대안을 선택할 수 있는 길이라는 보장은 경험적 세계에서는 구할 수 없습니다. 심지어 과연 어떤 의사결정 규칙이 최선인지도 우리가 합의하기 어렵습니다. 이 모든 약점과 한계에도 불구하고 우리는 공공성이라는 개념을 포기할 수 없습니다. 그것은 마치 위성항법장치GPS가 없던 시절의 항해자들에게 북극성과 같은 존재입니다.

사랑은 또 어떻습니까? 누구도 사랑을 정확히 정의할 수 없고, 모두와 그것을 합의할 수 없습니다. 그보다도 사랑 자체가 정의되기를 거부하는 개념이자 감정이며 실천입니다. 그렇다고 우리가 사랑에 대해 생각하기를 포기하지는 않습니다. 우리가 사랑을 어떻게 정의하든 사랑은 늘 그 이상일 것입니다.

민주주의는 또 어떻습니까? 우리나라의 민주화를 위해 몸을 던진 이들은 과연 민주주의에 대해 어떤 신념을 공유했을까요? 젊은 날의 김지하 시인이 「타는 목마름으로」에서 "민주주의여 만세"라고 노래했을 때, 그는 그가 말할 수 있는 것 이상을 말한 셈입니다. 민주주의라는 개념은 언제나 우리가 생각하는 것보다 더 넓고 더 불확실하고 더 모순적이지만, 늘 우리의 정치적 삶을 인도하는 북극성의 역할을 해왔습니다.

우리에게 가치있는 개념들에는 한결같이 모종의 초월성이 내재해 있습니다. 우리는 공공성이 무엇인지 사랑이 무엇인지 민주주의가 무엇인지 완전히 확신하지 못하고, 때로는 그것을 달성하기 위해 터무니없는 상황을 지나야 한다는 것을 감지하면서도 우리를 던져야 할 때가, 던지고 싶을 때가 있는 것입니다. 우리에게는 각자의 운명의 순간이 있는 것입니다. 그리고 그 순간의 선택은 우리가 우리 자신과 화해하는 순간인지 노예가 되는 순간인지를 결정할 것입니다.

마음의 역량

현실에서는 내가 나 되기로 결심한다 해도, 마음이란 마음먹는 대로 되는 것이 아니지요. 선한 행동을 하겠다고 다짐한다 해도 그러한 행동을 할 역량이 부족하다면 실제로 행동으로 옮길 수 없습니다. 마음의 근육이 필요합니다. 신충식과 김성준은 테리 쿠퍼가 말한 조직인의 윤리역량을 다섯가지로 정리했습니다.[15] 첫째는 사안의 윤리적 쟁점을 인식할 수 있는 능력, 둘째는 그러한 쟁점들에 대처할 수 있는 기술, 셋째는 기능적인 조직구조와 관행, 넷째는 소통능력, 다섯째는 자신감과 정서적 안정. 이러한 역량들을 보면 단순히 개인 차원의 역량이 아님을 알 수 있습니다. 특히 조직구조와 관행, 소통능력 등은 개인이 윤리적 의사결정을 할 때 혼자 하는 것이 아니라 다른 사람과 함께, 그리고 조직 안에서 하는 것임을 환기해줍니다.

우리의 선택에서 일단 중요한 것은 우리의 이성적 역량입니다. 저 유명한 '트롤리의 딜레마'—사람들에게 브레이크가 고장난 트롤리 상황을 제시하고 다수를 구하기 위해 소수를 희생할 수 있는지를 판단하게 하는 문제 상황을 가리키는 말이지요—사례처럼 우리는 윤리적 의사결정이라고 하면 공리주의나 칸트주의 등을 언급하면서 이성적으로 사고하려 합니다. 그러나 트롤리의 딜레마가 사람들에게 회자되는 이유는 이성만으로 뾰족한 답이 도출되지 않기 때문입니다.

그런 점에서 개인 차원의 역량으로 자신감과 정서적 안정이 꼽힌 점은 인상적입니다. 자신감과 정서적 안정이 우리의 결심에 도움이 될까요? 선택의 상황은 극도의 스트레스를 야기합니다. 이때 가장 쉬운 선택은 그 상황을 회피하는 것이지요. 최소한 그 어느 쪽의 가치도 침해하지 않았습니다. 그 어느 쪽의 가치도 구현하지 않음으로써 말이지요. 그러나 이때 여러분이 기존의 경험에서든, 종교적 믿음에서든, 여러분이 신뢰하는 리더나 가족의 격려에서든, 앞서 언급한 적극행정 지원제도처럼 우리의 이런 경험들이 녹아든 제도에 의존해서든, 자신의 결정의 구체적인 내용에 대해서가 아니라 내가 결정하는 것이 옳은 일이라는 자신감이나 정서적 안정이 있다면 어려운 결정의 상황을 좀더 적극적으로 풀어나갈 수 있을 것입니다. 누군가가 나를 지지해준다는 감정은 강력한 것입니다. 당신은 당신의 결정을 홀로 설명할 필요가 없다는 것을 의미하기 때문입니다. 당신의 결정은 자의적으로 이루어진 것이 아니라 당신보다 큰 어떤 존재에 기반해 있음을 의미하기 때문입니다. 그리고 당신의 결정이 지닌 사회적 무게를 잘 알고 있었음을 의미하기 때문입니다. 어차피 부조리하고 역설적인 상황에서의 의사결정은 실존적 결단이 있을 뿐, 정답은 없습니다. 정답이 아니어도 괜찮다는 심리적 지지는 우리의 결정을 정당화하는 데 쓰이는 것이 아니라, 우리가 어쨌든 최선의 결정을 위해 노심초사하는 데 에너지를 불어넣어줄 것입니다.

마지막으로 테리 쿠퍼는 윤리적 의사결정을 내리는 사람에게 필요한 세가지 자세를 언급했습니다.[16] 그대로 옮겨보면 다음과 같습니다: (1) 모든 사람과 모든 공공정책의 도덕적 모호성에 대한 인정, (2) 공공서비스에서 도덕적 우선순위에 영향을 미치는 맥락적인 힘의 인정, (3) 과정의 역설적 상황에 대한 인식.

이러한 세가지 자세를 꿰뚫는 본질로서 마음의 역량을 저는 '역설을 마주하는 겸손'이라고 하고 싶습니다. 이를 통해 위의 세가지 자세를 다시 봅시다. 첫째로 공공정책은 하나의 통일된 국민이 존재하지 않는 한 언제나 가치 모호성에 직면합니다. 강력한 카리스마를 지닌 정치인들은 확신있는 목소리와 태도로 지금 우리가 추구해야 할 가치가 무엇인지를 강하게 주장하지만, 그것은 하나의 가치를 강조함으로써 딜레마를 딜레마로 보지 않은 대응일 뿐입니다. 본질은 여전히 모호한 가치들이 공존하고 있다는 것입니다. 적대적 집단이 추구하는 가치라고 해서 공적 가치가 아닌 것은 아닙니다. 우리는 현실을 마주해야 합니다. 둘째로 우리는 최소한 공적 의사결정이라면 결코 혼자서 내리는 것이 아님을 인정해야 합니다. 우리는 우리를 둘러싼 수많은 복잡한 권력 관계와 사회적·물리적·사안적 맥락에 놓인 채 의사결정을 합니다. 우리가 어떤 의사결정의 결과를 개인에게 귀속시키려 하는 것은 인지적으로 편리하지만, 반드시 올바른 것이라 보기는 어렵습니다. 우리는 모두 맥락적 존재입니다. 셋째로 우리가 의도했던 대로 상황이 흘러가리라는 법은 없습니다. 우리는 우리가 놓인 상황을 완전히 통제할 수 없습니다. 그것을 통제하고자 하는 마음이 결국 헛된 철인왕과 독재의 꿈으로 이어집니다. 과정의 역설적 상황에 대한 인식은 우리를 절망하게도 하지만 우리를 겸손하게도 하는 것입니다.

우리 내부의 악

지금까지는 주로 우리의 외부에 있는 것들로 인한 절망과 역설을 돌아보았습니다. 그러나 절망의 이유는 우리 마음 안에도 있습니다. 체제가 아닌 우리 자신에 대해 이야기하는 것은 위험하고 힘든 작업입니다. 체제를 비판하고 체제에 절망의 원인을 돌리는 것은 쉽습니다. 우리는 우리 외부의 악에 대해서는 좀더 쉽게 파악하고 분석할 수 있습니다. 외부에는 싸워야 할 대상이 있습니다. 세상의 부조리, 독재정부, 자본주의적 착취구조, 틀에 박힌 법치, 부패한 정치 등 그 대상들은 모두 우리의 외부에 있습니다. 우리에게 권력이 별달리 없을수록 우리는 사회의 부조리한 생산구조 및 사회의 부도덕과 심리적으로 절연되어 있을 수 있습니다. 우리도 우리 안에 모종의 부조리가 있음을 어렴풋이 인식하지만 그것은 싸워야 할 분명한 대상 앞에서 잊혀질 경우가 많습니다.

그러나 악은 외부에 있고 우리 안에는 선만 있다는 생각은 우리의 착각이거나 무지입니다. 우리 마음에는 선도 악도 공존합니다. 문제로부터 자유로운 철인왕은 이 세상에 없습니다. 마찬가지로 문제로부터 자유로운 사람은 없습니다. 아무리 작은 자라 하더라도 문제로부터 자유로운 것은 아닙니다. 앞서 작은 공의 배타성과 억압 가능성을 논한 것은 이 때문입니다. 우리도 많은 화석연료 기반의 물품을 소비할 수 있고, 다른 작은 자들을 때로는 무시하거나 억압할 수 있고, 사회에 크게 해가 되지 않는다고 생각될 때면 사소한 부정을 저지를 수 있는 존재입니다.[17] 우리는 살아가느라 어쩔 수 없이 우리가 비판하는 사회구조의 재생산에 참여합니다. 우리가 이 사회에 속해 있는 한, 우리는 문제의 일부입니다. 이를 인정하는 것은 고통스럽지만, 나보다 더 권력이 강한 누군가에게 잘못을 전가하고 싶지만, 사실입니다.

또한 개인이 자신을 성찰하지 못할 때 사회의 악과 싸우다 사회의 악이 되는 모습을 우리는 많이 볼 수 있습니다. 이는 특히 역사적 평가가 갈릴 수밖에 없는 실존 인물보다는 소설이나 영화와 같은 서사에서 주인공의 내면적 갈등을 묘사할 때 잘 드러납니다. 대중적 영화의 대표적인 예로 '배트맨' 시리즈 가운데 가장 호평을 받는 「다크나이트」에서 배트맨은 자신의 내면적 악을 자극하는 조커와 갈등하지만, 그러한 자극에 반응하는 자기 자신과도 갈등합니다. 배트맨을 궁지에 몰아넣고 그의 마음을 타락시키려 했던 조커의 대사는 우리 귀에도 늘 들리는 것만 같습니다: "자! 해봐! 나를 때려!" 반면 배트맨과 협력했던 고담시의 시장은 이 내면적 갈등 끝에 결국 '투페이스'가 됩니다. 투페이스가 내뱉는 아래의 대사에는 표면적 자기 정당화의 이면에 타락해버린 자아에 대한 슬픈 절규가 숨어 있는 듯합니다.

> "영웅으로 죽거나, 악당이 되기에 충분할 만큼 오래 살거나."

우리는 영웅이 되기도 쉽지 않지만, 영웅이 된 후에 끝까지 영웅으로 남을 수 있을 것이라 장담하기는 더더욱 어렵습니다. 우리는 살아가면서 우리 자신의 삶의 역설들을 발견하고, 사회구조를 비판하는 자신의 위선을 보게 되고, 나조차도 스스로 어쩌지 못함에 대한 비통함이 깊어지는 시간을 맞게 됩니다. 특히 조직과 사회가 제공하는 권력을 행사하면 할수록, 그리고 지킬 것이 많아지면 많아질수록 내면에 쌓여가는 마음의 역설을 부인하지 못할 것입니다. 이를 부정하기 위해 사람들은 의식적으로 외부의 악을 비판하지만, 나의 외부의 존재 혹은 구성물만을 악으로 규정하는 것은 나의 내부의 악을 외면하는 꼴입니다. 내부의 악은 외부의 악과 연결되어 있고, 양자는 서로를 강화합니다. 외부의 악을 모르고선 내부의 악을 발견할 수 없고, 내부의 악을 외면하고선 외부의 악과 올바로 싸울 수 없습니다.

그렇다고 거꾸로 나의 내부의 악과 싸우는 것만이 전부도 아닙니다. 자신의 마음에 천착하게 되는 것이 정치적 효능감의 저하로 이어지는 것은 보수화라고 부르든 성숙이나 관조라고 부르든 개인윤리의 하나의 가능한 귀결일 수는 있으나, 민주주의를 위해 최선의 귀결은 아닙니다. 나 자신의 윤리에 천착하는 것은 과정이지 결론이 아닙니다. 그렇게 함으로써 무엇을 할 것인가에 대한 대답을 구하는 과정이어야 하지, 그래서 아무것도 할 수 없다는 결론일 수는 없는 것입니다.

이러한 내면의 싸움을 벌이고 있는 이들 역시 단독자들입니다.

절망으로서 희망

절망의 역설

지금까지 절망에 대해 많은 이야기를 했음에도 불구하고 아직 하지 않은 이야기가 있습니다. 절망 자체에도 역설이 있다는 점입니다. 그리고 그 역설이 바로 희망의 근거가 됩니다.

모든 절망이 불쾌한 것은 아닙니다. 절망 그 자체에는 이를 이

겨내겠다는 의지를 자아내는 부분이 있기 때문입니다. 압도적인 절망에는 오히려 인간의 가장 고귀한 정신을 자극하는 부분이 있는 것 같습니다. 어떤 절망은 사람들의 힘을 빼기보다는 서로 힘을 나누고 끝까지 싸워보게 만듭니다. 이런 절망은 사람들에게서 희망을 빼앗지 않습니다. 디즈니 애니메이션 「겨울왕국」 2편에서 주인공 안나는 언니 엘사와 친구 올라프를 잃은 채 혼자 동굴에 갇혀, 정의의 회복을 위해 자신의 도시 아렌델을 자기 손으로 파괴해야 하는 고뇌를 안고 절망적인 단독자적 상황에서 아래와 같이 노래했습니다.

"당신은 사라지고, 희망도 사라졌어. (…) 방향을 찾을 수도 없이 나는 혼자. (…) 너무 멀리 보지 말자. (…) 쪼개고 쪼개서 지금 이 호흡, 지금 이 한발짝, 지금 이 선택, 이것이 내가 할 수 있는 일. (…) 나는 선택하고 그 음성을 들으리라. 그리고 해야 할 다음 옳은 일을 하리라."

문제는 하찮은 절망들입니다. 집요하고 의도적으로 다른 이들의 작은 삶을 흡수하는 인간들 때문에, 공적 공간을 그들이 뛰어놀 놀이터로 만들어주는 어설픈 제도와 규칙들 때문에, 왜 갈등해야 하는지 이해할 수 없는 오해와 아집 때문에, 악의적 소송에 대응하느라 싸워야 할 문제와 제대로 싸워보지도 못하고 흩어져버리는 시간과 땀과 눈물 때문에 절망할 때, 우리는 희망할 마음마저 부패하는 느낌을 가지게 됩니다.

이 시대의 슬픔은 너무나 하찮은 것들이 우리를 절망하게 한다는 것입니다. 절망이 힘들게 하는 것이 아니라, 그 하찮음이 우리를 굴욕스럽게 만드는 것이지요. 마치 경솔한 차량과의 사소한 접촉사고로 인해 오래 준비한 시험장에 지각해버린 수험생처럼, 희망에 걸맞은 절망, 그러한 절망에 걸맞은 문제와 직접 씨름하지 못하고 진흙탕을 기는 듯한 자괴감을 안겨주는 하찮은 절망은 그래서 가장 절망적입니다. 가짜뉴스, 의미 없는 말싸움, 무능력한데 탐욕스러운 리더 등으로 희망과의 접점까지 가보지도 못하고 절망해야 하는 상황은 너무나 절망적입니다.

절망을 주는 대상은 하찮아서는 안됩니다. 절망은 인간 존재의 가장 근원적인 아픔이기에, 절망의 이유 역시 우리의 존엄성을 해치는 것이 아니라 드러내는 것이어야 합니다.

희망: 절망의 다른 이름

절망은 인간의 본질입니다. 그래서 절망을 말하지 않는다면 세상의 절반만을 이야기하는 셈입니다. 저는 이 책에서 절망을 먼저 직면하고 싶었습니다. 절망한다고 해서 지금까지 이 세계를 개선해온 처방적 학문과 실천가들의 노력을 폄훼하는 것은 아닙니다. 우리는 모두 근대인이며 그렇게 믿고 살아왔습니다. 그리고 우리는 이들의 노력 덕분에 많은 한계들로부터 멀어졌습니다. 희망이 무엇인지는 아직 모르겠지만, 최소한 의미 없는 절망으로부터는 상당히 자유로워졌습니다. 세상이 더 나아졌다는 증거는 많습니다.[18]

여기서 흥미로운 개념은 낙관optimism입니다. 낙관은 희망과 유사하면서도 사실은 희망의 강력한 대체적 개념입니다. 희망이 미래에 어떤 일이 이루어지기를 바라는 것이라면, 낙관은 미래에 그러한 일이 이루어질 것이라는 긍정적 기대입니다. 여기서 희망과 낙관은 구분됩니다. 우리는 어떤 일을 바랄 수는 있지만, 일어나리라 기대하지 않을 수도 있습니다. 혹은 그것을 내 눈으로 직접 볼 수 있으리라 기대하지 못할 수도 있습니다. 저는 우리나라가 더 평등한 사회가 되기를 '희망'하지만 그렇게 되리라 '낙관'하지는 않습니다. 반대로, 미래에 특별히 바라는 바는 없지만 그저 모든 것이 잘될 것이라 낙관할 수는 있습니다. 지금까지 그래왔듯이 전쟁은 끝날 것이고, 코로나19는 해결될 것이고, 실업은 줄어들 것이고…… 그러한 미래는 반드시 누군가가 희망하지 않아도(심지어 반대 상황을 바란다 해도) 이 사회의 법칙에 따라 도래할 것이라는 생각, 그것이 낙관입니다. 이러한 낙관은 좀더 현세적인 느낌을 주면서 참으로 근대적이고, 다소 유아적이고 성취지향적인 기득권적 나이브함마저 녹아 있는 개념입니다. 논란의 여지는 있으나 테리 이글턴Terry Eagleton은 『낙관하지 않는 희망』에서 낙관을 다음과 같이 흥미롭게 평가했습니다.

> 낙관주의는 자생self-sustaining한다. (…) 낙관주의도 '특유의 각도로 사실들을 조명하는 원초적인 세계관'이라서 '사실들에 근거한 반박을 견디는 내구성'을 지녔기 때문이다. (…) 도덕적 난시에 걸린 사람과 같은 낙관주의자는 모든 중대사를 자신에게 유리한 방향으로 예단하고 결정하여 자신의 천성에 부합도록

진실마저 왜곡해버린다. (…) 낙관주의자는 단지 낙관주의자이기 때문에 인생을 낙관하는 사람일 가능성이 더 높다.[19]

낙관을 이렇게 보면 낙관과 희망은 잘 어울리지는 않는 정도가 아니라 윤리적 함의가 전혀 다릅니다. 희망으로 가득한 사람은 낙관적으로 보이기도 합니다. 한 사람의 마음에는 낙관과 희망이 공존할 수 있습니다. 그러나 여기서 우리가 논의해왔듯 주로 절망과 씨름하며 희망을 품는 이들은 낙관하기 쉽지 않습니다. 잘될 것 같은 상황에서 희망을 품는 것은 우리의 마음을 즐겁게 합니다. 잘되지 않을 것 같은 상황에서 절망하는 것은 자연스러운 심리입니다. 잘될 것 같은 상황에서 절망하는 것은 과도하게 민감한 예언자 취급을 받습니다. 잘되지 않을 것 같은 상황에서 희망을 품는 것, 희망하되 낙관하지 않는 것, 이것이 아마도 희망의 가치를 가장 잘 나타내는 상황일 것입니다. 이글턴은 다시금 희망의 역설을 아래와 같이 표현했습니다.

우리는 끈질기게 희망을 품는다. 왜냐면 우리는 끊임없이 환멸을 느끼기 때문이다. (…) 만약 우리가 '희망은 존재한다'는 듯이 행동하지 않는다면, '희망이 존재하지 않을 가능성'은 '희망이 존재하지 않을 확실성'으로 변하기 쉽다.[20]

키르케고르 역시 『불안의 개념』에서 이 마음의 역설을 유려하고 다소 노골적인 언어로 다음과 같이 표현했습니다. 결정되지 않은 것에 대한 불안은 오히려 현재의 절망을 이겨낼 힘이 된다는 것입니다.

내가 여기에서 말하고 있는 것은 아마도 많은 사람들에게는 모호하고 어리석은 이야기로 들릴 것이다. 왜냐하면 그들[아마도 낙관주의자들]은 불안 속에 빠진 적이 없다는 것을 자랑하기 때문이다. 이에 대해서 나는, (…) 오직 가능성의 불안을 경험하는 사람만이 그 어떤 불안에도 빠지지 않는 교육을 받은 셈이라고 대답하겠다. 그 이유는, 그런 사람이 삶의 무서운 것들을 피할 수 있기 때문이 아니라, 이런 무서운 것들이 가능성의 무서운 것들과의 비교를 통해서 항상 무력해지기 때문이다.[21]

우리는 절망과 구분되는 희망을 품는다기보다는 절망하기에 희망할 수 있습니다. 희망은 절망이 틔우는 싹이자 꽃일 것입니다. 하찮은 절망이 아닌 운명적 절망은 우리가 순진한 낙관에 빠지지 않게 하는 희망의 방부제 같은 것입니다. 그리고 희망은 생명의 방부제입니다. 이런 희망이란 절망이라는 어둠을 환히 비추는 밝은 빛 같은 '절망의 반대말'이기보다는 '절망의 다른 이름'인지도 모르겠습니다. 인간으로서 이 세계를 살아가면서 품을 수 있는 역설적 희망은 그런 것이라 생각합니다. 우리에겐 절망과 희망이 모두 필요합니다.

이야기를 맺으며

이 책의 목적은 이 세계의 모습을 직시하고 드러내는 데 있습니다. 우리의 정치적·학문적 논의 가운데 암묵적으로 가정되거나 외면되었던 것들을 조명하여 좀더 넓은 세계를 드러내고, 그것을 직시하는 가운데 나오는 역설과 절망을 솔직하게 이야기하고 싶었습니다. 그리고 이 목적을 위해 지금까지 우리에게 제시된 많은 철학, 이론, 경험, 관점들을 재구성했습니다. 그러한 목적을 위해 이 책에는 사회과학적 논의, 종교적 개념, 인간적 사색, 그리고 감정도 담았습니다.

이 책에서 저는 한가지 '탐색'을 해보고 싶었습니다. 제7장에서 우리는 작은 자들의 공적 언어에 대해 이야기했습니다. 자유주의자들의 이상적 담론 상황에 적합한 이지적 시민들의 공론장이 아니라, 다양한 사회적 배경과 담론 자원, 교육, 언어를 지닌 사람들이 이성과 감정을 모두 담아 발언하는 공론장의 언어에 대해서 말입니다. 저는 그런 공론장에서 대화의 모습은 어떨까를 상상하곤 합니다. 그리고 이 책은, 이런 형식의 발화라면 어떨까 하는, 저 자신의 의문에 대한 하나의 제안입니다. 사실 학문적 잣대에서 느슨한 규범적 주장이 있는 부분은 글이라면 단순히 걸러내면 그만입니다. 그러나 공론장에서 흐르는 대화는 규격화된 학술적 토론과는 분명 다릅니다. 우리가 사실과 가치를 구분하는 것이 불가능하다는 인식론적 신념을 가지고 있다면, 사실에 대한 진술과 가치지향적 진술 역시 그 글에서 공존하는 것이 마땅할 것입니다. 그러지 않고서야 무슨 수로 사실과 가치를 구분하지 않는 것처럼 말할 수 있나요? 더욱이 민주주의, 그리고 그 마음이라는, 경험과 규범이 뒤섞인 주제라면 말입니다. 그러니 단언적 부분이 있더라도, 감정이 녹아 있더라도 양해를 구합니다.

아울러 철인왕을 비판한다고 해서 좀더 효과적이고 인간적인 처방을 설계하고, 집행하고, 주장하기 위해 노력하는 이들의 땀을 폄훼하려는 의도가 없음을 강조하고 싶습니다. 그러한 입장은 무서운 위선일 것입니다. 저는 책임과 비판의 무게를 어깨에 짊어지고 겸손하게 처방을 설계하고 때로는 신중하게 때로는 과감하게 실행하는 이들에게 존경심을 보냅니다. 저 역시 앞으로도 그러한 처방들을 설계하고, 비판하고, 실행하는 일에 관련되기를 계속할 것입니다. 그러니 이 책은 비판이 아니라 성찰을 담은 것입니다. 우리가 서로 철인왕인 것처럼 생각하고 행동하지만 않는다면 우리에게는 함께 할 수 있는 일들, 함께 갈 수 있는 길들이 더 많을 것입니다.

마지막으로 비록 이 책은 서로 다른 여러분을 생각하며 썼지만, 여기서는 공적 영역에 대해 고민하거나 그 안에서 활동하는 이들에게 짧은 말씀을 전하고 싶습니다. 여러분 안에 있는 공공성을 지향하는 마음의 불꽃을 소중히 여기고 결코 꺼지지 않도록 간직해주시기 바랍니다. 누구나 타인과 공익에 대한 사랑의 마음을 지니고 살 수 있는 것은 아닌 것 같습니다. 그런 특별한 마음은 존중받아야 합니다. 비록 그 마음을 실천으로 옮길 때 이 책에서 내내 이야기한 그 모든 역설들이 모습을 드러내 우리를 시험하겠지만, 그것이 그러하기로 선택한 인간의 운명이라고 생각합니다. 자신이 철인왕이 아니라는 겸손한 마음, 타인과 공익에 대한 사랑의 마음이라면 희망할 근거로 그리 나쁘지는 않을 것입니다.

우리 마음속에는 절망도 희망도, 선함도 악함도, 빛도 어둠도 모두 공존합니다. 그것이 우리의 본질이든, 우리 마음이라는 그릇에 담기는 것들이든 우리 안에 존재하고 있습니다. 이 세상뿐 아니라 우리 자신이 역설적 존재입니다. 그 역설은 우리에게 한계를 드리우지만, 우리를 겸손하게 합니다. 우리 사회가 직면한 모든 문제를 풀 수는 없습니다. 깊이 뿌리내린 문제들을 한걸음에 풀 수 있는 것처럼 말하는 이들을 조심하고, 풀 수 있으리라는 지나친 열정을 삼가고, 지금 여기서 할 수 있는 다음 한 걸음을 선택하는 마음을 이야기하고 싶었습니다. 타인과 세계, 특히 주류적 논의로부터 가려진 세계를 이해하고, 강력한 리더에 의존하기보다 민주적 책임을 나누어 지며, 운명과의 화해를 시도하고, 작은 자의 마음으로 살아가는 것이 민주주의의 마음을 배양하는 길임을 이야기하고 싶었습니다. 20세기의 신학자 라인홀드 니부어 Reinhold Niebuhr는 희망을 구원과 연결시키며 아래와 같이 시적이고 웅변적으로 말했습니다.

> 할 만한 가치가 있는 일 가운데 그 어느 것도 우리의 생애 안에 성취될 수는 없다. 따라서 우리는 희망으로 구원받아야 한다. 진실하거나 아름답거나 선한 것은 어느 것도 역사의 즉각적인 문맥 속에서 완전하게 이해되지 못한다. 따라서 우리는 믿음으로 구원받아야 한다. 우리가 하는 일이 아무리 고결하다 해도 혼자서는 결코 달성될 수 없다. 따라서 우리는 사랑으로 구원받아야 한다.[1]

이 책은 무엇을 할 것인가에 대한 책이라기보다는 어떤 마음으로 살아갈 것인가에 대한 책이었습니다. 이 책이 여러분의 마음에 뿌려지는 수많은 씨앗들 중 좀 특이한 색깔의 '작은' 씨앗이 되기를 기원합니다.

감사의 글

이 책은 많은 이들이 더 나은 세상을 위해 토해낸 이야기들에 빚지고 있습니다. 제가 만났거나 만날 수 없었던 저자들, 이 책의 내용에 영감을 주었을 뿐만 아니라 저와 함께하는 제 인생의 친구들에게 감사를 드립니다. 은사, 동료, 제자, 활동가, 공직자, 그리고 '작은 자'와 '작은 공' 개념의 모델이 되어준 분들께 감사드립니다. 특별히 파커 파머의 『비통한 자들을 위한 정치학』은 저에게 민주주의의 마음이라는 모티프를, 테리 템페스트 윌리엄스와 라인홀드 니부어의 멋진 인용구들을, 그리고 이 책의 제목에 대한 아이디어를 준 편지 같은 책입니다.

원고를 먼저 읽고 귀한 의견을 들려준 제자들에게, 그리고 창비의 박주용 편집자님과 동료들께 따로 감사를 전합니다. 마지막

수정 과정에서 많은 의지가 되었습니다.

제 삶의 작은 자였던, 돌아가신 아버지께 감사를 드립니다. 더 나은 세상에 대한 이야기를 하고 싶다는 마음이 들게 해주는 딸에게도 특별한 감사를 전합니다. 좀처럼 희망을 말하지 않는 우울한 저를 독려하는 아내와 가족들도 제게는 과분하고 소중한 이들입니다.

이 책의 원고가 탈고된 시점은 2022년 12월이었습니다. 어려운 삶을 이어가던 분들에게 유난히 혹독하고 잔인했던 그해 여름을 지나, 우리 사회의 오래된 아픔에 아픔을 더했던 10월 29일의 이태원 참사의 여파가 채 가시지 않았던 시기였기에 정부의 역할에 대한 의문, 민주주의에 대한 회의와 불안, 그리고 사회적 슬픔이 더욱 엄중하게 느껴졌습니다. 함께함이라는 감각이 더더욱 필요한 시기였습니다. 그래서 그런 가운데 놓인 사람들을 기억하고 삶을 삶답게 만드는 민주주의에 대한 갈망 역시 더 커진 것 같습니다. 천덕꾸러기 취급을 받는 이 시대 이 땅의 민주주의, 그것을 지켜가는 모두에게 응원을 보냅니다. 불완전한 민주주의를 그나마 아름답게 만드는 것은 여러분의 눈물입니다. 이 책은 여러분이 남긴 마음의 흔적에 대한 기록입니다.

감사합니다.

주

제1장 우리가 살아가는 세계: 절망과 역설

1 이 편지이자 유서의 인용을 허락해준 김윤영 선생님과 여러 관계자분들께 감사드립니다.
2 정창조 외 『유언을 만난 세계』, 오월의봄 2021, 245~46면.
3 "오직 공법을 물같이, 정의를 하수같이 흐르게 할지어다." 구약성서, 아모스 5장 24절.
4 홈리스행동 생애사 기록팀 『힐튼호텔 옆 쪽방촌 이야기』, 후마니타스 2021.
5 「한국의 '빈곤증명시험'… 우리는 왜 기초수급 신청 못했나」, 한겨레 2022년 8월 29일.
6 「정부·정치권이 시행령만 바꿔도… '장애인 이동권' 실타래 풀린다」, 한겨레 2022년 3월 30일.
7 남보라·박주희·전혼잎 『중간착취의 지옥도』, 글항아리 2021, 22면.
8 같은 책 5면.

9 「영정사진 없이 위패만 나란히… '수원 세모녀' 빈소」, 뉴스1 2022년 8월 24일.

10 「숨진 보육원 출신 대학생… 친부모 찾아 '화장식'서 마지막 이별」, 뉴스1 2022년 8월 24일.

11 「또 가난 먼저 덮친 재난… 폭우에 반지하 주민 잇단 참변」, 연합뉴스 2022년 8월 9일.

12 이는 "22.1~6월까지 발생한 산업재해 중 근로감독관 집무규정(산업안전보건) 제26조 제1항에 해당하는 업무상 사망사고" 통계입니다. 고용노동부 『2022. 6월말 산업재해 발생현황』.

13 Marissa G. Baker, "Nonrelocatable Occupations at Increased Risk During Pandemics: United States, 2018," *American Journal of Public Health* 110 (8), 2020.

14 National Conference of State Legislatures, "COVID-19: Essential Workers in the States," 2021년 1월 11일(https://www.ncsl.org/research/labor-and-employment/covid-19-essential-workers-in-the-states.aspx?fbclid=IwAR2_YfVDhUNXfufwLfTPPIQi5YzIOI9OagAOxsEClpHUQzp1mrZpne6_B2U).

15 김윤영 『가난한 도시생활자의 서울 산책』, 후마니타스 2022, 134면.

16 심상정 선거대책위원회, 기자회견문, 2022년 1월 18일.

17 조르조 아감벤 『호모 사케르: 주권 권력과 벌거벗은 생명』, 박진우 옮김, 새물결 2008.

18 파커 J. 파머 『비통한 자들을 위한 정치학』, 김찬호 옮김, 글항아리 2012.

19 박신애 「주거단지 내 소셜믹스 정책: 억압을 재생산하는 제도」, 2019(미발간 원고).

20 Gayatri C. Spivak, "Can the Subaltern Speak?" in Cary Nelson & Lawrence Grossberg eds., *Marxism and the Interpretation of Culture*, London: Macmillan 1988, 24~28면.

21 Tim Gore, "Carbon Inequality in 2030," Institute for European Environmental Policy, Oxfam 2021, DOI: 10.21201/2021.8274.

22 멘슈어 올슨 『집단행동의 논리: 공공재와 집단이론』, 최광·이성규 옮김, 한국문화사 2013.

23 「내년 공공임대주택 공급물량 줄지 않는다?」 연합뉴스 2022년 9월 7일.

24 플라톤 『국가론』, 이환 옮김, 돋을새김 2014.

25 플라톤에 대한 이러한 해석과 용어는 다음을 참조하세요. 소병철 「플라톤의 이상국가론과 민주주의 비판의 현대적 함의: 『국가·정체』에서의 논의를 중심으로」, 『인문사회과학연구』 제17권 제1호, 2016.

26 칼 포퍼 『열린사회와 그 적들 I』, 이한구 옮김, 민음사 2014, 220~21면. 소병철, 앞의 글 387~88면에서 재인용.

27 Hanna F. Pitkin, *The Concept of Representation*, Berkeley: University of California Press 1972.

28 대런 애쓰모글루, 제임스 A. 로빈슨 『국가는 왜 실패하는가』, 최완규 옮김, 시공사 2012; 린다 위스 『국가몰락의 신화: 세계화시대의 경제운용』, 박형준 외 옮김, 일신사 2002.

29 크리스토퍼 후드는 위계주의적 국가에서 관료제는 복제가 용이하기 때문에 비대화되는 경향이 있고, 위계적 정치문화로 인해 그 일방적 정책 추진을 막을 장치가 없기 때문에 거대한 실패를 예정하고 있다고 보았습니다. Christopher Hood, *The Art of the State: Culture, Rhetoric, and Public Management*, Oxford: Clarendon 1998.

30 파커 J. 파머, 앞의 책.

31 https://orionmagazine.org/article/engagement/. 파커 J. 파머, 앞의 책 29면에서 재인용.

32 스티븐 레비츠키, 대니얼 지블랫 『어떻게 민주주의는 무너지는가』, 박세연 옮김, 어크로스 2018, 15면.

33 레오나르드 믈로디노프 『감정의 뇌과학』, 장혜인 옮김, 까치 2022.

34 같은 책.

35 Antonio R. Damasio, "Emotion in the Perspective of an Integrated Nervous System," *Brain Rsearch Reviews* 26 (2-3), 1998.

36 잭 바바렛 엮음 『감정과 사회학』, 박형신 옮김, 이학사 2009.

37 Iris M. Young, *Intersecting Voices: Dilemmas of Gender, Political Philosophy, and Policy*, Princeton, NJ: Princeton University Press 1997.

38 마사 누스바움 『정치적 감정: 정의를 위해 왜 사랑이 중요한가』, 박용준 옮김, 글항아리 2019.

39 안희제 『망설이는 사랑: 케이팝 아이돌 논란과 매혹의 공론장』, 오월의봄 2023.

40 로버트 맥키 『STORY: 시나리오 어떻게 쓸 것인가』, 고영범·이승민 옮김, 민음인 2011.

제2장 들리지 않는 목소리

1 관련된 논의를 위해서는 다음 논문을 참고하세요. 최태현 「참여 및 숙의제도의 대표성: 신고리 5·6호기 공론화위원회 사례를 중심으로」, 『한국행정학보』 제52권 제4호, 2018.

2 Hanna F. Pitkin, *The Concept of Representation*, Berkeley: University of California Press 1972, 8~9면. Jane Mansbridge, "Clarifying the Concept of Representation," *American Political Science Review* 105 (3), 2011, 628면에서 재인용.

3 Jane Mansbridge, "Selection Model of Political Representation," *The Journal of Political Philosophy* 17 (4), 2009; Philip N. Pettit, "Varieties of Public Representation," in Ian Shapiro et al. eds., *Political Representation*, Cambridge: Cambridge University Press 2010.

4 여기서 묘사적(descriptive) 대표성이라고 번역한 개념은 보통 기술적 대표성이라고 번역됩니다. 다만 '기술적'이라는 표현은 우리말로만 쓰면 'technical'이라는 개념으로 오해될 소지가 있어 '묘사적'이라 번역합니다.

5 실제로 제21대 국회의원의 성비는 남성 81%, 여성 19%(57명)였습니다.

6 전용주 「제19대 국회의원의 특성: 사회경제적 배경을 중심으로」, 『의정연구』 제18권 제2호, 2012.

7 Jane Mansbridge, "Rethinking Representation," *American Political Science Review* 97 (4), 2003.

8 H. George Frederickson, *New Public Administration*, Alabama: University of Alabama Press 1980.

9 Frederick C. Mosher, *Democracy and the Public Service*, Oxford: Oxford University Press 1968.

10 이 정치적 중립의 헌법적 의미가 무엇인가에 대해서는 상당히 어려운 논란이 있습니다. 현재로서는 현실적으로 선거에 개입하지 않는다는 의미가 가장 중요하지만, 과연 특정한 정책을 옹호하면 안되는지, 그것이 가능한지에 대해서는 의견이 분분합니다.

11 Celeste Watkins-Hayes, "Race, Respect, and Red Tape: Inside the Black Box of Racially Representative Bureaucracies," *Journal of Public Administration Research and Theory* 21 (suppl. 2), 2011.

12 Celeste Watkins-Hayes, *The New Welfare Bureaucrats: Entanglements of Race, Class, and Policy Reform*, Chicago: University of Chicago Press 2009.

13 Vicky M. Wilkins & Brian N. Williams, "Black or Blue: Racial Profiling and Representative Bureaucracy," *Public Administration Review* 68 (4), 2008.

14 이얼 프레스 『더티 워크: 비윤리적이고 불결한 노동은 누구에게 어떻게 전가되는가』, 오윤성 옮김, 한겨레출판 2023, 115면.

15 김예찬 「위원회 참여 경험으로 살펴본 지방자치단체 거버넌스의 문제들」, 한국행정학회 하계학술발표논문집, 2022.

16 최태현·선소원·부성필 「비결정상태로서 다중흐름의 이론적 모색: 여성정책 의제의 무의사결정 인식을 중심으로」, 『한국정책학회보』 제29권 제1호, 2020.

17 에리히 프롬 『자유에서의 도피』, 이상두 옮김, 범우사 1993.

18 박영도 「다산(茶山)의 실학적 공공성의 구조와 성격: 몇가지 비판적 고찰」, 『동방학지』 제160호, 2012; 백민정 「유교 지식인의 공(公) 관념과 공공(公共) 의식: 이익, 정약용, 심대윤의 경우를 중심으로」, 『동방학지』 제160호, 2012.

19 백민정, 같은 글.

20 프랜시스 후쿠야마 『존중받지 못하는 자들을 위한 정치학』, 이수경 옮김, 한국경제신문사 2020; 아난드 기리다라다스 『엘리트 독식사회: 세상을 바꾸겠다는 그들의 열망과 위선』, 정인경 옮김, 생각의힘 2019; 마이클 샌델 『공정하다는 착각』, 함규진 옮김, 와이즈베리 2020.

21 Judith E. Innes & David E. Booher, *Planning with Complexity: An Introduction to Collaborative Rationality for Public Policy*, New York: Routledge 2010.

22 Sarah Connick, "Sacramento Area Water Forum: A Case Study," Working Paper no. 2006-06, Institute of Urban and Regional Development, University of California, Berkeley, 2006.

23 「전국민 지원금 지급, 송영길·이준석 합의… 양당 내 강력 반발」, 중앙일보 2021년 7월 13일.

24 "우리 없이 우리에 대한 것은 없다"(nothing about us without us)는 자기결정권 실현을 상징하는 문장입니다. 제임스 찰턴 『우리 없이 우리에 대한 것은 없다』, 전지혜 옮김, 울력 2009.

25 존 돈반, 캐런 저커 『자폐의 거의 모든 역사』, 강병철 옮김, 꿈꿀자유 2021, 702~703면.

26 가습기살균제 피해자들 『내 몸이 증거다』, 스토리플래너 2021.

27 서중원 기록, 정택용 사진 『나, 함께 산다: 시설 밖으로 나온 장애인들의 이야기』, 오월의봄 2018.

28 김도현 『장애학의 도전』, 오월의봄 2019, 255~56면.

29 김도현은 『장애학의 도전』에서 1981년 국제장애인연맹(Disabled Peoples' International)의 출범을 그 가시적 시발점으로 봅니다. 258~67면.

30 Robert F. Drake, "What Am I Doing Here? 'Non-disabled' People and the Disability Movement," *Disability & Society* 12 (4), 1997.

31 Anne Schneider & Helen Ingram, "Social Construction of Target Populations: Implications for Politics and Policy," *American Political Science Review* 87 (2), 1993. 슈나이더와 잉그럼은 "권리주장자들"의 예로 부자, 거대 노동조합, 소수자 집단, 문화 엘리트 등을 들었습니다.

32 유리 그니지, 존 리스트 『무엇이 행동하게 하는가』, 안기순 옮김, 김영사 2014, 203면.

33 스티븐 레비츠키, 대니얼 지블랫 『어떻게 민주주의는 무너지는가』, 박세연 옮김, 어크로스 2018, 232면.

34 브라이언 클라스 『권력의 심리학: 누가 권력을 쥐고, 권력은 우리를 어떻게 바꾸는가』, 서종민 옮김, 웅진지식하우스 2022, 331면, 333~34면.

35 존 개스틸, 피터 레빈 엮음 『시민의 이야기에 답이 있다』, 장용창·허광진 옮김, 시그니처 2018.

36 좀더 자세한 논의는 다음을 참고하세요. 최태현 「참여 및 숙의제도의 대표

성: 신고리 5·6호기 공론화위원회 사례를 중심으로」, 『한국행정학보』 제52권 제4호, 2018.

37 Jane Mansbridge, "Clarifying the Concept of Representation," *American Political Science Review* 105 (3), 2011, 628면.

38 John Dryzek, "Legitimacy and Economy in Deliberative Democracy," *Political Theory* 29 (5), 2001.

39 마사 누스바움 『정치적 감정: 정의를 위해 왜 사랑이 중요한가』, 박용준 옮김, 글항아리 2019.

제3장 국가는 어디에 있는가

1 울리히 벡 『위험사회: 새로운 근대(성)를 향하여』, 홍성태 옮김, 새물결 2006.

2 거버넌스는 단순하게 말하자면 정부와 시민사회가 협력하여 공적 문제를 해결해가는 구조이자 과정, 전략을 의미합니다. 정의에 대한 좀더 자세한 논의는 다음을 참고하세요. 최태현 「거버넌스와 리더십」, 김석준 외 『거버넌스의 이해』, 대영문화사 2023, 제4장.

3 물론 이 현상의 이면에는 정부의 신중한 의사결정이라는 긍정적인 측면이 있는 것도 사실입니다. 다만 어느 쪽인지는 정부가 실제로 '신중한 검토'를 하는지, 그냥 시간을 벌어놓고 그 일을 진행시키지 않는지에 따라 판가름 날 것입니다.

4 Anne Schneider & Helen Ingram, "Social Construction of Target Populations: Implications for Politics and Policy," *American Political Science Review* 87 (2), 1993.

5 칼 슈미트 『정치신학: 주권론에 관한 네개의 장』, 김항 옮김, 그린비 2010, 16면.

6 같은 책 18면.

7 3·1운동의 배경이 되었다는 '민족자결주의'를 주창한 것으로 우리에게 알려진 인물이지요.

8 Charles Lindblom, *Politics and Market*, New York: Basic Books 1977.

9 정용덕 외 『현대 국가의 행정학』, 법문사 2021.

10 장애여성공감 엮음 『시설사회: 시설화된 장소, 저항하는 몸들』, 와온 2020.

11 물론 정말로 시설에 머물고 싶을 수 있습니다. 사람이란 자신이 머물던 공간에 대해 애착을 느끼기도 하고, 그렇지 않더라도 막연히 변화를 두려워하기도 합니다. 딱히 대안이 없을 수도 있습니다. 그러나 불확실성이 낮으면서도 더 나은 생활공간을 제공하는 대안에 대한 인지와 경험이 없는 상태에서 우리는 이들의 의사를 함부로 재단할 수 없습니다. 캐스 선스타인이 지적했듯이 선호의 자유는 다양한 대안이 전제되어야 성립합니다. 캐스 R. 선스타인 『와이 넛지?: 똑똑한 정부는 어떻게 행복한 사회를 만드는가』, 박세연 옮김, 열린책들 2016.

12 「法 "도가니 사건 국가배상 책임 없다"」, 광주타임즈 2014년 9월 30일.

13 Peter Bachrach & Morton S. Baratz, "Tow Faces of Power," *American Political Science Review* 56 (4), 1962.

14 Roger W. Cobb & Charles D. Elder, "The Politics of Agenda-Building: An Alternative Perspective for Modern Democratic Theory," *Journal of Politics* 33 (4), 1971.

15 Philippe Zittoun, "The Domestication of a 'Wild' Problem," in Nilolaos Zahariadis ed., *Handbook of Public Policy Agenda Setting*, Cheltenham, UK: Edward Elgar 2016.

16 같은 글.

17 한국보건사회연구원에서 제작한 자립준비청년 실태 및 최근의 정책 변화를 소개하는 유튜브 영상을 보시기 바랍니다: KIHASA 기획 「갑자기 어른: 자립준비청년」(https://youtu.be/FMakVnz-GP0).

18 조세현·정서화·함종석 「정책랩(Policy Lab)의 개념, 동향 그리고 시사점」, 한국행정연구원 이슈페이퍼, 제75호, 2019.

19 최태현·선소원·부성필 「비결정상태로서 다중흐름의 이론적 모색: 여성정책 의제의 무의사결정 인식을 중심으로」, 『한국정책학회보』 제29권 제1호, 2020.

20 마이클 샌델 『정치와 도덕을 말하다: 좋은 삶을 향한 공공철학 논쟁』, 안진환·김선욱 옮김, 와이즈베리 2016.

21 찰스 페로 『무엇이 재앙을 만드는가』, 김태훈 옮김, 알에이치코리아 2013.

1 우석훈 『민주주의는 회사 문 앞에서 멈춘다』, 한겨레출판사 2018.

2 한나 아렌트 『예루살렘의 아이히만: 악의 평범성에 대한 보고서』, 김선욱 옮김, 한길사 2006.

3 '악의 평범성'이라는 개념은 아이히만으로부터 악인의 이미지를 희석시키는 듯한 뉘앙스가 없지 않습니다. 아렌트의 관점은 유대인 사회로부터 혹독한 비판을 받았습니다. 이 또한 의미심장한 역사입니다.

4 막스 베버 『프로테스탄트 윤리와 자본주의 정신』, 박문재 옮김, 현대지성 2018, 377면.

5 테리 L. 쿠퍼 『공직윤리: 책임있는 행정인』, 행정사상과 방법론 연구회 옮김, 조명문화사 2013, 282면.

6 마이클 본드 『타인의 영향력』, 문희경 옮김, 어크로스 2015, 171~78면.

7 이 실험에 대해서는 실험 결과의 진위부터 연구윤리에 이르기까지 많은 논란이 있습니다. 그러나 실험을 통한 발견의 본질에 대해서는 인정하는 분위기입니다.

8 Stanley Milgram, *Obedience to Authority: An Experimental View*, New York: HarperCollins 1974, 145~46면. 테리 L. 쿠퍼, 앞의 책 282면에서 재인용.

9 테리 L. 쿠퍼, 같은 책 301면.

10 Irving L. Janis, *Groupthink: Psychological Studies of Policy Decisions and Fiascoes*, Boston: Houghton Mifflin 1982.

11 이문수 「윤리적 관료는 인격이 될 수 없는가?: 막스 베버의 관료 윤리의 내재적 모순과 재해석」, 『정부학연구』 제20권 제3호, 2014.

12 막스 베버가 관료제를 묘사하면서 사용한 'stahlhartes Gehäuse'가 영어로 'iron cage'로 번역되면서 우리나라에서는 주로 '관료제의 철창'이라고 번역하고 있습니다. 다만 이에 대해 이문수는 「Iron Cage와 공직자 윤리: Max Weber의 '행동'과 '체념'을 중심으로」(『한국행정학보』 제53권 제3호, 2019)에서 이것은 감옥을 연상시키는 철창이 아니라 한 사람 한 사람이 자신의 등에 이고 다니는 '등껍질'로 번역하는 것이 맞다고 주장했습니다. 결국 우리의 마음을 가두는 힘은 우리 바깥에도 있고 우리 마음 안에도 있다고 하겠습니다.

13 F. Sager & C. Rosser, "Weber, Wilson, and Hegel: Theories of Modern Bureaucracy," *Public Administration Review* 69 (6), 2009.

14 「홍남기, 여야가 합의해도 추경 증액 안 하겠다는데…」, 한겨레 2022년 2월 4일.

15 국민권익위원회「고객을 화나게 하는 7가지 유형의 잘못과 응대법 알아볼까요?」, 국민권익위원회 블로그, 2009년 8월 6일(http://blog.daum.net/_blog/BlogTypeView.do?blogid=0PEHG&articleno=463). 김정수「정책학의 잃어버린 성궤를 찾아서: 합리성에 가리어진 감정에 대한 재조명」,『한국정책학회보』제30호(특별호), 2021, 109면에서 재인용.

16 감사원『사전컨설팅 및 적극행정 면책 사례집』, 2020, 196~97면.

17 최태현·박신애「운명적 인간으로서 관료: 실존적 관료윤리를 위한 모색」,『행정논총』제59권 제1호, 2021, 5면.

18 감사원『적극행정 활성화 장애요인 분석』, 2019.

19 국민권익위원회 소극행정 신고센터(https://www.epeople.go.kr/nep/pttn/negativePttn/NegativePttnCotents.npaid).

20 손문선『장점마을: 장점마을 환경오염 피해사건 원인규명 활동 기록서』, 신아출판사 2021.

21 인사혁신처『적극행정 우수사례집』, 2016.

22 하워드 제어『우리 시대의 회복적 정의: 범죄와 정의에 대한 새로운 접근』, 손진 옮김, 대장간 2019.

23 관련된 논의를 위해서는 다음 논문을 참고하세요. 최태현·박신애, 앞의 글.

24 막스 베버, 앞의 책.

25 G. W. F. 헤겔『청년 헤겔의 신학론집』, 정대성 옮김, 그린비 2018, 436면.

26 리처드 탈러, 캐스 선스타인『넛지: 파이널 에디션』, 이경식 옮김, 리더스북 2022, 제8장.

27 2019~2021년 정부 전체 보조금사업의 부정수급 사례는 25만 3,000건, 액수는 1,144억원이었다고 합니다.「보조금 부정수급 3년간 1,144억… 절반 그친 환수율 70%로 올린다」, 뉴스1 2022년 11월 2일.

28 G. W. F. 헤겔, 앞의 책.

29 같은 책 530면.

30 "내가 율법이나 선지자를 폐하러 온 줄로 생각하지 말라 폐하러 온 것이 아

니요 완전하게 하려 함이라." 신약성서, 마태복음 5장 17절.

제5장 우리의 왕이 되어달라

1 리더도 그렇지만 '팔로워'(follower)도 그 용어의 본령에 맞는 번역어를 찾기 어려운 말입니다. 그 지위에만 주목하자면 부하, 추종자 등으로 번역할 수도 있겠으나 이 용어들은 상하 복종관계의 의미를 다분히 내포하고 있습니다. 구성원이라고 하면 리더와 팔로워를 모두 포괄합니다. 반면 최근 리더십 연구에서 '팔로워'라는 개념의 본령은 지위가 아니라 오히려 리더와 동등한 관계, 기능에 있음을 강조합니다. 나아가 조직의 운명을 좌우하는 데 있어 리더보다 더 중요한 존재라고 보기도 합니다. 최소한 대중적 용어들 가운데 이런 의미를 살릴 수 있는 용어가 당장은 부재하다는 점을 고려하여 이 책에서는 팔로워로 표기하기로 합니다.

2 Gert Stulp, Abraham P. Buunk, Simon Verhulst & Thomas V. Pollet, "Tall Claims? Sense and Nonsense about the Importance of Height of US Presidents," *The Leadership Quarterly* 24 (1), 2013. 브라이언 클라스 『권력의 심리학: 누가 권력을 쥐고, 권력은 우리를 어떻게 바꾸는가』, 서종민 옮김, 웅진지식하우스 2022, 145면에서 재인용.

3 말콤 글래드웰 『타인의 해석』, 유강은 옮김, 김영사 2020, 51~59면.

4 브라이언 클라스, 앞의 책 101~102면.

5 'New Zealand police recruitment video'를 검색어로 유튜브에서 한편 직접 보시지요.

6 브라이언 클라스, 앞의 책 107면.

7 같은 책 37~38면.

8 이 실험에 대해서는 다음의 논문을 참고하세요. Rema Hanna & Shing-Yi Wang, "Dishonesty and Selection into Public Service: Evidence from India," *American Economic Journal: Economic Policy* 9 (3), 2017.

9 이 실험에 대해서는 다음의 논문을 참고하세요. Sebastian Barfort et al., "Sustaining Honesty in Public Service: The Role of Selection," *American Economic Journal: Economic Policy* 11 (4), 2019.

10 브라이언 클라스, 앞의 책 165~67면.

11 로버트 그린 『권력의 법칙』, 안진환·이수경 옮김, 웅진씽크빅 2009.

12 이 실험 및 후속 연구에 대한 좀더 흥미로운 정리를 위해서는 다음을 참고하세요. 마이클 본드 『타인의 영향력』, 문희경 옮김, 어크로스 2015, 제5장.

13 데이브 그로스먼 『살인의 심리학』, 이동훈 옮김, 플래닛 2011, 230면.

14 구약성서, 예레미야 5장 30~31절.

15 요한 샤푸토 『복종할 자유: 나치즘에서 건져 올린 현대 매니지먼트의 원리』, 고선일 옮김, 빛소굴 2022, 75면.

16 이른바 'T4 작전'으로 불리는 나치 독일의 장애인 안락사 정책으로 독일과 오스트리아에서만 20만명이 살해당했습니다. 20세기 전반의 철인왕은 우생학을 익힌 이들이었습니다.

17 『孟子』 「梁惠王」 上篇.

18 박성우 「플라톤의 『국가』와 철인왕의 패러독스」, 『정치사상연구』 제10권 제2호, 2004, 172면에서 재인용.

19 니콜로 마키아벨리 『군주론』, 강정인·김경희 옮김, 까치 1994.

20 『난중일기』의 원문(정유년 9월 16일)에 나타난 이 구절이 과연 이 전투의 승리가 천행이라는 의미인지는 다소 모호합니다. 어쨌든 문학적 상상력을 자극하는 멋진 대사인 것은 분명합니다. 원문은 다음과 같습니다: "안위의 배 위에 있는 군사들은 결사적으로 난격하고 내가 탄 배 위의 군관들도 빗발치듯 난사하여 적선 2척을 남김없이 모두 섬멸하였다. **매우 천행한 일이었다**. 우리를 에워쌌던 적선 31척도 격파되니 여러 적들이 저항하지 못하고 다시는 침범해오지 못했다." 이순신 『난중일기』, 노승석 옮김, 여해 2019(개정판), 461면.

21 로버트 H. 프랭크 『실력과 노력으로 성공했다는 당신에게』, 정태영 옮김, 글항아리 2018.

22 나심 니콜라스 탈레브 『블랙 스완: 위험 가능한 세상에서 안전하게 살아남기』, 차익종 옮김, 동녘사이언스 2008.

23 기업의 성공 요인에 대한 이런 관점의 흥미로운 논의로는 다음을 참고하세요. 김영준 『멀티팩터: 노력으로 성공했다는 거짓말』, 스마트북스 2020.

24 마이클 샌델 『공정하다는 착각』, 함규진 옮김, 와이즈베리 2020, 105면.

25 같은 책 52~53면.

26 같은 책 58면.

27 같은 책 325면에서 재인용.

28 이얼 프레스 『더티 워크: 비윤리적이고 불결한 노동은 누구에게 어떻게 전가되는가』, 한겨레출판 2023, 124면.

29 데이비드 그레이버 『불쉿잡: 왜 무의미한 일자리가 계속 유지되는가?』, 김병화 옮김, 민음사 2021, 51면.

30 Richard V. Reeves, *Dream Hoarders: How the American Upper Middle Class Is Leaving Everyone Else in the Dust, Why That Is a Problem, and What To Do About It*, Washington, D.C.: The Brookings Institution 2017.

31 관련된 논의를 위해서는 다음 논문을 참고하세요. 최태현 「민주적 행정의 반응성에 대한 민본사상의 이론적 함의」, 『한국행정학보』 제51권 제1호, 2017.

32 "民可近 不可下 民惟邦本 本固邦寧." 『書經』 「五子之歌」. 최태현, 같은 글 326면.

33 『孟子』 「盡心」 下篇.

34 최태현, 앞의 글 327면.

35 "왕도를 실천하는 사람은 민을 하늘로 삼고, 민은 밥을 하늘로 삼는다(王者以民爲天 而民以食爲天)."(新序, 善謀下) 장현근 「민(民)의 어원과 의미에 대한 고찰」, 『정치사상연구』 제15권 제1호, 2009, 150면.

36 행정안전부 대통령기록관(https://www.pa.go.kr/online_contents/inauguration/president05.jsp).

37 1990년대 '아시아의 용들'로 불린 발전국가들의 성공에 힘입은 이러한 해석은 오늘날까지도 남아 코로나19 대응에 있어 국가 간 성과의 차이를 설명하는 데도 원용되고 있습니다.

38 아마티아 센 『자유로서의 발전』, 김원기 옮김, 갈라파고스 2013.

39 한국행정연구원이 2020년 시행한 사회통합실태조사(8,336명) 결과에 따르면 온라인상 의견 표명, 서명, 탄원서, 시위·집회 참가, 민원 제기 등 행위를 해보았는지 묻는 문항에 대부분이 "활동한 적이 없다"고 대답했습니다.

40 박병석 「중국 고대 유가의 '민' 관념: 정치의 주체인가 대상인가?」, 『한국동양정치사상사연구』 제13권 제2호, 2014.

41 캐스 선스타인 『와이 넛지?: 똑똑한 정부는 어떻게 행복한 사회를 만드는

가』, 박세연 옮김, 열린책들 2016.

42 오수창 「조선후기 체제인식과 민중운동 시론(試論)」, 『한국문화』 제60호, 2012; 유종선 「조선 후기 천(天) 논쟁의 정치사상」, 『한국정치학회보』 제31권 제3호, 2012; 조순 「동학과 유교의 민본관」, 『동학연구』 제22호, 2007.

43 배병삼 『우리에게 유교란 무엇인가』, 녹색평론사 2012, 40면.

44 김훈식 「15세기의 민본이데올로기와 그 변화」, 『역사와현실』 제1호, 1989.

45 같은 글.

46 알렉시스 드 토크빌 『미국의 민주주의 1』, 임효선·박지동 옮김, 한길사 1997, 327~28면.

47 『세종실록』 127권, 세종 32년 2월 17일 기사. 정윤재 「세종대왕의 '천민/대천이물'론과 '보살핌'의 정치」, 『한국동양정치사상사연구』 제8권 제1호, 2009, 146면에서 재인용.

제6장 민주주의의 마음

1 https://orionmagazine.org/article/engagement/. 파커 J. 파머 『비통한 자들을 위한 정치학』, 김찬호 옮김, 글항아리 2012, 29면에서 재인용.

2 애덤 스미스 『도덕감정론』, 박세일·민경국 옮김, 비봉출판사 2009.

3 『論語集注』 「里仁 15」.

4 앤거스 그레이엄 『도의 논쟁자들: 중국 고대 철학논쟁』, 나성 옮김, 새물결 2015.

5 『論語』 「衛靈公 23」, "子貢問曰: 有一言而可以終身行之者乎? 子曰: 其恕乎! 己所不欲 勿施於人."

6 『論語』 「里仁 15」, "子曰: 參乎! 吾道一以貫之. 曾子曰: 唯. 子出, 門人問曰: 何謂也? 曾子曰: 夫子之道 忠恕而已矣."

7 물론 여기서도 많은 재해석들이 가능합니다. 주자의 마음론 자체가 그의 생애에서 변화를 겪어왔습니다.

8 관련된 논의를 위해서는 다음 논문을 참고하세요. 김인태·최태현 「몰인격성을 넘어: 행정윤리의 기초로서 서(恕)의 이론적 검토」, 『정부학연구』 제28권 제1호, 2022. 어려운 이론적 작업을 함께 해준 김인태에게 감사합니다.

9 좀더 많은 내용은 김인태·최태현, 같은 글 172~76면을 보세요.

10 신약성서, 고린도전서 13장.

11 예를 들어 보건복지부 장애등급판정기준 고시에 따르면 청각장애 인정을 받기 위해서는 이비인후과에 가서 한번 진단서를 받아 신청하는 것이 아니라 6개월 이상 치료를 받은 후 진단서, 소견서, 진료기록 등을 제출해야 합니다. 아울러 2년 후에 재판정을 받아야 할 수도 있습니다.

12 https://www.ei.go.kr/ei/eih/eg/pb/pbPersonBnef/retrievePb190Info.do

13 사실 가설을 어떻게 세우느냐에 따라 1종오류와 2종오류의 기술 방식은 달라질 수 있습니다. 두 오류 자체는 테러범이냐 아니냐 하는 실질적 판단의 문제가 아니라 가설을 기각하거나 기각하지 않을 때 발생하는 오류 확률을 일컫는 기술적 개념입니다.

14 「'고독사 옆집에 외제차 모는 입주자'… 인천 임대주택의 두 얼굴」, 뉴시스 2022년 10월 24일.

15 「생계급여 대상자 34만명 '비수급' 왜?」, 한겨레 2022년 8월 29일.

16 장혜영 『어른이 되면』, 시월 2020, 161면. 해당 부분의 인용을 허락해준 장혜영 선생님께 감사합니다.

17 같은 책 163면.

18 김하종 『순간의 두려움 매일의 기적』, 니케북스 2020.

19 물론 신부님은 자기가 가진 것을 베푸는 것이 아니라 자신도 신에게서 받은 것을 베푸는 것이기 때문에 그저 줄 뿐이라고 합니다.

20 팀 켈러 『정의란 무엇인가』, 최종훈 옮김, 두란노서원 2012, 81~82면.

21 윌리엄 맥어스킬 『냉정한 이타주의자』, 전미영 옮김, 부·키 2017.

22 조지 레이코프 『코끼리는 생각하지 마』, 유나영 옮김, 와이즈베리 2015.

23 팀 켈러, 앞의 책 121~22면.

24 박채정·최태현 「땅과 사람의 관계로서 주민주권 개념과 제도의 모색」, 『행정논총』 제59권 제4호, 2021.

25 모리스 블랑쇼 『우정』, 류재화 옮김, 그린비 2022, 501면.

26 이 애니메이션의 가치를 알게 해준 딸에게 감사합니다.

27 천현우 『쇳밥일지: 청년공, 펜을 들다』, 문학동네 2022.

28 이성남 『나는 행복한 고아입니다』, 북랩 2020.

29 마이아 에켈뢰브 『수없이 많은 바닥을 닦으며: 어느 여성 청소노동자의 일

기』, 이유진 옮김, 교유서가 2022.

30 한인정 『어딘가에는 싸우는 이주여성이 있다』, 포도밭 2022.

31 이런 점에서 예를 들어 캐런 메싱의 저작들은 선구적입니다. 캐런 메싱 『보이지 않는 고통』, 김인아 외 옮김, 동녘 2017; 캐런 메싱 『일그러진 몸』, 김인아 외 옮김, 나름북스 2022.

32 로버트 맥키 『STORY: 시나리오 어떻게 쓸 것인가』, 고영범·이승민 옮김, 민음인 2011, 10면.

33 한가지 가슴 아픈 반증은 2022년 여름 유행한 드라마 「이상한 변호사 우영우」일 것입니다. 사람들은 잘 다듬어진 캐릭터인 우영우에게는 열광했지만 그와 다른 현실의 발달장애인들에게는 그만큼의 호감을 품지 못했다는 비판들이 많이 나왔습니다. 반면 존 돈반과 캐런 저커는 1989년 개봉한 영화 「레인맨」을 통해 미국에서 자폐증이 대중문화 현상으로 발돋움했다고 보았습니다. 존 돈반, 캐런 저커 『자폐의 거의 모든 역사』, 강병철 옮김, 꿈꿀자유 2021.

34 매튜 데스몬드 『쫓겨난 사람들』, 황성원 옮김, 동녘 2016, 448~49면.

35 마사 누스바움 『시적 정의: 문학적 상상력과 공적인 삶』, 박용준 옮김, 궁리 2013, 20면.

36 댄 애리얼리 『거짓말하는 착한 사람들』, 이경식 옮김, 청림출판 2012, 60면.

37 알렉시스 드 토크빌 『미국의 민주주의 1』, 임효선·박지동 옮김, 한길사 1997, 66면.

38 마이클 샌델 『돈으로 살 수 없는 것들』, 안기순 옮김, 와이즈베리 2012, 75면, 91면.

39 최태현 「제도와 마음의 공공성: 청탁금지법 관련 쟁점을 중심으로」, 『한국행정학보』 제52권 제2호, 2018.

40 이 역시 1종오류와 2종오류의 문제로 이해할 수도 있겠습니다.

41 마사 누스바움 『정치적 감정: 정의를 위해 왜 사랑이 중요한가』, 박용준 옮김, 글항아리 2019, 16~19면.

42 애덤 스미스, 앞의 책.

43 김왕배 『감정과 사회: 감정의 렌즈를 통해 본 한국사회』, 한울아카데미 2019.

44 잭 바바렛 『감정의 거시사회학』, 박형신·정수남 옮김, 일신사 2007.

45 여기서 두려움과 사랑의 대조에 주목하는 작업에 영감을 준 피터 로버트슨(Peter Robertson) 교수님께 감사합니다. 본격적으로 감정을 다루는 논문은 아니지만 이런 대화를 나누며 함께 발표한 다음의 논문을 참고하세요. Peter J. Robertson & Taehyon Choi, "Ecological Governance: Organizing Principles for an Emerging Era," *Public Administration Review* 70 (s1), 2010.

46 데이브 그로스먼 『살인의 심리학』, 이동훈 옮김, 플래닛 2011.

47 Frederick W. Taylor, "The Principles of Scientific Management" (1916), in Jay M. Shafritz et al., *Classics of Organization Theory* (6th ed.), Thomson Wadsworth 2005, 61~72면.

48 대화 중에 이 부분의 아이디어를 준 김예찬 선생님께 감사합니다.

49 마사 누스바움 『감정의 격동 1』, 조형준 옮김, 새물결 2015, 368~77면.

50 같은 책 376면, 374면.

51 데이브 그로스먼, 앞의 책 379면.

52 에바 페더 키테이 『돌봄: 사랑의 노동』, 김희강·나상원 옮김, 박영사 2016.

53 Abraham Maslow, *Motivation and Personality*, New York: Harper 1954.

54 잭 바바렛 엮음 『감정과 사회학』, 박형신 옮김, 이학사 2009, 248면.

55 캐런 메싱 『보이지 않는 고통』 231면.

56 홍은전 『전사들의 노래: 서지 않는 열차를 멈춰 세우며』, 오월의봄 2023, 162~64면, 167면.

57 양혜원 『박완서: 마흔에 시작한 글쓰기』, 책읽는고양이 2022, 168면.

58 마이클 프레임 『수학의 위로』, 이한음 옮김, 디플롯 2022.

59 이분들 가운데 13인의 직접적인 목소리를 모아 엮은 책이 있습니다. 416 세월호 참사 시민기록위원회 작가기록단 『금요일엔 돌아오렴』, 창비 2015.

60 가습기살균제 피해자들 『내 몸이 증거다』, 스토리플래너 2021.

61 「가습기살균제 사태 11년… 인과관계 입증에 애타는 피해자들」, 한겨레 2022년 9월 11일.

62 사실 한국 사회는 가습기 살균제나 세월호 참사를 겪으면서도 위로에 대해 거의 관심을 기울이지 않았습니다. 그러다가 2022년 10월 29일 이태원 참사를 계기로 '애도'라는 개념이 폭발적으로 사용되기 시작했습니다. 우리 사회가 위로의 의미를 알게 된 점은 약간의 위로가 되지만, 이런 학습은 굳

이 하지 않아도 좋았을 것이라는 점에서 이 또한 슬픈 역설입니다.

63 이 부분을 언급해준 나종민 교수님께 감사합니다.

64 416합창단 『노래를 불러서 네가 온다면』, 문학동네 2020.

제7장 공공성과 '작은 공'

1 관련된 논의를 위해서는 다음 논문을 참고하세요. 최태현 「공(公)과 공(共)의 사이에서: '작은 공(共)'들의 공공성 가능성의 고찰」, 『한국행정학보』 제53권 제3호, 2019.

2 마크 뷰캐넌 『사회적 원자』, 김희봉 옮김, 사이언스북스 2010.

3 대한민국 헌법 제11조 제2항: 사회적 특수계급의 제도는 인정되지 아니하며, 어떠한 형태로도 이를 창설할 수 없다.

4 존 롤즈 『정의론』, 황경식 옮김, 이학사 2003, 126면.

5 애덤 스미스 『국부론』, 김수행 옮김, 동아출판사 1992.

6 박신애 「주거단지 내 소셜믹스 정책: 억압을 재생산하는 제도」, 2019(미발간 원고).

7 프랜시스 후쿠야마 『역사의 종말: 역사의 종점에 선 최후의 인간』, 이상훈 옮김, 한마음사 1992. 후쿠야마는 나중에 자신이 이 책에서 역사가 끝났다고 주장한 것이 아니라고 다소 답답한 심경을 토로했습니다.

8 「DJ 정부의 외주화와 공정성 없는 직고용이 '인국공 사태' 불렀다」, 중앙일보 2020년 7월 21일.

9 원문을 옮겨보면 다음과 같습니다. "There is no such thing [as society]! There are individual men and women and there are families and no government can do anything except through people and people look to themselves first."(https://newlearningonline.com/new-learning/chapter-4/neoliberalism-more-recent-times/margaret-thatcher-theres-no-such-thing-as-society).

10 마이클 샌델 『정치와 도덕을 말하다: 좋은 삶을 향한 공공철학 논쟁』, 안진환·김선욱 옮김, 와이즈베리 2016.

11 관련된 논의를 위해서는 다음 논문을 참고하세요. 최태현, 앞의 글.

12 최태현 「지금, 공공성, 다음」, 브런치북 『공공의 재구성』, 2023(https://brunch.co.kr/brunchbook/publicness).

13 이승훈 「근대와 공공성 딜레마: 개념과 사상을 중심으로」, 『민주사회와 정책연구』 제13호, 2008; 임의영 「공공성 연구의 풍경과 전망」, 『정부학연구』 제24권 제3호, 2018.

14 미조구치 유조 『중국의 공과 사』, 정태섭·김용천 옮김, 신서원 2004.

15 임의영, 앞의 글 7면.

16 Charlton T. Lewis & Charles Short, "A Latin Dictionary," www.perseus.tufts.edu/hopper

17 양해림 「한국사회에서 공화주의의 이념은 부활할 수 있는가?: 공화주의의 정치철학적 고찰」, 『시대와 철학』 제19권 제1호, 2008; 위르겐 하버마스 『공론장의 구조변동: 부르주아 사회의 한 범주에 관한 연구』, 한승완 옮김, 나남 2001, 75면.

18 위르겐 하버마스, 같은 책 71면.

19 이승환 「한국 및 동양의 공사관(公私觀)과 근대적 변용」, 『정치사상연구』 제6호, 2002, 53면.

20 Ralph Miliband, *Class Power and State Power*, London: Verso 1983.

21 William A. Niskanen, *Bureaucracy and Representative Government*, Chicago: Aldine-Artherton 1971.

22 안희제 「최저선이 최전선이다」, 브런치북 『공공의 재구성』, 2023(https://brunch.co.kr/brunchbook/publicness).

23 이 부분에 영감을 준 대화를 함께한 '00연구소'의 변재원, 안희제, 천주희에게 감사합니다. '00'은 오타가 아니라 '공공'이라고 읽고, '열려 있다'는 의미를 내포하기 위한 기호입니다.

24 안희제는 '공공성의 탈환'이라는 아이디어를 제시했습니다.

25 일반적인 논의로는 다음을 참고하세요. 정성훈 「현대 도시의 삶에서 친밀공동체의 의의」, 『철학사상』 제41호, 2011.

26 이선미 「근대사회이론에서 공동체 의미에 대한 비판적 연구」, 『한국사회학』 제42권 제5호, 2008.

27 한나 아렌트 『인간의 조건』, 이진우·태정호 옮김, 한길사 1996.

28 Anthony P. Cohen, *Symbolic Construction of Community*, Routledge 1985.

29 여기서 조세희의 소설 『난장이가 쏘아올린 작은 공』을 떠올리는 분도 있을 것 같습니다. 공의 의미는 다르지만, 여러분이 이 소설을 떠올리게 되리라 상상하면서 이 표현을 만들었습니다.

30 최태현 「공(公)과 공(共)의 사이에서: '작은 공(共)'들의 공공성 가능성의 고찰」 11면.

31 같은 글 11면.

32 이승환, 앞의 글 58면.

33 사이토 준이치 『민주적 공공성: 하버마스와 아렌트를 넘어서』, 윤대석·류수연·윤미란 옮김, 이음 2009, 106면.

34 같은 책 37면.

35 홍은전 『전사들의 노래: 서지 않는 열차를 멈춰 세우며』, 오월의봄 2023, 227면.

36 임종진 『무엇이 의로움인가』, 글항아리 2015, 156~57면.

37 최태현 「공(公)과 공(共)의 사이에서: '작은 공(共)'들의 공공성 가능성의 고찰」 16면.

38 심대윤 『백운문초(白雲文抄)』. 백민정 「유교 지식인의 공(公) 관념과 공공(公共) 의식: 이익, 정약용, 심대윤의 경우를 중심으로」, 『동방학지』 제160호, 2012, 34면에서 재인용.

39 Arnold J. Heidenheimer & Michael Johnston eds., *Political Corruption: Concepts & Contexts*, New York: Routledge 2002를 참고하세요.

40 「관세청, 3년간 퇴직공무원 법인에 밀어준 계약 524억… 조달청·통계청도 마찬가지 '전관예우'」, 세정일보 2022년 10월 17일.

41 Amitai Etzioni, Andrew Volmert & Elanit Rothschild eds., *The Communitarian Reader: Beyond the Essentials*, New York: Rowman & Littlefield Publishers 2004.

42 특히 아이리스 매리언 영은 자유주의와 공동체주의 모두를 비판하면서 '배제 없는 사회적 차이'가 가능한 공간으로 도시 생활을 제시했습니다. 아이리스 매리언 영 『차이의 정치와 정의』, 김도균·조국 옮김, 모티브북 2017, 제8장.

43 Thomas A. Spragens Jr., "Communitarian Liberalism," in Amitai Etzioni ed., *New Communitarian Thinking: Persons, Virtues, Institutions and*

Communities, Charlotteville: University Press of Virginia 1995.

44 이선미 「근대사회이론에서 공동체 의미에 대한 비판적 연구」, 『한국사회학』 제42권 제5호, 2008, 116면.

45 피플퍼스트서울센터 주최 '탈시설-자립 발달장애인, 자유·독립 이야기', 2022년 12월 3일.

46 아이리스 매리언 영, 앞의 책 제8장.

47 좀더 구체적으로 실제로 탈시설한 분들이 살고 있는 지역사회의 모습은 다음을 참고하세요. 서중원 기록, 정택용 사진 『나, 함께 산다: 시설 밖으로 나온 장애인들의 이야기』, 오월의봄 2018.

48 존 돈반, 캐런 저커 『자폐의 거의 모든 역사』, 강병철 옮김, 꿈꿀자유 2021, 752면.

49 같은 책 769면.

50 https://opinion.lawmaking.go.kr/gcom/ogLmPp/70297

51 아이리스 영, 앞의 책 247-48면. 또한 Iris M. Young, *Intersecting Voices: Dilemmas of Gender, Political Philosophy, and Policy*, Princeton, New Jersey: Princeton University Press 1997.

52 Michael X. Delli Carpini, Fay Lomax Cook & Lawrence R. Jacobs, "Public Deliberation, Discursive Participation, and Citizen Engagement: A Review of the Empirical Literature," *Annual Review of Political Science* 7, 2004, 328면.

53 Gayatri C. Spivak, "Can the Subaltern Speak?" in Cary Nelson & Lawrence Grossberg eds., *Marxism and the Interpretation of Culture*, London: Macmillan 1988.

54 JTBC 유튜브 채널에서 볼 수 있습니다: https://youtu.be/oEhqfGYLh-o.

55 이 부분을 발췌하여 쓰는 데 동의해주신 박경석 선생님께 감사드립니다.

56 2022년 10월 중순 기획재정부는 장애인들의 지하철 시위 요구사항인 '보조금 관리에 관한 법률 시행령'의 일부 개정안을 입법 예고했습니다. 그러나 예산의 배정 여부 및 규모의 문제는 앞으로도 현재진행형의 사안입니다.

57 대니얼 안켈로비치 『보이지 않게 사람을 움직이는 CEO의 대화법』, 이시현 옮김, 21세기북스 2007.

58 Nancy C. Roberts, "Keeping Public Officials Accountable through Dialogue:

Resolving the Accountability Paradox," *Public Administration Review* 62 (6), 2002.

59 관련된 논의를 위해서는 다음 논문을 참고하세요. Taehyon Choi, "Rational and Compassionate Information Processing: A Conceptual Framework for Authentic Dialogue," *Public Administration Review* 74 (6), 2014.

60 Carsten K. W. De Dreu, Bernard A. Nijstad & Daan van Knippenberg, "Motivated Information Processing in Group Judgment and Decision-Making," *Personality and Social Psychology Review* 12 (1), 2008.

61 같은 글.

62 새뮤얼 보울스, 허버트 긴티스 『협력하는 종』, 최정규 외 옮김, 한국경제신문사 2016.

63 David A. Lax & James K. Sebenius, "Interests: The Measure of Negotiation," *Negotiation Journal* 2 (1), 1986.

64 Taehyon Choi, 앞의 글.

65 사회적 동기는 대화의 목적 및 결과와 관련되어 있는 것입니다.

66 Laura T. Madden, Dennis Duchon, Timothy M. Madden & Donde Ashmos Plowman, "Emergent Organizational Capacity for Compassion," *Academy of Management Review* 37 (4), 2012, 689면; Anne S. Tsui, "On Compassion in Scholarship: Why Should We Care?" *Academy of Management Review* 38 (2), 2013, 168면.

67 Jane E. Dutton, Monica C. Worline, Peter J. Frost & Jacoba Lilius, "Explaining Compassion Organizing," *Administrative Science Quarterly* 51 (1), 2006.

68 마사 누스바움 『정치적 감정: 정의를 위해 왜 사랑이 중요한가』, 박용준 옮김, 글항아리 2019.

제8장 역설, 선택, 그리고 희망

1 「여자배구 대표팀은 왜 동메달 결정전 앞두고 오열했을까」, 마이데일리 2021년 8월 10일.

2 남보라·박주희·전혼잎 『중간착취의 지옥도』, 글항아리 2021.
3 코너 우드먼 『나는 세계일주로 자본주의를 만났다』, 홍선영 옮김, 갤리온 2012.
4 한국노동안전보건연구소 주최 '페미니스트 인간공학자 캐런 메싱과 함께 하는 『일그러진 몸』 온라인 북 토크,' 2022년 11월 2일.
5 이 부분에 담긴 고민의 단초가 된 대화를 함께 해준 변재원과 여러 활동가들에게 감사합니다.
6 알래스데어 매킨타이어 『덕의 상실』, 이진우 옮김, 문예출판사 1997.
7 G. W. F. 헤겔 『청년 헤겔의 신학론집』, 정대성 옮김, 그린비 2018, 553~55면.
8 같은 책 558면.
9 같은 책 557~58면.
10 관련된 논의를 위해서는 다음 논문을 참고하세요. 최태현·박신애 「운명적 인간으로서 관료: 실존적 관료윤리를 위한 모색」, 『행정논총』 제59권 제1호, 2021.
11 쇠렌 키르케고르 『죽음에 이르는 병』, 임규정 옮김, 한길사 2007, 48면.
12 구약성서, 창세기 22장.
13 쇠렌 키르케고르 『두려움과 떨림: 변증법적 서정시』, 임규정 옮김, 지식을만드는지식 2014, 45면.
14 홍은전 외 『집으로 가는, 길: 시설사회를 멈추다』, 오월의봄 2022, 84~85면.
15 신충식·김성준 「공공조직 내 윤리적 의사결정 연구: 칸트의 '이성사용'과 쿠퍼의 '설계적 관점'을 중심으로」, 『한국행정학보』 제49권 제2호, 2015, 84면.
16 테리 L. 쿠퍼 『공직윤리: 책임있는 행정인』, 행정사상과 방법론 연구회 옮김, 조명문화사 2013, 223면.
17 댄 애리얼리는 자신이 나쁜 사람이 아니라고 생각할 수 있는 수준까지 사소한 이익을 취하는 평범한 대다수가 있음을 보여주는 여러 실험 결과들을 내놓았습니다. 댄 애리얼리 『거짓말하는 착한 사람들』, 이경식 옮김, 청림출판 2012.
18 한스 로슬링 외 『팩트풀니스』, 이창신 옮김, 김영사 2019; 디트리히 볼래스 『성장의 종말: 정점에 다다른 세계경제, 어떻게 돌파할 것인가』, 안기순 옮

김, 더퀘스트 2021.

19 테리 이글턴 『낙관하지 않는 희망』, 김성균 옮김, 우물이있는집 2016, 16~17면.

20 같은 책 92~93면.

21 쇠렌 키르케고르 『불안의 개념』, 임규정 옮김, 한길사 1999, 399면.

이야기를 맺으며

1 Reinhold Niebuhr, *The Irony of American History*, Chicago: University of Chicago Press 2008, 63면, 파커 J. 파머 『비통한 자들을 위한 정치학』, 김찬호 옮김, 글항아리 2012, 301면에서 재인용.

찾아보기

ㅈ

절망하는 이들을 위한 민주주의

초판 1쇄 발행/2023년 9월 8일

지은이/최태현
펴낸이/강일우
책임편집/정편집실 박주용
조판/황숙화
펴낸곳/(주)창비
등록/1986년 8월 5일 제85호
주소/10881 경기도 파주시 회동길 184
전화/031-955-3333
팩시밀리/영업 031-955-3399 편집 031-955-3400
홈페이지/www.changbi.com
전자우편/human@changbi.com

ISBN 978-89-364-7942-8 93300

* 책값은 뒤표지에 표시되어 있습니다.
* 이 책은 2022년도 서울대학교 한국행정연구소 연구총서로 발간되었습니다.